ブルーノ・ムナーリ

モノからモノが生まれる

萱野有美訳

みすず書房

DA COSA NASCE COSA

appunti per una metodologia progettuale

by

Bruno Munari

First published by Gius. Laterza & Figli S.p.a., Roma-Bari, 1981
Copyright © Gius. Laterza & Figli S.p.a., Roma-Bari, 1981
Japanese translation rights arranged with
Gius. Laterza & Figli S.p.a., Roma-Bari

目次

デカルトの方法における4つの規則	5
企画の方法を知る	6
豪華さについて	9
緑色のリゾット	11
企画の方法論	14
デザインの問題がある分野とは？	17
問題とはなにか？	33
スケッチとデッサン	61
模型	89
分析表	100
コンパッソ・ドーロを無名品に	107
単純化する	130
フォルムの一貫性	138
ヒゲソリの進化	146
居住可能空間	158
星座	178
アビタコロ	184
パッチワーク	200
ニットのランプ	204
読めない本	214

本の前の本	225
遊びとおもちゃ	238
展示のための構造	250
風向風速計	260
スクーター	268
プレファブリケーション	274
木々の大通り	291
グランツーリズモ・バス	298
展示会用の装備	305
リサイクル	316
ダブル・イメージ	325
視知覚のヴァリエーション	331
生体工学	334
近接学	344
人間工学	346
照明技術	350
型抜き	359
すべての感覚に働きかける企画設計を	377
参考文献	380
訳者あとがき	384

生而不有
為而不恃
功成而弗居＊

老子
紀元前4世紀

＊　訳――（聖人は）物を育てても，それに対する権利を要求せず，何か行動しても，それによりかからないし，仕事をしとげても，そのことについての敬意を受けようとはしない。（小川環樹訳）

デカルトの方法における4つの規則

　第一に,明らかに真であると認められない限り,どんなことも決して真であると受け入れないこと。つまり,きわめて慎重に,早合点や先入観を避けること。あらゆる疑いをも取り除くほどにはっきりと明瞭に,わたしの知性に示されること以外は,決して判断に含めないこと。

　第二に,それぞれの問題を,できるだけ多く,そしてより良い解決に必要とされるだけ,たくさんの小部分に分けること。

　第三に,自らの思考を順序よく導くこと。もっとも単純で,もっとも認識しやすいことから始め,少しずつ階段を上るようにし,もっとも複雑な認識にまで上りつめること。そして,そのままではどちらが先にあるのか分からないものの間にも順序を仮定しながら行うこと。

　最後に,どんな場合においても,一つ一つ完全に数え挙げ,総合的な見直しを行い,なに一つ見落としたものはないと確信すること。

　　　　　　　　　　　　　　　　　　　　　　ルネ・デカルト,1637年

企画の方法を知る

　企画するのは、そのやり方を知っていれば簡単なことである。
　問題の解決にいたるための手順が分かれば、どんなことも容易になる。生活のなかで出くわす問題にはきりがない。単純な問題なのに、解決の仕方を知らないために難しくみえる問題もあるし、解決できないと思われる問題もある。

　もし小さな問題の取り組み方を学んだら、より大きな問題の解決についても考えられるようになる。企画の方法はたいして変わらない。変わるのは使う能力だけ。大きな企画なら、一人で問題を解くのではなく、専門家や協力者の数を増やし、新たな状況に適した方法で行うことが必要、というように。

　本書は企画の方法論について書かれた本であり、いくつかの小さな問題と、いくつかの複雑な問題の解決の仕方を紹介する。どの例も解決を導く一連の手順にしたがって説明される。その手順を知れば、他の問題についても取り組みやすくなるだろう。

　本書のなかに、宇宙船の計画案などはないし、ましてや企画者や計画者の自由で規制のない個人的な空想だけに基づいた、壮大かつ幻想的なプロジェクトの例はない。しかし、普通の問題、つまり、現実のなかで出くわす問題に取り組もうとする良識人のための例はある。どんな人にも共通する問題の一つに、例えば、どのように家を整えるかというものがある（この問題についてはいろいろなことが言われている）。実に多くの人が、どのような家具が適しているか、なにが本当に必要なのか、室内の用途に応じた照明にするにはどうすればいいか

を知らない。それぞれの環境に合った色は何色か，無駄なく住空間を活用するにはどうすればいいかを知らない。ある特定の機能をもたせるのに，適切なものと不適切なものの区別の仕方が分からないのである。

企画の方法，つまりモノを作ったり，認識したりする方法を知ることは，解放の意味をもつ。それは，あなた自身が"自分でやる"ということなのである。

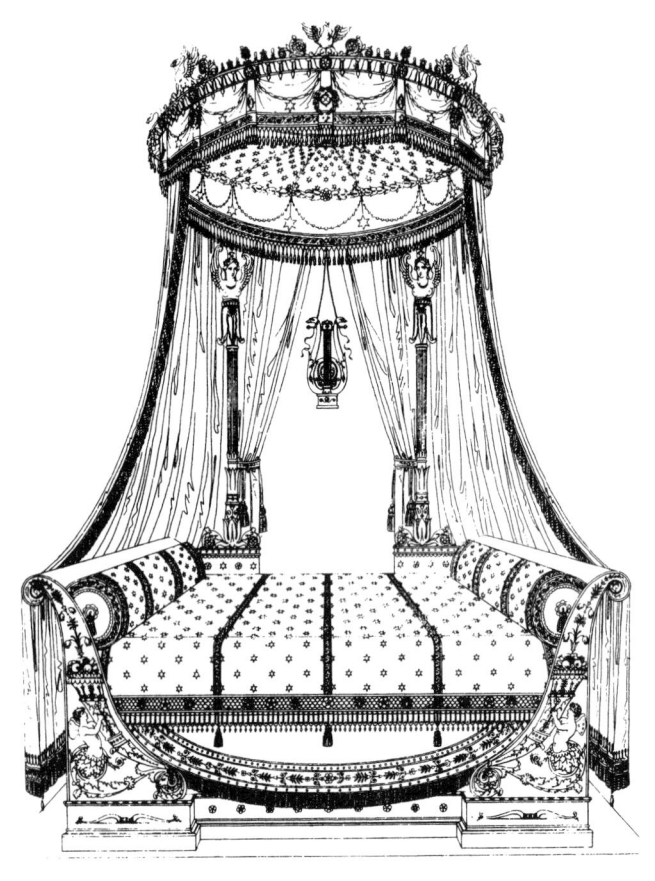

豪華さはデザインではない。

豪華さについて

　豪華さは，貧乏な人をびっくりさせようとする野蛮な豊かさの表われである。これは見た目を重視していることの表明であり，文化の向上にはまったく関心がないことを暴露している。豪華さとは，実質に対する外見の大勝利のことである。

　豪華さというのは，他の人より上であると思いたい大勢の人の必需品である。教養がある人なら，豪華さが「ふり」であることを知っているが，無知な人は，豪華に暮らす人のことを褒めたり，もしかするとうらやましがったりするかもしれない。ところで無知な人からの賛辞を気にするのはどんな人だろう？　それはおそらく愚か者だ。
　豪華さとは，じっさい愚かさの表われなのである。
　例：蛇口を金で作ることが何の役に立つのだろうか？　もしこの金の蛇口から汚水が出ていたら，同じ費用で浄水器を取り付け，蛇口は普通のままにしておく方が賢明ではないか？　つまり豪華さとは，高価な素材を間違って使うことであり，機能を改良することではない。要するに，バカのなせる業なのである。

　当然ながら，豪華さは他人に対する傲慢さや支配力と関わりがあり，間違った権力意識に結びつく。古代では，装飾品や稀少品を持つ策略家（魔術師）が権力を握っていた。そうした豪華な品々は彼だけが所有でき，王や権力者は高価な生地や毛皮の服を着ていた。民が無知なままでいるほど，権力者はいっそうの富で身を飾りたてていたのである。
　今日でも多くの国で，このような驚くべき見た目のものがある。それと同時に健全な人々は，外見ではなく，物の現実性を知るようにな

ってきている。模範とすべきは，もはや豪華さや豊かさでも，存在する分だけ所有する（エーリッヒ・フロムが言うように）ことでもない。

　人々が物事を知るにつれ，見せかけの権力は地に堕ち，お仕着せの権威に代わり，人々に認められた権威が力をもつようになった。大昔なら，愚者でも立派な玉座に座れば暗示をかけることができたかもしれないが，今日では，そしてなにより未来では，そんなことは通用しないだろう。これからは，玉座，一方的な支配者のための豪華なソファ，長のための特別な調度品，マホガニー製の台座が付けられた豪華な演壇，きらびやかなマント，上座までの階段など，人々に暗示をかけるのに都合のいいものはすべて消え去るだろう。

　つまり，わたしが言いたいのは，豪華さはデザインの問題ではないということである。

緑色のリゾット

1. 脂身のあるハムとタマネギをたっぷり用意し,みじん切りにする。
2. 少量の油をひき,火にかけ,キツネ色になるまで炒める。
3. ホウレン草をよく水で洗い,そろえて,細かく切り刻む。
4. たっぷりの水でさっと茹でる。
5. キツネ色になったタマネギとハムに,ホウレン草を加える。
6. 全体になじむ程度のブイヨンを入れ,塩,胡椒で味を調える。
7. 数分間,煮る。
8. 米を入れ,少しずつブイヨンを加えながら煮る。
9. 米がアルデンテになったら,火からおろす。

どんな料理の本も,企画の方法論の本である。

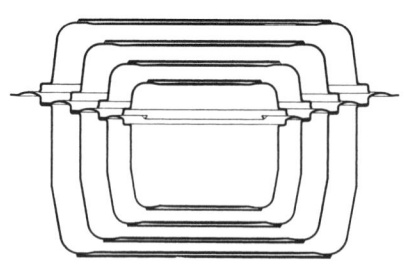

8つの容器のセット：鍋が4つと蓋が4つ。蓋は，オーブン皿や浅鍋として使用できる。
入れ子になったこれらの容器は，場所をとらず，とても機能的。
デザイン：ロベルト・サンボネット

ステーキ用フライパンとその蓋。蓋は普通のフライパンにもなる。
取っ手は着脱可能で，嵌め込み式。
2つを別々に使用してもよい。
デザイン：ロベルト・サンボネット

企画の方法論

　どんな料理の本にも，ある料理を作るのに必要なすべての指示が載っている。その指示は，専門家向けに簡略化されているものもあれば，あまり詳しくない人向けに，それぞれの行程が細かく説明されているものもある。ときには，必要な作業や論理的な順序だけでなく，その料理にもっとも適した食器の種類や，加熱方法についてまで助言するものもある。

　企画の方法とは，経験から論理的に順序づけられた，一連の必要な作業のことである。その目的は，最小の努力で，最大の成果に到達することにある。

　緑色のリゾット，またはそれを調理するための鍋を企画設計するには，その問題の解決を促す方法を用いることが必要である。ここで重要なのは，どちらの場合も，経験から得られた手順で，必要とされる作業を行うことである。リゾットなら，鍋にブイヨンを入れる前に米を入れることはできないし，米が煮えた後で，ハムやタマネギをキツネ色になるまで炒めることもできないし，米，タマネギ，ホウレン草を一緒に煮ることもできない。そんなことをすれば，緑のリゾットを作るという計画は失敗し，すべてゴミ箱行きになるだろう。

　デザインの分野でも，方法をもたないまま企画設計をしたり，すぐにアイデアを出そうとアーティスティックに考えるのはよくない。これまでに同じようなものが作られていないか調査し，どんな素材で作られているのかを知り，その精確な機能を充分に特定しなければならないのである。

　規則にしたがって企画を立てなければならないと聞くと，創造力が

阻まれるように感じる人がいる。そうした人は，個性はどこで出せばいいのかと自問する。私たちはみんなアホなのか？　みんなロボットなのか？　みんな能力に差がないのか，みんな同じなのか？　と。

すると再びゼロから，うまく企画を立てるのに必要とされる経験をやり直しはじめる。そして，最初にすべきことと後にすべきことを理解するのに多大な努力をし，経験則から得られた方法にしたがっておけばしないような間違いをし，その間違いをなおすのにまた多くの時間を費やす。

創造力とは，方法のない即興を意味するのではない。そのような即興は混乱を生むだけで，若者に自分は自由でインディペンデントなアーティストだと勘違いさせる。

企画の方法における一連の作業は，客観的な価値から成り立っており，その客観的価値は，クリエイティヴな企画者の手のなかではじめて有効な手段となる。

では，どのようなものが客観的価値なのだろうか？　客観的価値とは，すべてにおいてそうだと認められる価値のことである。例えば，わたしがレモンイエローとトルコブルーを混ぜると緑色になると言うとする。これはテンペラでも，油絵の具でも，アクリル絵の具でも，あるいはフェルトペンでも，パステルでもそうなる。これが客観的価値である。

「わたしにとっての緑色は，赤と茶を混ぜた色です」とは言えない。なぜならそうしてできる色はくすんだ赤色だから。それでも頑固な人は「自分にとってはこれが緑色なんだ」と言うかもしれない。しかしそれは彼にとってだけで，他のみんなにとってはそうではない。

デザイナーにとっての企画の方法は，絶対的なものでも，決定的なものでもない。そうではなく，プロセスをより良くする他の客観的価値があれば，いつでも修正できるものである。このことは企画設計者の創造力と関係し，企画設計者が方法を応用しながら，方法そのものを改良するなにかを見つけ出すこともある。だから，方法の規則が企画設計者の個性を阻むことはない。むしろ，他の人にも役立つかもしれないことを発見するように促すものである。残念ながら，私たちの学校で広まっている企画の方法は，生徒に新しいアイデアを探すようにそそのかす。それはあたかも，毎日一から発明しなければいけないと言うようなものである。これでは，若者の職業的訓練を助けることはできず，むしろ間違った方向に向かわせる。だから学校を終えた後，自分で選んだ職業のなかで非常に苦労することになるのである。

　したがって，さっそく職業的な(プロフェッショナル)企画設計者と，夢想的な(ロマンチック)企画設計者を区別するのがよいだろう。前者は企画の方法を知っており，そのため時間を無駄にせず，自信をもって正確に自分の仕事を行うことができる。後者は，"天才的な"アイデアをもち，技術を無理に使い，極端にややこしく，値が張り，実用的ではないが美しいなにかを作ろうとする。

　ここでは二番目のタイプ——なによりこうした人は誰の忠告も助言も受け付けないのだから！——はさておき，デザイナーの職業的な企画方法について見ていくことにしよう。

デザインの問題がある分野とは？

　工業製品におけるデザインは，多くの分野で非常に開拓されているが，ほとんど開拓されていない分野も多少あり，これまで一度もデザイナーが介入したことのない分野もある。例えばインテリアデザインでは，しばしば流行や大衆の好みに直結する"アイデア"が過度に用いられている。そうなると，これはもうデザインではなく，スタイリングの話となる。そうした"新しいアイデア"は，昨今ではよく知られたサローネ（ミラノで開かれる国際家具見本市）で，呼び物として重宝されていた。しかしその多くが一度も製品化されることなく，呼び物のプロトタイプのまま残り，それでおしまい。

　そこで，デザイナーの働きかけが可能なこの分野をひとつずつ見ていくことにしよう。そして，なにが企画として取り組む価値があるかを見ていこう。

インテリア

家具は最小限でじゅうぶん。
（豪華な家具はデザインの
問題ではない。）
居住空間を
最大限に利用して。
用途に応じた
環境の照明を。
騒音は省いて。
空気やニオイの循環を良く。

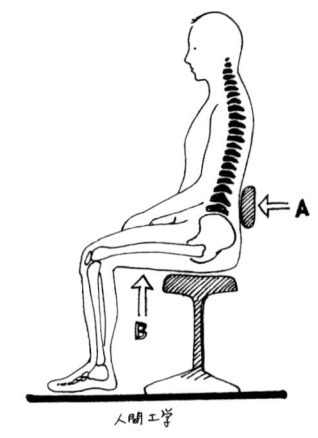

人間工学

衛生設備も。
さまざまな機能に応じて
変形する家具。
子供のための空間。
触れられることを踏まえて
正しい素材を使用。
空気の流れを考えて
暖房と冷房。
インテリア用の
布地。
タペストリーの
デザイン。
オフィス，公共の場，病院の
インテリア。
レストランの
光，色，音響。
待合室のような
特別な場所のインテリア，などなど。

着るもの

モードはちょっと置いておこう，それは
スタイリストの分野だから。
デザインが介入できるかどうか考えてみる。
スポーツ・ウエアはどうか。
作業着はどうか。
専門の機能をもった
専門の靴と手袋。
漁師の帽子や傘，
などなど。

スコット社のレース用スキー靴。
閉じた靴と開いた靴。

キャンプ

どんなキャンプ用品も,
アーティスティックな気配りをせずに
設計されれば, ほぼ
かんぺき。基本的な経済性や
解体や持ち運びに関わる下位問題について考えることが
よき企画を請け合う。

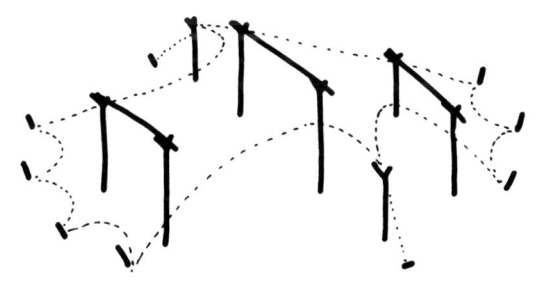

砂漠での遊牧民のテント

計測機器

天秤, 温度計, 風速計,
その他, 多くの道具はデザイナーの
視点から再設計できる。あるいは,
予想もしない方向性が
あるかもしれない。たとえば気象台なんかがそう。
詳細は 260 から 267 ページを見よ。

教育的な遊びとおもちゃ

学校での，屋外の遊び。
浜辺での，集団の遊び。
気象台の遊び。
水の，空気の，熱の，
光の，力の，遊び。
解体や組み立てのできるおもちゃは
役立つ情報を伝達する。
それからアーティスティックな情報も。

美術館と展覧会

芸術作品を並べるための
特別な骨組み。
芸術の技術を見せるための
視覚的な展示。
短期間の展示会で
解体したり，組み立てたりできる
軽量な骨組み。
環境にあった照明。
標識と通路の研究。
模型と複製品の
展示。

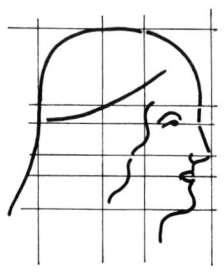

均整のとれた横顔の測定を
視覚化した場合。
レオナルドによる。

ルナパーク

ルナパークの舞台装置は
どれも組み立て式。だから
解体も持ち運びも，組み立ても，すばやく簡単にできる。
組み立てる様子を見に行くのは，
デザイナーにとって，大いに有効。
どのように問題を
単純化するのか，学ぶべきことがたくさんある。
ルナパークの
新しいパビリオンを企画する。
新しいアトラクションを発明する。
動く光の効果と絶え間ない変化。
組み立てを簡単にする
空間のモデュレーション。

庭

公共の庭の設計と準備。
庭には,ベンチとその他備品。
夜間のための照明。
テラスのある小さな庭。
組み立て式のキオスク。
熱帯植物の温室。
灌漑設備。
噴水の計画。

お年寄り

お年寄りのための環境計画。
色と光を研究すること。
お年寄りの活動とは:ほんの一角でなにかを栽培すること。
整形外科用設備。

ジッパー,ジョイント,アタッチメント

特別な使い方の
新しいタイプのジッパー。
プラスチックの,メタルの,それから……の,
ジョイントとアタッチメント。L字型ジョイント。

見本市の設備とグラフィック

見本市の空にゆれる目印。
パビリオンひとつひとつの
グラフィックと案内標識。
見本市そのものの
グラフィックと案内標識。
乗り物に貼られた，動くグラフィック。
たくさんの印刷物。
特大サイズの
シンボル作り。

レイアウト

レイアウトの問題は，
印刷物の種類によって
変わる。科学雑誌の
レイアウトをゴシップ週刊誌とおなじように
できるわけがない。
だから，レイアウトはどうあるべきか
研究される。たとえば，企業公報，ファッション誌，
経済誌，
週刊誌，
新聞（分かりきった問題と思うかもしれない。
しかしイタリアのもっとも読まれている新聞のことを
考えてみれば，まだまだあるべきようにレイアウト
されておらず，ルナパークで見るようなバスタード書体を
いまだに使っている）。

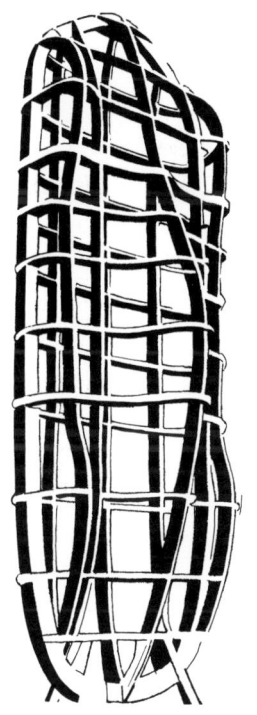

自動車の模型を拡大したもの。
展示会の目印として。

標識

公共の標識。
工場や，その他の建物での標識。
特別な情報を
伝達するためのグラフィック・シンボル。
スポーツ施設の標識。

シネマとテレビ

テレビ番組のタイトル。映画のタイトル。
特殊効果。
特撮映画の動く
テキスト，グラフィック，グラフ。
イメージのアニメーション。
偏光の使用。
シンセサイザーの使用。
フォルムとカラー。
特殊編集。

プリント

シルクスクリーンのプリント，新しい可能性の実験。
いろいろな素材へのプリント。
フローティング・カラーのプリント。
可能なプリントすべてを調査する。たとえば，
モノタイプ，木版，
エッチング，リトグラフ，バティック染め……
オリジナルのゼログラフィーア。
さまざまなプリントのシリーズ。

タペストリー

さまざまなテクスチャーの企画。
自然素材の要素。
幾何学的な網目模様から
写し取った機械的なテクスチャー。
機能に応じて，環境に合った色彩。
どんな機能にも合う中立的な色彩。

タイル

タイルに適したテクスチャー。
工場では不良品だと
思われているタイルを利用して
自動的にデコレーションをする。
問題は
おなじ模様の，四角いタイル9つを
いかに組み合わせるかということ。
フォルムは異なっても組み合わせられるもの。
凹凸の問題。
いろいろな厚みのタイルを組み合わせてつくるタイルの壁。

アシンメトリーに
模様が描かれたタイルは，
さまざまな組み合わせが可能。

デパートメント

商品の陳列設備。
目の標識，耳の標識。
解体式のショーケース。
ライティング。
ショーウィンドウの飾り方。
店内の飾り方。
いろいろな商品の陳列台。
調和のとれたグラフィックとイメージ，
包装の仕方など。
売場空間の
整備。

カバン工場

スーツケース，サック，超軽量のトランク。
キャリーケース，小さなカート。
バッグ，場所をとらない
折りたたみ式のスーツケース。
包みもの。

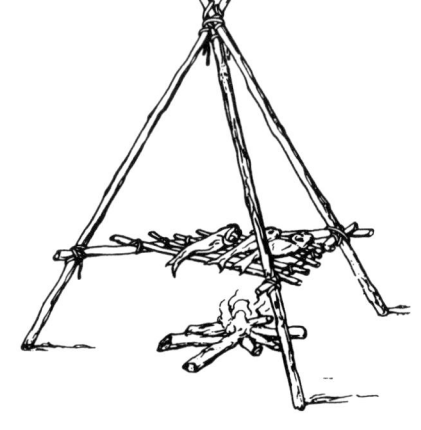

商品の陳列は
意外性のある方法で。

建物のグラフィック

店の看板。
デパートの
大きな看板。
ピカピカする広告の看板。
正面に書かれたホテルの名前。
旗のように突き出た看板。
動く,大きな看板。
建物の上には
ブランド・マークや
巨大なシンボル。
遠くからも見える標識。

梱包

楽器の梱包。
液体の梱包。
壊れやすく,大きな物体の。
不定形で,重い物体の。
セットになった小さな製品の。
真空状態の。
スーパーマーケットの
展示用の。
ポリスチロールでの,カートン紙での,……での。

液体用の梱包。
容器にもなる。

イルミネーション

ショールームの
ハロゲンランプ。
街灯の高圧ナトリウムランプ。
ショーウィンドウの
水銀ランプ。
鉱物展示場の
ウッドランプ。
コンサートの
光のスペクタクル。
ディスコの
ストロボライト。
いろいろな種類の
スイッチ，レオスタット，コンセント，プラグ。
さまざまな使い方の，室内照明。
ペタンク遊びのためのライト。

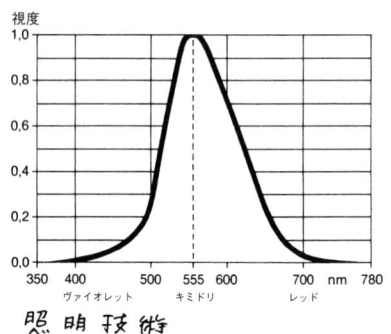

出版

一冊の本や,シリーズものの本の
表紙だけが企画設計じゃない。モノとしての
本そのものも,企画設計のひとつ。
たとえば,判型,紙の種類,紙の色に合った
インクの色,装丁,内容に見合った
タイポグラフィの選択,ページに合った
本文の正しい区切り方
ノンブルの位置,見返し,
本文にともなう挿絵や写真の
視覚的特徴,というように。

棚

果物箱の
規格に合わせて
作られた果物店。
靴箱の規格に
合わせて作られた靴屋。
鉄や木やプラスチックの棚。
いろいろな必要に応じて
解体したり,調整できる棚。
半加工の
素材でつくる棚。
カートやエレベーターのある
倉庫の棚。

その他の問題は
さまざまな素材を扱う工場で見つけることができる。
例えば，ゴム，ガラス，ステンレススチール，銅，陶器，
大理石，フェルト，合成繊維，さまざまなプラスチック素材などの工場で。
こうした素材のいくつかは，
そのほとんどが天然素材の
代用品として利用されていて，
それ本来の性質は活かされない。
あるいは，従来の枠組みに
頑にとどまる製品を作り，
新たな可能性を探ろうとしない。
例えば，ゴムを使って
絵画の額縁を企画することもできる。
これは自転車のタイヤのように組み立てる。
だから一切，釘を使わない。
この額縁は，ピタッとはまる。
だからガラスと絵との間にホコリも入らない。
最大限に単純化することが，
すべての問題を解決する。
もちろん，この額縁のフォルムは
もっともシンプルなものとなり，
ナントカ様式のイミテーションにはならない。

さて，この額縁，
版画や文書，写真などが入れられる。
これはたった一つのパーツから
型抜きされて作られる。
もとより四角形で，角は丸みを帯び，
大きさは一辺が約 70cm，引っ張れば 1m まで伸びる。
額縁はマゾナイトの台紙に嵌め込んで使用する。
この台紙には木片が付いていて，

吊るすこともできる（伸び縮みする額縁なのだから
そのまま吊るすことはできない）。
マゾナイトと
ガラス板の厚みは，
額縁内に収まり，
運搬時の衝撃緩和にも
役立つ。

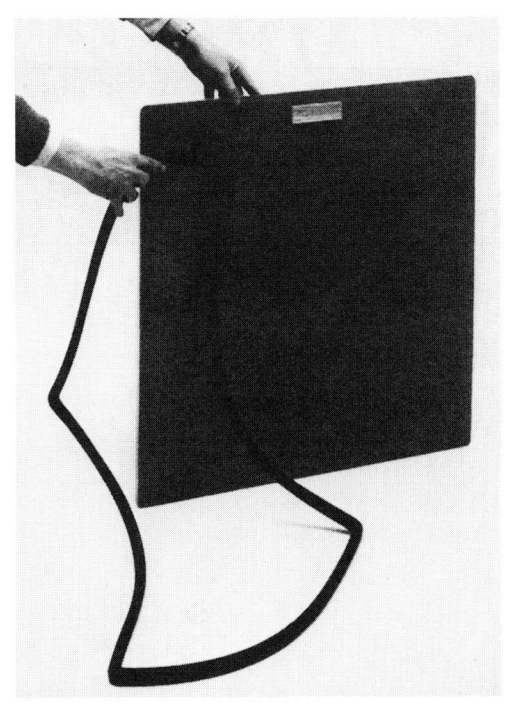

これらのリストに挙がった，
ひとつひとつの視点は
いくらでも広げられる。
すると，デザインの問題は至る所にあることが
分かるだろう。見た目に分かるインテリアだけが，
デザインの問題ではない。
さて，ここまで私たちは，問題がどこにあるのかを見てきた。
そこでこれから，どのように問題を同定し，
解決するにはどのように取り組めばいいのかを
見ていこう。

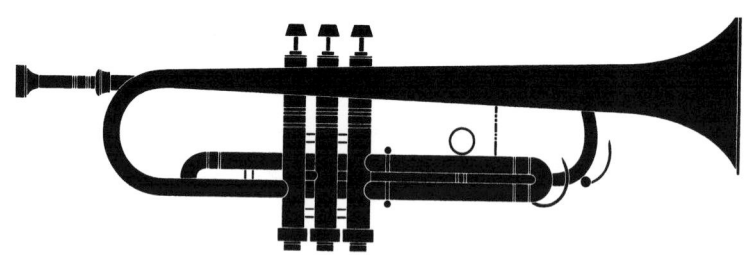

問題とはなにか？

PROBLEMA
⇓
SOLUZIONE

　友人のアントニオ・ロベリーニが次のように言っていた。「解決できない問題は，問題じゃない。解決できる問題なら，問題じゃない」。まさにその通りである。さてこの主張からは，いくつかの考察が生まれる。それは，なによりもまず，解決できる問題か否かを区別できなければならない，ということだ。それができるようになるには経験，とくにアントニオが備えているような技術が必要になる。ではデザイナーは，その活動を始めるにあたり，なにができるだろうか？

　企画の方法論について書かれたテキストはいくつかあり，とくに技術者に向けて出版されているが，そのうちのいくつかはデザイン，つまり美的要素を含めた設計にも応用できる。主要なテキストとしては，M. アシモフの『設計の原理』（マルシリオ，1968 年），S. A. グレゴリーの『合理的企画』（マルシリオ，1970 年），J. C. ジョーンズの『体系的企画の方法』（マルシリオ，1968 年），B. アーチャーの『デザイナーのための体系的方法論』（マルシリオ，1967 年）がある。

「デザインの問題は必要から生まれる」とアーチャーは述べる。つまりそれは，環境のなかで人が必要と感じるもの，例えば，より経済的な自動車，子供部屋の整理法，より使いやすい……用の容器などである。

　こうしたことや，その他多くのことが必要とされると，デザインの問題が生まれる。これらの問題を解決することは，生活の質の向上につながる。
　これらの問題は，デザイナーによって突き止められ，工場へ提案される。あるいは，工場の方からデザイナーに問題の解決を依頼することもあるだろう。ただ，しばしば工場は新しい製品を製造販売するために，偽りの必要を作り出すこともある。その場合，デザイナーは，工場だけの利益となり消費者には損となる仕事に関わるべきではない。

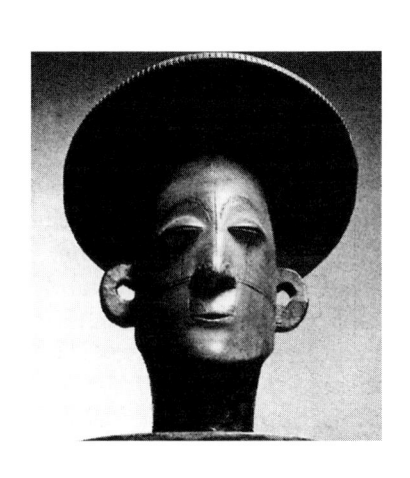

P
⇓
S

問題がひとりでに解決されることはない。ただ問題には解決のためのすべての要素が含まれている。解決案を出すには，それらの要素を知り，活用することが必要となる。

デザイナーの依頼主は工場であり，この工場がデザイナーに問題を提示する。デザイナーは，すぐに問題を解決できるような天才的アイデアを探し始めてはいけない。なぜならそれは，アーティスティックで夢見がちなやり方だからである。

　第一に必要なことは，問題そのものを定義することである。

　「多くのデザイナーが，問題は依頼主によって充分に定義されていると思い込んでいる。しかし，大部分は不十分なままである」とアーチャーは述べている。

　したがって，問題を定義することから始めなければならない。これは，後の作業範囲を定めるのにも役立つ。

　そこで，問題が一つのライトを企画設計することだと仮定しよう。このライトは，卓上用か壁掛け用か，あるいは書斎用か仕事場用か，居間用か夜間用か，というように定義していく。白熱灯がいいのか，蛍光灯がいいのか，日中用か，それ以外か。価格に制限はあるのか，デパートで使われるのか，組み立て式がいいのか，折りたたみ式がいいのか，光の強さを調節するサーモスタットを付けるのか，というように。

P
⇓
DEFINIZIONE
DEL PROBLEMA
⇓
S

方法の始まりとなる諸要素をまとめよう。問題（Problema）をPとし，解決（Soluzione）をSとする。
この2つのあいだに，問題をより明確に定義する作業を入れていこう。

いったん問題が定義されると，よし，これで問題解決のグッド・アイデアが自動的に生まれる，と思う人がいるかもしれない。しかしそうではない。なぜなら到達したい解決の種類も定義しなくてはならないからである。例えば，一時的な解決なのか（1ヵ月間の展示会のための解決），あるいは決定的な解決なのか，純粋に商業上の解決なのか，永久的な解決なのか（その時々の好みを作る流行から外れた解決），または技術的に精巧な解決なのか，単純で経済的な解決なのか，というように考えていく必要がある。

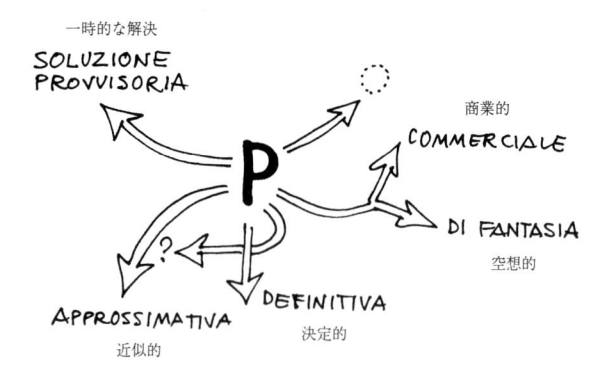

一時的な解決　SOLUZIONE PROVVISORIA
商業的　COMMERCIALE
DI FANTASIA
空想的
P
DEFINITIVA
決定的
APPROSSIMATIVA
近似的

ひとつの問題にはいくつもの解決がある。ここでもまた，どの解決を選択するか決めなければならない。

P
⇩
DP
⇩
IDEA
⇩
S

多くの企画設計者は，問題を解決するアイデア（Idea）をすぐに見つけようとする。アイデアはもちろん必要だが，まだその時ではない。
図式には DP を挿入しよう。これは「問題の定義 Definizione del Problema」という意味である。

どんな問題でも，その問題を構成する要素に分解できる。この作業により，企画設計は容易になる。というのも下位問題として隠れていた小さな問題を突き止めることができるからである。ひとつひとつ，小さな問題に分解し（ここでようやく創造力が介入し始め，アイデア探しは放棄される），一貫性をもって再構成する。問題それぞれの機能的特性，問題どうしの機能的特性，また，素材，心理的側面，人間工学，経済性，そしてフォルム，というように，それぞれの特性に応じて問題を再構成する。

　日本には，美しさとは正しさの結果という規則がある。

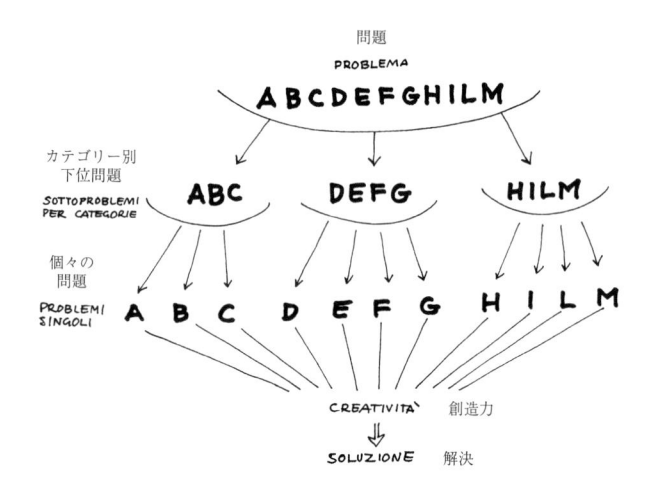

問題
PROBLEMA
ABCDEFGHILM

カテゴリー別下位問題
SOTTOPROBLEMI PER CATEGORIE
ABC　**DEFG**　**HILM**

個々の問題
PROBLEMI SINGOLI
A B C　D E F G　H I L M

CREATIVITA' 創造力
⇩
SOLUZIONE 解決

問題を定義したら，その問題を構成要素に分解し，よりよく知ろう。

P
⇓
DP
⇓
COMPONENTI DEL PROBLEMA
⇓
(I)
⇓
S

Iは「アイデア」。Iはかならず，問題の構成要素（Componenti del Problema）の後に置かれる。

ある問題の分析をするとき，その問題を構成する要素に分解するという原則は，デカルトの方法論に遡る。とくに昨今の問題は，非常に複合的になり，ときには複雑に入り組んだ問題も出てくる。したがって，より確実な企画設計のためには，それぞれの問題についてすべての情報を得ることが必要となる。

　複合的なものと複雑なものとを区別するには，おそらく「複合性」について定義する必要があるだろう。アブラハム・モルによると，「一つの製品を構成する要素が，多くの異なる階層に属するとき，その製品は複雑となる。他方，要素の数が多くても，わずかな階層に分類できる場合，その製品は複合的となる」。
　これにならい，次のように言うことができる。「自動車は複雑だが，コンピューターは複合的である」
　今日では，製品の構成要素の階層数を減らし，より複雑ではない製品が作られる傾向にある。したがってこの先，私たちはより複合的で，より複雑でない製品を手にすることになるだろう。

　問題をそれを構成する要素に分解するとは，多くの下位問題を発見するという意味である。「一つのデザインの問題とは，多くの下位問題の総体である。この下位問題の一つ一つは，受け入れられる解決のフィールドが得られるように解かれうる」とアーチャーは述べている。

　それぞれの下位問題にはもっとも適当な解決があるが，それは，他の解決と矛盾するかもしれない。デザイナーの仕事で一番難しいのは，総体としての企画とさまざまな解決との調停をはかることである。問題の解決とは，創造力を発揮して，下位問題の解決案を調整することである。

与えられた問題が，ライトを企画設計することだと仮定し，そのライトは平均的な住まいの居間で使われるものだと定義されていると仮定しよう。

　下位問題は以下のようになる。

　どのような種類の光にするか。

　光量を調節できる器具（レオスタット）を付けるか。

　どんな素材で作るか。

　その素材を加工するなら，どのような技術が必要か。

　スイッチはどこに付けるか。

　どのように運搬するか，何で梱包するか。

　倉庫ではどのようにストックされるか。

　前もって製造されている部品はあるか（ソケット，レオスタット，スイッチなど）。

　どんなフォルムにするか。

　価格はいくらぐらいにするか。

　これらが，創造力を発揮して解決すべき下位問題である。

もう少しライトの企画例について考えていこう。企画の構成要素を決定するには，どのようなデータを集めたらいいだろうか。まずデザイナーは，作ろうとしているライトによく似たライトをすでに製造しているメーカーがないか調べ，カタログを片っぱしから取り寄せよう。どんな解決にいたるにせよ，まずは資料にあたっておいた方がいい。なぜなら，自分より先に同じことを考えた人がいるかもしれないからだ。企画中のライトが，市場に存在していないことを確認せずに，ある種類の解決を考えはじめるのは大間違いである。当然，不要な例も多くあるだろう。コピー品や対抗馬にもならないものを除いていくと，最終的に有益なデータを手にすることができる。その上で，問題の各構成要素について，別のデータのリサーチをする。それは次のようなものである。

　今日の市場には，どれくらいの種類の電球があるか。

　レオスタットの種類は。

　スイッチの種類は。

　その他いろいろ。

```
      P
      ⇩
     DP
      ⇩
     CP
      ⇩
   RACCOLTA
    DI DATI
      ⇩
     (I)
      ⇩
      S
```

徐々にでき上がってきたこの図式のなかで，問題の構成要素は CP と略される。
CP の次には，各構成要素を研究するのに必要なデータを集めよう（Raccolta di Dati）。
すべてを解決するアイデア（I）は，データ収集の後に移動。

次の作業では，収集したデータを細かく見ていく。その時，他の製品では，どのように下位問題を解決しているかに注目し，分析する。技術的にはうまく解決されているのに，あちらこちらに意味のない美的価値が加えられているものがよくある。なぜなら，そうしないと市場に受け入れられないから，らしい。この場合，美的価値（実際には単なる応用装飾）といわれるものは排除し，技術的価値だけを考慮する。

　集めたさまざまな種類のライト（イメージではあるが）を分析し，欠点を探す。美についての考察はさておき，欠点を突き止めるのである。例えば白熱電球の放射熱は，ランプシェードのプラスチックを溶かしたり，通気が悪ければ周囲の部品を燃やしてしまう。装飾が多かったり，不適当な素材で作られたライトは，80％の光量を閉じ込めてしまい，かなりのエネルギーを浪費することが分かるかもしれない。またはスイッチの位置が正しくないと分かるかもしれない。その他，電球の大きさとライト全体が釣り合っていない，色は必要ない，金属の部分が浮いた感じに見える，などということも分かるかもしれない。

　すべてのデータを分析すると，ライトをうまく企画設計するためにしてはいけないことのヒントが得られ，別の素材，別の技術，別の価格について考えられるようになる。

P
⇓
DP
⇓
CP
⇓
RD
⇓
ANALISI
DEI DATI
⇓
I
⇓
S

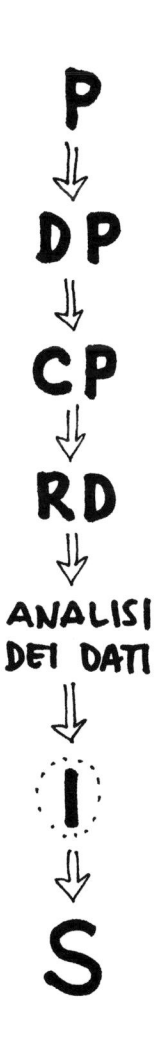

データの収集は，図式内では RD となる。この作業に続くのは，もちろんデータの分析（Analisi dei Dati）である。分析しないなら，集めることに何の意味がある？　アイデア（I）はふたたび移動。

この時点で，私たちは企画設計を始めるに充分な材料を手にしたことになる。言うまでもなくすぐにすべてを解決するアイデアを用いたい人は，集めた材料を検討しようとしない。したがって企画設計のプロセスを変更する。その種のアイデア探しは別の方法に，つまり，よりクリエイティヴな方法に置き換えられる。
　直観だのみのアイデアに取って代わるのが，まさしく創造力である。直観から生まれたアイデアは，アーティスティックで夢想的な解決方法につながる。したがって，創造力はアイデアの位置におかれ，その方法に沿って行われる。アイデアは空想につながり，技術面，素材面，あるいは経済面から，実現不可能な解決を提案することもある。他方，創造力は，データや下位問題の分析から得られた問題内にとどまる。

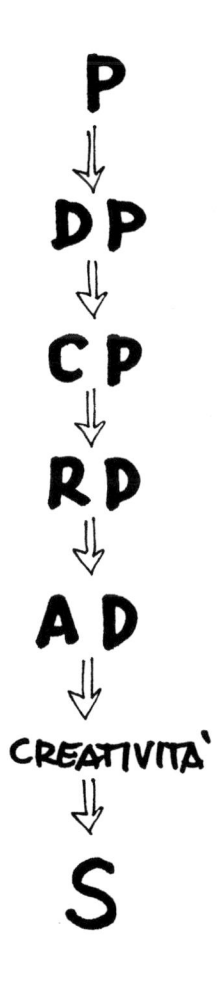

P
⇓
DP
⇓
CP
⇓
RD
⇓
AD
⇓
CREATIVITÀ
⇓
S

AD と図式内に示されるデータの分析は，最初に「アイデア」として定義された作業の置き換えを促す。「アイデア」の位置には別の作業，つまり「創造力 Creatività」と定義される作業が置かれる。アイデアが，即席で美しい解決案を出そうとするのに対し，創造力は，解決案を決める前に，データの分析に続くすべての必要な作業を考慮に入れる。

次の作業は，また別のデータ収集である。それは，デザイナーが利用できる素材や技術に関してである。デザイナーに問題を依頼した工場には，当然その技術があり，得意な素材とそうでない素材がある。したがって，素材と技術に関するデータから外れた解決を考えるのは無意味である。

```
        P
        ⇓
       D P
        ⇓
       C P
        ⇓
       R D
        ⇓
       A D
        ⇓
        C
        ⇓
    MATERIALI
    TECNOLOGIA
        ⇓
        S
```

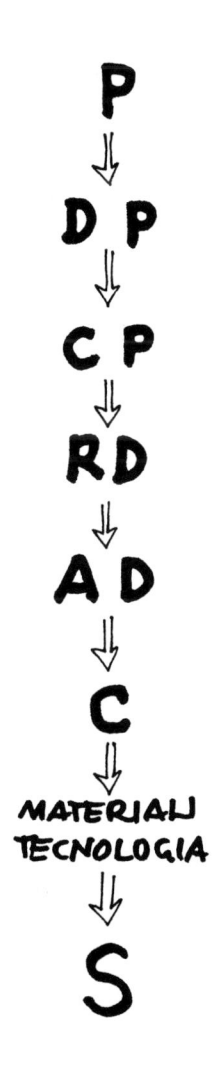

Cとして示される創造力は，企画のために利用できる素材や技術（Materiali Tecnologia）について，ふたたびデータを収集する。

この時点になってようやく、企画設計者は企画の実現に向けて、使用可能な素材や技術の実験を行う。素材や技術は習慣にしたがい用いられることが多く、たいていの場合で、たった1つ、あるいは2，3の方法でしか使われない。多くの工場でこう言われる。「私たちはいつもこうしてるんです、なぜ変えなきゃならないんです？」しかし実験することで、素材や手段の新たな用い方を見つけることができる。

　数年前、Fibralin という工業製品が発売された。この Fibralin は、合成ゴムとレーヨンで作られたフェルトのような素材である。この素材は衣服の裏地として製品化され、薄葉紙から厚紙程度までのさまざまな厚みがある。低価格で、見た目も日本の和紙のようになかなかいい。この素材は今でも生産されており、きれいにシルクスクリーン印刷ができるので、わたしもさまざまに印刷した。この素材を使って、工業製品の展示会用設備を作ったこともある。それ以降、縫製業界で開発されたこの素材は裏地としてだけでなく、設備装置やアーティスティックなシルクスクリーン印刷にも使われるようになった。

　道具の実験といえば、コピー機がある。コピー機による実験は、オリジナルなイメージを生産する手段となった。今日では、さまざまな国のグラフィックデザイナーが、コピー機の実験を利用してオリジナルのデッサンを描いている。
　素材や技術の実験、ひいては手段の実験を行うと、たった一つの使い方しか考えられなかった製品の新たな使い方について、多くの情報を集めることができる。

P
⇓
DP
⇓
CP
⇓
RD
⇓
AD
⇓
C
⇓
MT
⇓
SPERIMENTAZIONE
⇓
S

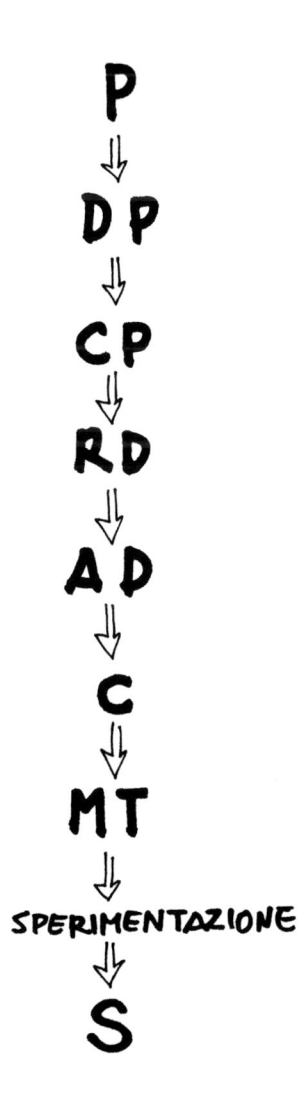

図式内 MT と示された素材と技術のデータ収集のあと，創造力は素材や手段の実験（Sperimentazione）を行う。これは，企画に有効なまた別のデータを得るためである。

これらの実験から，見本や試作品，情報が得られる。それにより，特定の目的のための新たな使い方を示す模型を制作することができる。この新たな使い方は，一部の下位問題を解決し，解決された一部の下位問題はその他の下位問題と結びつき，総合的な解決へといたる。

　右の図式から分かる通り，私たちはまだ，解決案を定義するデッサンやスケッチを一枚も描いていない。企画設計中のモノがどんなかたちとなるのか，いまだに知らないのである。

　とはいえ，犯し得る間違いの範囲はだいぶ狭められた。そこでようやく集められたデータを関係づけ，下位問題をまとめ，部分的な模型を作るためになんらかのスケッチを描き始める。縮尺か原寸大でなされるスケッチは，2つ以上の下位問題を組み合わせた部分的な解決案を示す。例えば，ライトの散光器が硬質の素材なら，そのことを利用してスイッチの機能も加えられるかもしれない。つまり，触れるだけで灯が点くというように。レオスタットが，ライトのベース部分に内蔵されているなら，そのベースはソケットとしても機能するかもしれない。2つの部品を簡単につなげられる特別なコネクターについても研究できるだろう。また，ライト本体を開いたときよりもコンパクトな状態で梱包できるように，そのヴォリュームを小さくする折りたたみ式ジョイントについても研究が必要かもしれない。スケッチは，原寸大でそれぞれの部品ごとに描いたり，完成した総合的なモノとして描くこともある。

　こうして，ひとまずの解決案となる模型が作られる。

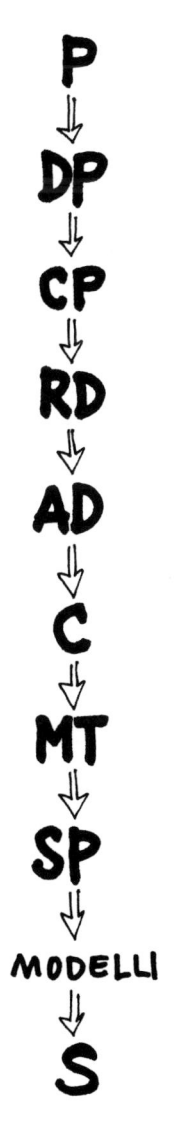

P
⇓
DP
⇓
CP
⇓
RD
⇓
AD
⇓
C
⇓
MT
⇓
SP
⇓
MODELLI
⇓
S

図式内 SP で示される実験から，模型（Modelli）ができ上がる。この模型から，企画で用いる素材や技術の可能性を見て取ることができる。

この時点で，一つの模型，あるいは複数の模型（可能な解決が複数あるかもしれない）を検証することが必要となる。きちんと機能する模型を未来の利用者数名に見せ，問題となっているモノについて率直な意見を求める。

　その意見をもとに，模型を修正できるか検討する。批判は客観的価値をもつのが常である。例えば，「わたしは良いと思いません，わたしが好きなのは 15 世紀様式だけですから」と言う人がいるとする。この意見はあまりに個人的なので，みんなにとって意味を持たない。しかし「スイッチが小さすぎる」と言う人がいるとする。そうなれば，スイッチを大きくできるかどうか考えることができる。それからここでは，経済面からも検討する。製造にかかる経費から，商品になった際に適正な価格で提供できるかを確認する。こうしたさらなるデータをもとに，プロトタイプの実現に向けて精確な寸法と必要な指示が記入された，縮尺または原寸大での製図に取りかかる。

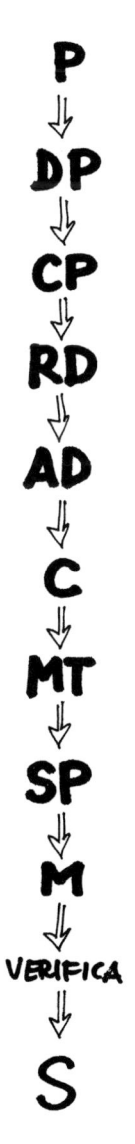

P
⇓
DP
⇓
CP
⇓
RD
⇓
AD
⇓
C
⇓
MT
⇓
SP
⇓
M
⇓
VERIFICA
⇓
S

模型ができたら，企画中のモノの有効性を見極めるために，あらゆる種類の検証（Verifica）を行う必要がある。

製図は，私たちの企画を知らない人に，プロトタイプを作るのに有用なすべての情報を伝えなければならない。この設計図は，分かりやすく，判読できるように描かれ，細部まで理解するのに充分な情報量を備えていなければならない。設計図で充分でない部分は，完成品によく似た素材で，同じ特徴をもたせて実寸模型を作る。そうすることで，プロトタイプを作る人に何が作りたいのかをよく理解させることができるだろう。

　ここまで数ページにわたって示した企画設計の図式は，定まったものでも，完全なものでも，唯一絶対のものでもない。そうではなく，今日までの経験から書き取られた図式である。ただ，いくら柔軟性があるといっても，今のところは示された順序にしたがって作業するのがいいだろう。なぜなら緑色のリゾットを作るのに，鍋に水を入れずに火にかけたり，米が煮えた後で調味料を用意してはうまく行かないからだ。しかし，もしだれかが，作業の順序を変えた方がいいことを客観的に示したら，デザイナーはいつでも自分の考えを修正する準備がある。このような方法でこそ，ひとつの作業法の構築に，それぞれがクリエイティヴな貢献をすることできる。そうすれば，お分かりのとおり，最小の努力で最大の結果に到達できるだろう。

この時点ではじめて，収集されたデータに念入りに修正を加えながら，企画中のモノのデータとしてまとめる。そのデータはのちに，部分的であれ全体的であれ，プロトタイプの実現に向かう製図（Disegni Costruttivi）として形を成す。

P
⇓
DP
⇓
CP
⇓
RD
⇓
AD
⇓
C
⇓
MT
⇓
SP
⇓
M
⇓
V
⇓
DISEGNI COSTRUTTIVI
⇓
S

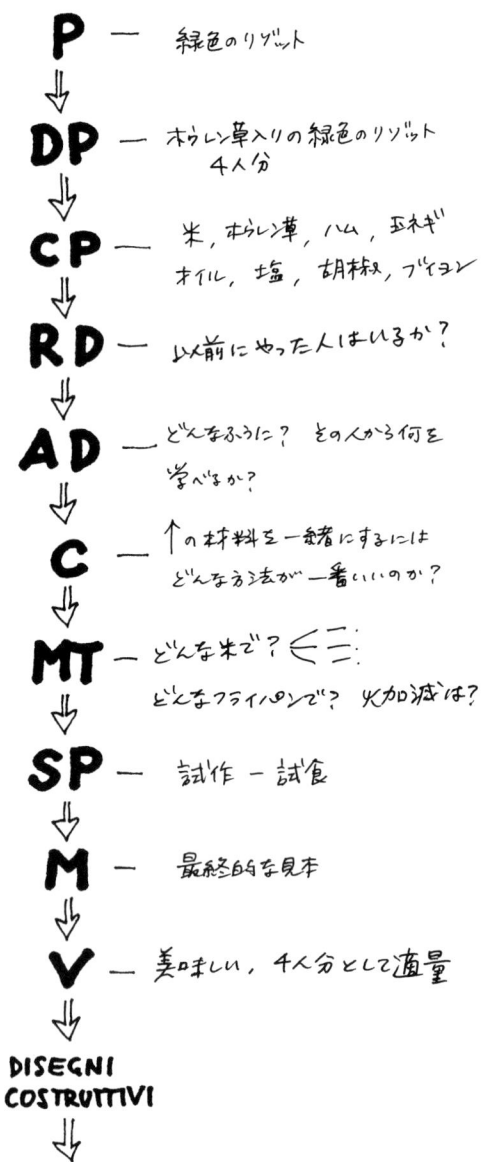

P — 緑色のリゾット
⇓
DP — ホウレン草入りの緑色のリゾット
　　　　4人分
⇓
CP — 米, ホウレン草, ハム, 玉ネギ
　　　　オイル, 塩, 胡椒, ブイヨン
⇓
RD — 以前にやった人はいるか?
⇓
AD — どんなふうに? どの人から何を
　　　　学べるか?
⇓
C — ↑の材料を一緒にするには
　　　　どんな方法が一番いいのか?
⇓
MT — どんな米で? ←=
　　　　どんなフライパンで? 火加減は?
⇓
SP — 試作 − 試食
⇓
M — 最終的な見本
⇓
V — 美味しい, 4人分として適量
⇓
DISEGNI COSTRUTTIVI
⇓
S — 緑色のリゾット,
　　　　温かいお皿に盛って

スケッチとデッサン

　企画設計の過程で，デザイナーはさまざまな種類のデッサンを活用する。企画設計に有効な考えを定めるための簡単なスケッチにはじまり，製図，パースペクティヴのあるデッサン，軸測投影法を用いたデッサン，解体図，フォトモンダージュまで，さまざまにある。
　これから各種類別に，その例を見ていくことにしよう。

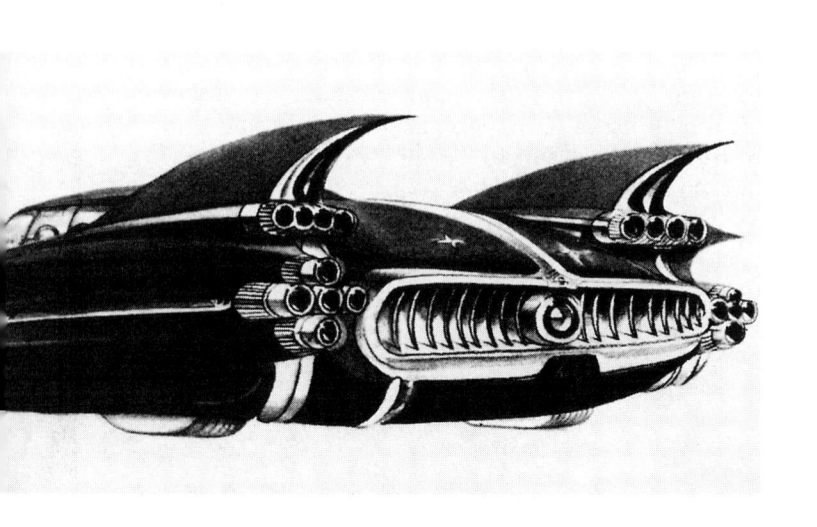

スタイリングはデザインではない。
デザイン画：ボブ・オズボーン

鉛筆やペン，その他あらゆる道具で，ときには絵筆によってなされるラフ・スケッチは，フォルムや機能を伝達したり，模型や構造の細部を作る際に，補助的な指示を与えるのに役立つ。

　鉛筆やペンでのスケッチは，デザイナーの頭に浮かんだことや，発見したこと，変更したいことなどを書き留めておくメモとして役に立つ。

　みなさんも作業場で，壁や漆喰に，鉛筆，チョーク，木炭で描かれたスケッチを見たことがあるだろう。これらは，組み立ての詳細，2つの異なる素材の接着方法，嵌め込み部分，部品の配置方法，次に続く作業などを特定するためのものである。

パウル・クレーのスケッチ。風車の機能と機構を表わしている。

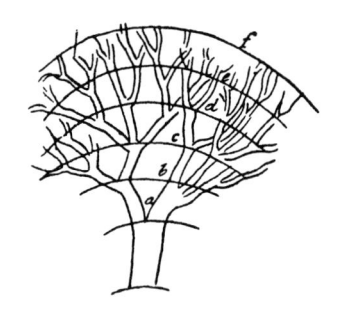

「人間の手が入っていない樹木の樹齢は，主だった枝の分岐によって数えられる。つまり，a, b, c, d, e, f というように，樹木の中央により近い枝を見ていくと，主要な枝分かれには周期がある」

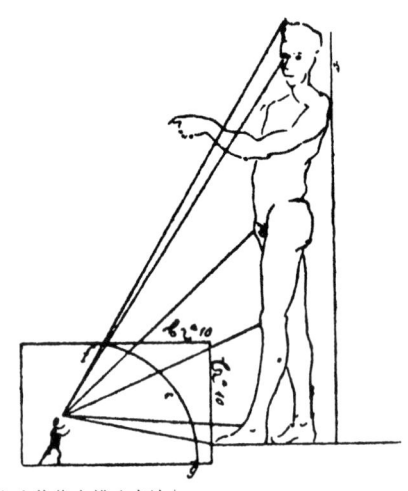

「20br*の空間に 40br の直立した人物像を描く方法」

 * br（braccia）　イタリア語で腕の意。19世紀まで用いられた長さの単位。1 ブラッチャ＝約 60cm。

レオナルド・ダ・ヴィンチのスケッチ。自然界の法則や，フレスコ画を描く際の芸術的法則についての覚書き。

E. メンデルゾーンのスケッチ。1926年シュトゥットガルト，ショッケン百貨店のために。

リーノ・ザバッティーニのスケッチ。ナイフ，フォーク，スプーンの線を定めるために。金属板から，3つの工程（剪断，成形，仕上げ）を経て完成される。

中央のパイプ1本だけで支えるリヤカーのスケッチ。リナルド・ドンゼッリによる。

リナルド・ドンゼッリによるオート三輪の車体のスケッチ。荷台，座席シート，足カバーが一体に。ガラス繊維強化樹脂で造られ，スタッキングも可能。

資料的価値のあるスケッチ。1968年コロラド州にある共同居住地区のフラードームの家々。

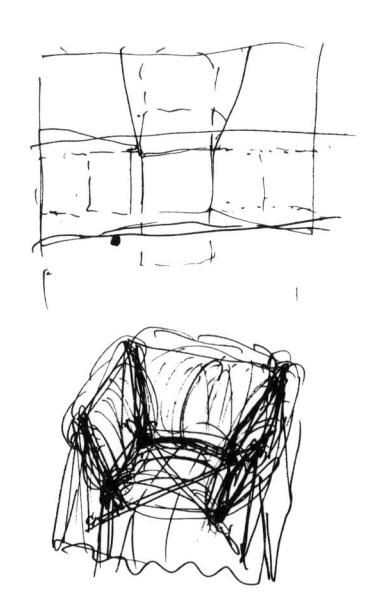

マリオ・ベッリーニのスケッチ。ソファの新しい製造方法について，アイデアを定めるために。

ジョゼフ・ホフマンの2枚のスケッチ。ヴァカンス用邸宅の入口について，1898年。

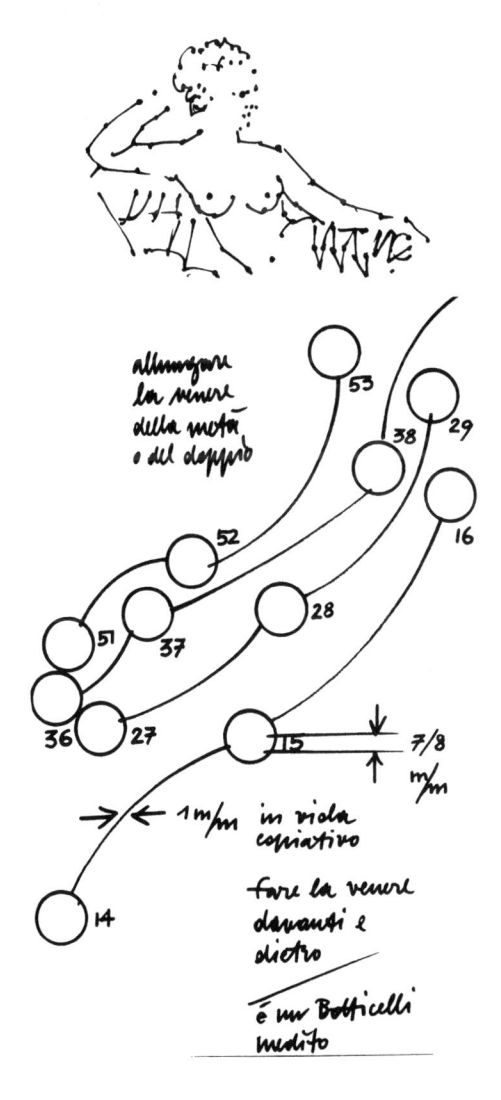

ピーノ・トヴァッリャのスケッチ。カノーヴァの彫刻を描いたデッサンのヴァリエーション。

パオリーナ・ボナパルテ：ボッティチェッリ《ヴィーナス》の新しいデッサンの線。

Delfino 社のブランドマークのためのデザイン画。ブランドマークのレイアウトでは，マークを 5mm に縮小しても認識できるかどうかを確認しなければならない。

はっきりとした輪郭線のある平面的なデザインは，グラフィックのなかでも，特にブランドマークやシンボルマークに多く用いられる。

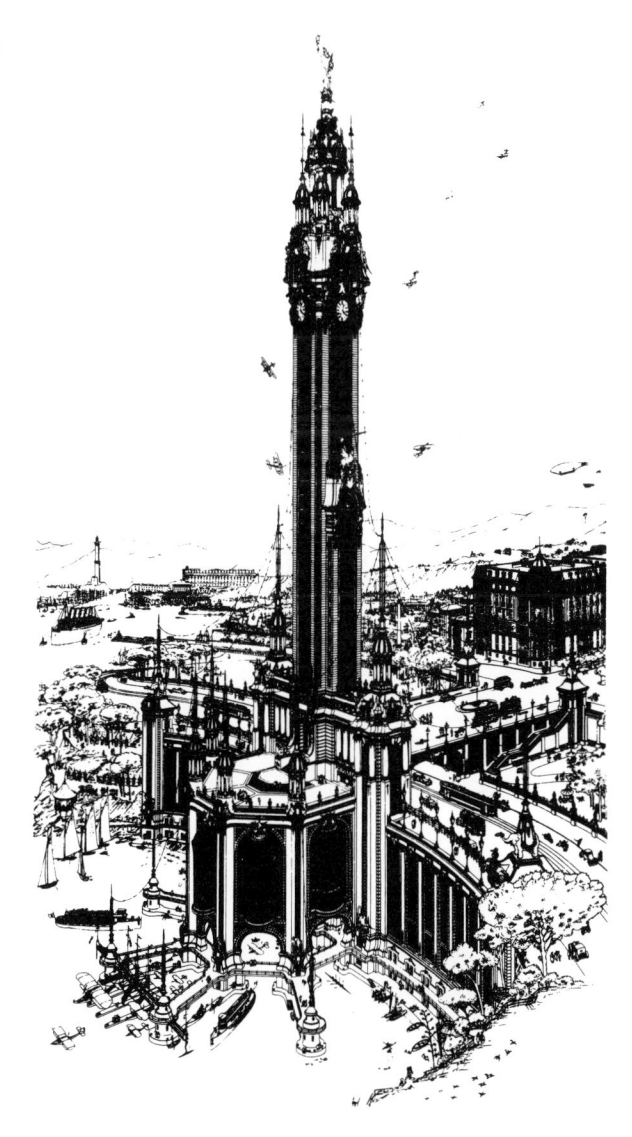

ジェノヴァの町について，きわめて綿密に描かれたデッサン。作者は20世紀初頭のジェノヴァの建築家，レンツォ・ピカソ。

次に，物体や構築物にパースペクティヴがあるデッサンを見ていこう。この種のデッサンは，ごまかすのに適している。つまり，遠近法を用いれば，モノを実際より大きく表わしたり，重要性を持たせて表わすことができる。大真面目な設計士なら，遠近法を用いなければならないとしても，このような視覚的トリックは決して用いないだろう。

ル・コルビュジエ《農地再編成》1934 年。外の景色を含んだ内部のパースペクティヴ。

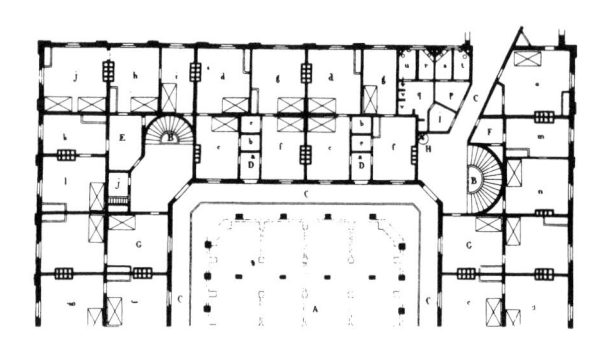

これはあの有名なファランジュ計画の正面図と断面図。屋根付きの大広場，ウィンターガーデン，花壇と噴水がある中庭，公共施設，作業場，倉庫，納屋，車庫，馬小屋，家畜小屋などがある。
平面図はもともと正方形であるが，ここではその半分だけが示されている。

　あるモノ，ある建築物，ある展示用設備といった企画設計を伝達するのに役立つ図面には，正面図，側面図，平面図，上面図，下面図などがある。これらの図面は平面で，精密に描かれ，つねに縮尺で，さらに測定値も記入されている。

グラフィック・デザイナーにとって，科学的なデッサンとは，ある
モノ，ある地図，ある動物をあるがままに，様式とは関わりなく，美
的趣向もなく，ただただできる限りすべての細部にわたり，それがよ
く見て取れるように描くデッサンのことである。この種のデッサンは，
百科事典や自然科学の出版物に典型的である。

カエデ

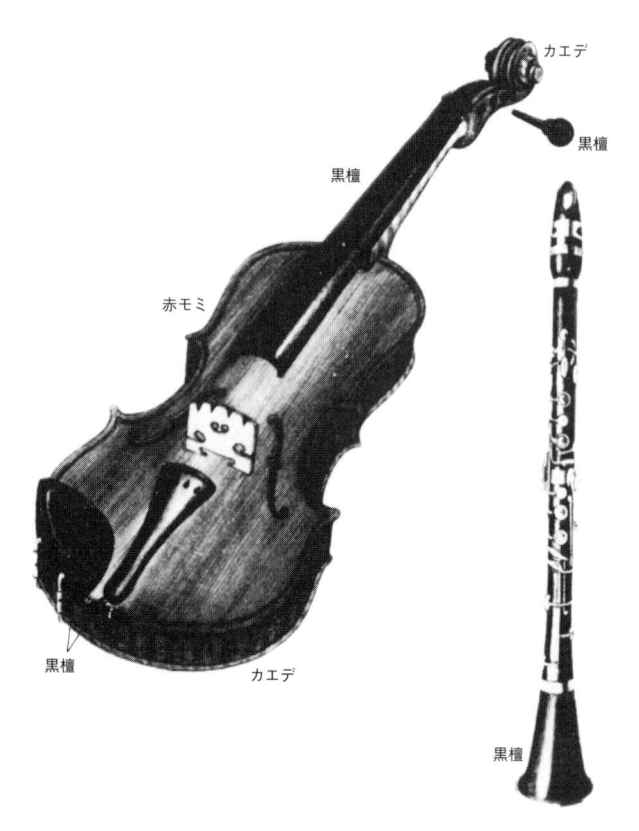

黒檀

黒檀

赤モミ

黒檀

カエデ

黒檀

リナルド・ドンゼッリによる技術説明書のデッサン。このようなデッサンでは，すべての細部は精確でなければならず，アーティスティックな美意識は無用。

マニュアル用のデッサンはきわめて慎重に，精確に描かれる。

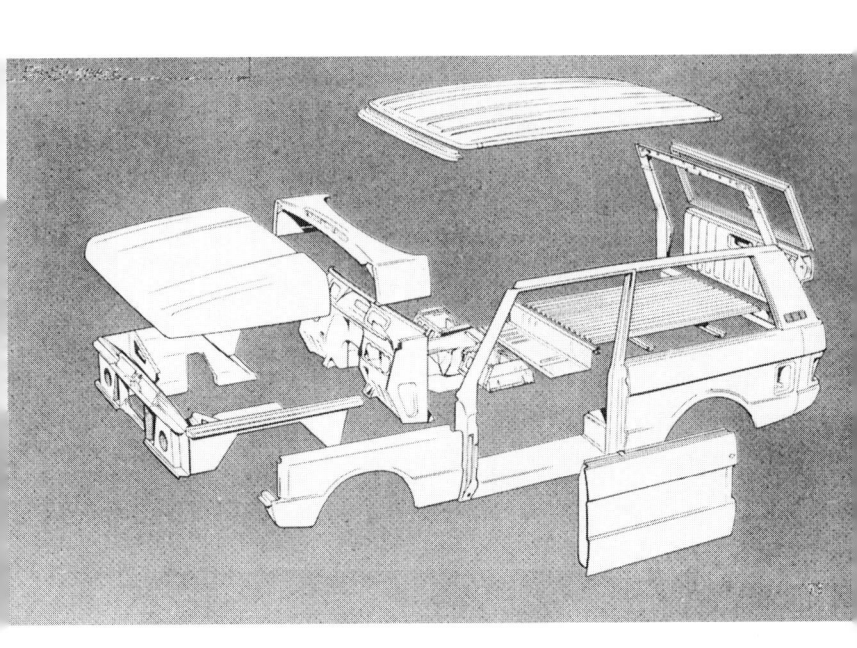

レンジローバーの《解体》図

　解体図は，機械の部品や，多数の部品からできているものを示すためによく用いられる。この種のデッサンでは，まるで部品を中心から分解したように描かれる。そのため，どのくらいの部品で構成され，どのように配置されているのかが理解できる。頭のなかでさまざまなパーツを近づければ，物体の全体をイメージできる。

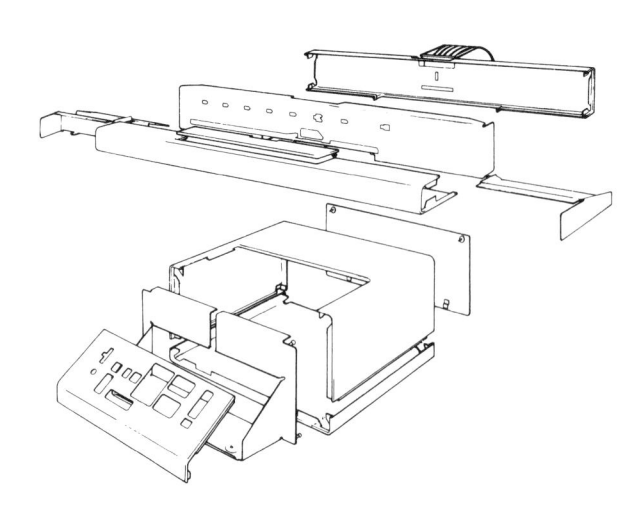

マリオ・ベッリーニの《解体》図。1973年,オリヴェッティ社のプリンター。

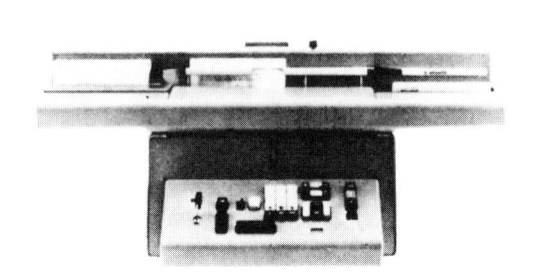

オリヴェッティ社のプリンターの写真。本体のデザインは,マリオ・ベッリーニによる。

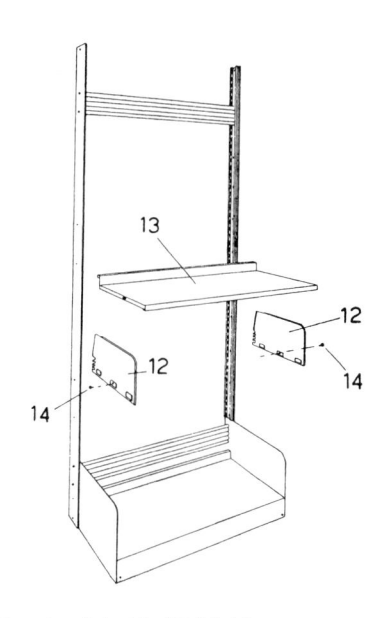

Lips Vago 社の本棚《Congresso》の組み立て方を示す《解体》図。

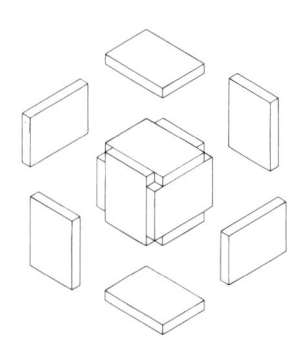

《解体》図を統合させる。6つの等しいパーツを寄せ集めると立方体になるが，それぞれの角には隙間ができる。その隙間にできた立方体の一辺はパネルの厚さに等しい。デザインはヤン・スロートフーバーとヴィリアム・グラーツマ。

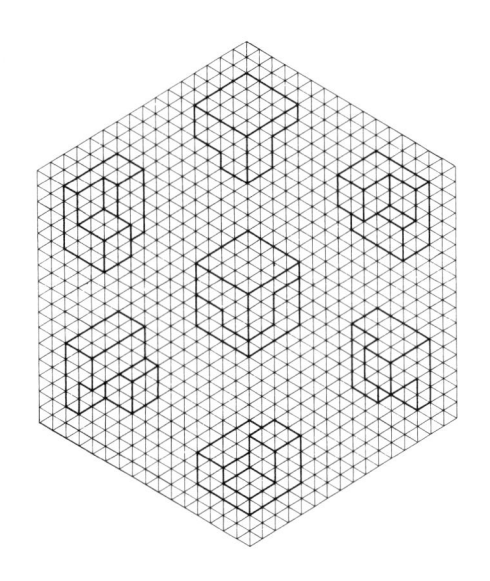

三角形の格子上で，軸測投影法によるデッサン。
J. スロートフーバー，W. グラーツマ。

軸測投影法は物体を表現するもう一つの方法である。その線は，消失点に向かわず，3つのパラメーター，つまり長さ，高さ，深度を与える3方向に対して平行になる。

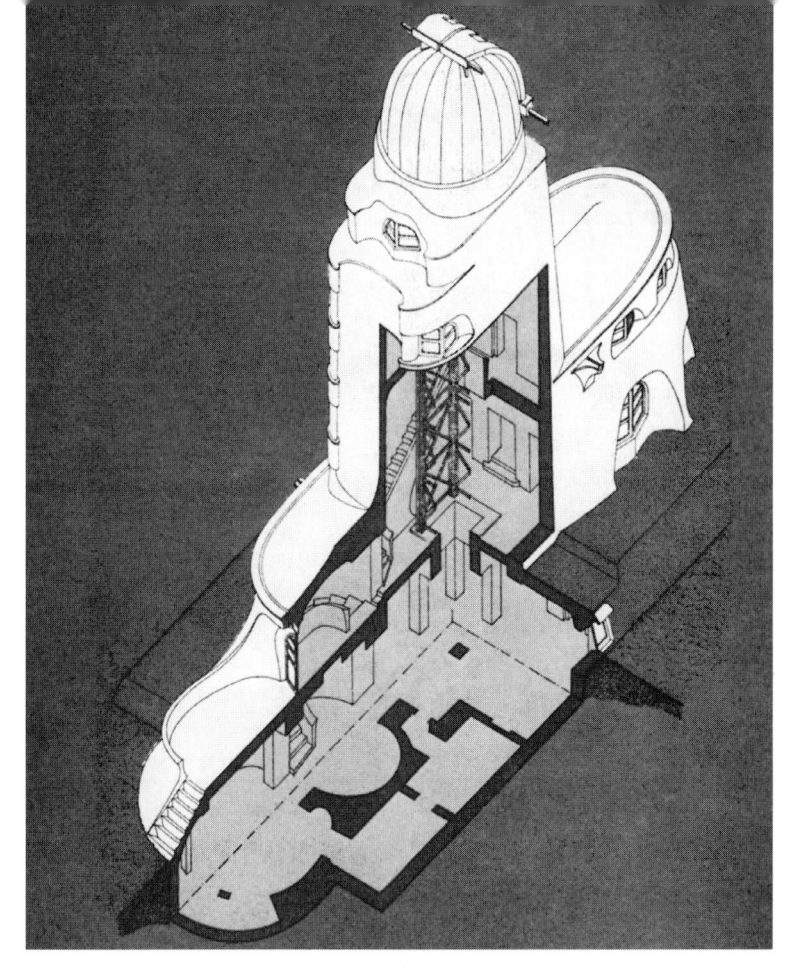

軸測投影法によるアインシュタイン塔の《断面》図, E. メンデルゾーン, 1920 年。

　断面図は, 軸測投影法, あるいは遠近法で描かれた対象の一部分を切り取り, 内部がどのようになっているのかを描いたものである。

マリオン・マホーニー・グリフィンの芸術的なデッサン。サテンへのリトグラフ。ウォルター・バーリー・グリフィン兄弟により設計されたユニバーサル・ポルトランド・セメント・ステイト・フェア・エキシビジョン・ビルのためのもの。

　それから《芸術的》なデッサンがある。このデッサンでは，対象は"美しさ"を際立たせるような要素，例えば，荘厳な木々，絵画的な雲の立ちこめた空，日暮れの光などで綾取られる。

ジェイムズ・ボガーダズによる工場の設計（1856年）。この絵では，鋳鉄の耐久性を示そうとしている。「大部分の鉄の骨組みが外されたり，破壊されても，この工場は倒壊しないだろう」。このように，鉄の骨組みによる建物を表現している。

フォトモンタージュとは，イメージを重ね合わせることで，模型の写真と周囲の写真を一緒に組み合わせることを可能にする。

他には，平面図，断面図，立面図を重ねた図面がある。それぞれ別の紙に描かれ，重ね合わせるこの図面は，あたかも3次元であるかのように，細部をよく見るのに役に立つ。

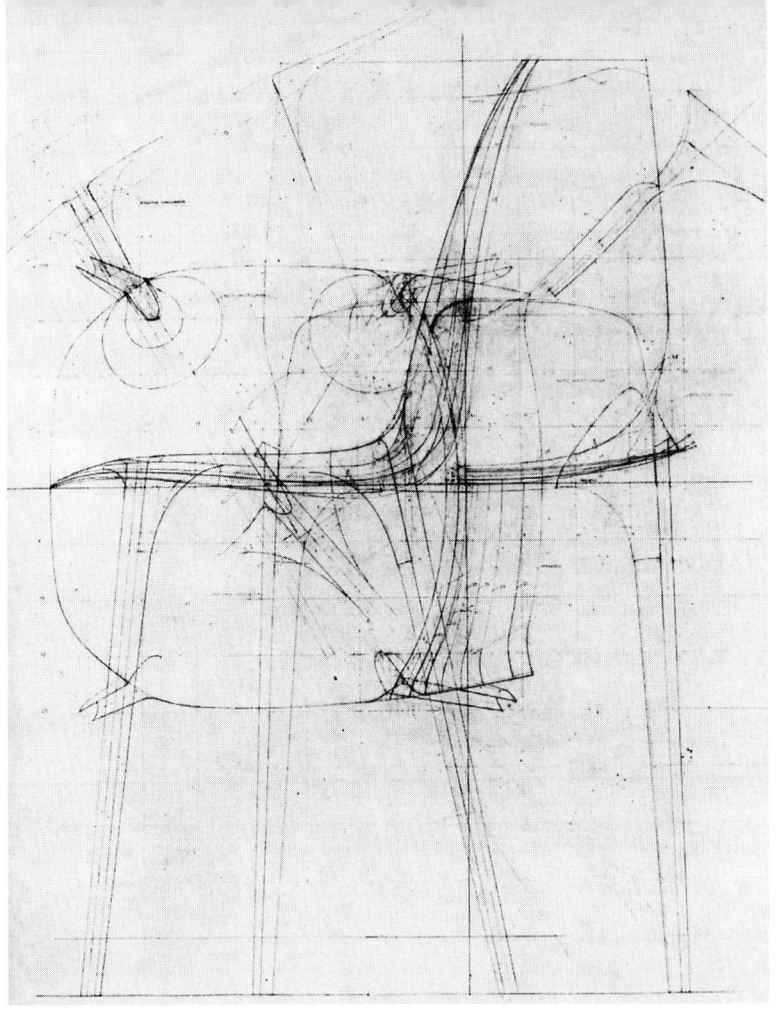

マルコ・ザヌーゾとリチャード・サッパーによる椅子《Lambda》のための図面。この椅子は金属板から型抜きされて作られる。平面，立面，断面，その他詳細が，一枚の紙に重ねて描かれるというこの種の図面からは，総合的な情報を読み取ることができる。まるでキュビスムの絵画のようでもある。ただし，キュビスムは対象（たいていの場合がギター）や構成要素，周囲にあるもののさまざまな側面を芸術的に構成するが，この図面は，技術的なものである。必要な情報すべてがこの一枚の紙の上に示され，有効な寸法を得られるように配置されている。

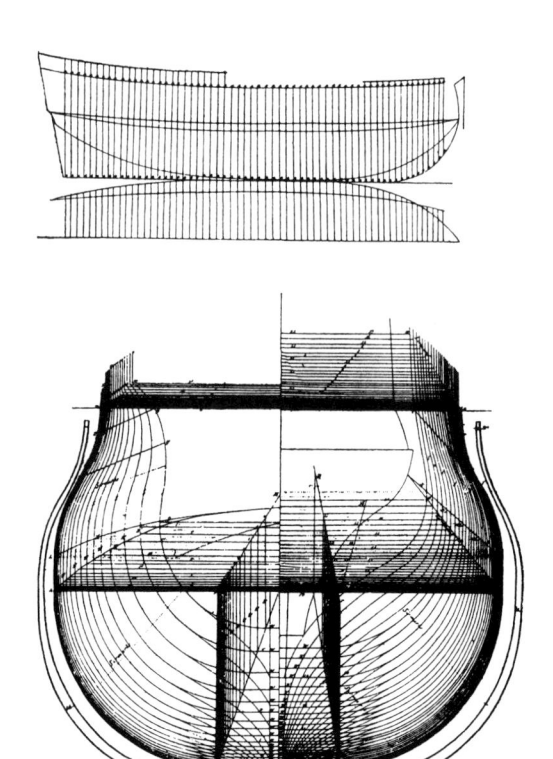

18世紀に描かれた船体の図面。一連の横断面の線が引かれている。

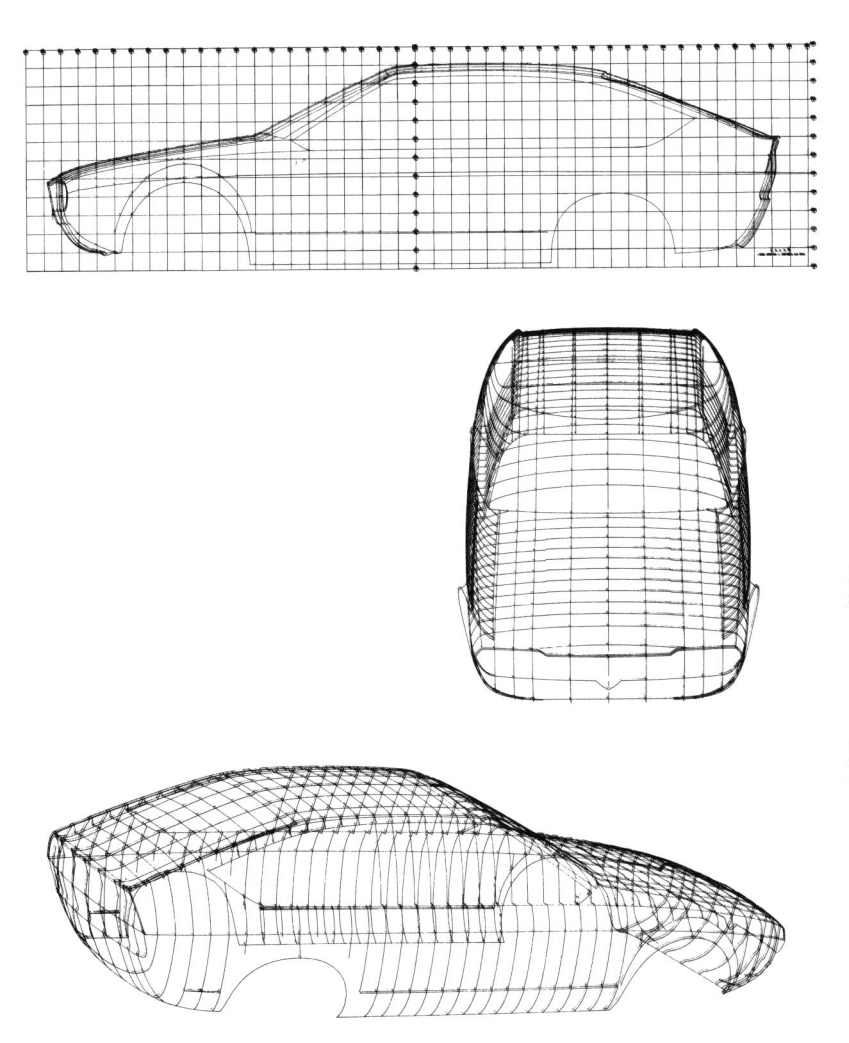

CGによる《Alfetta GT》のデザイン画。DACAR(アルファロメオ社の自動デザイン)システムを使用。美しさは厳密さから生まれる。

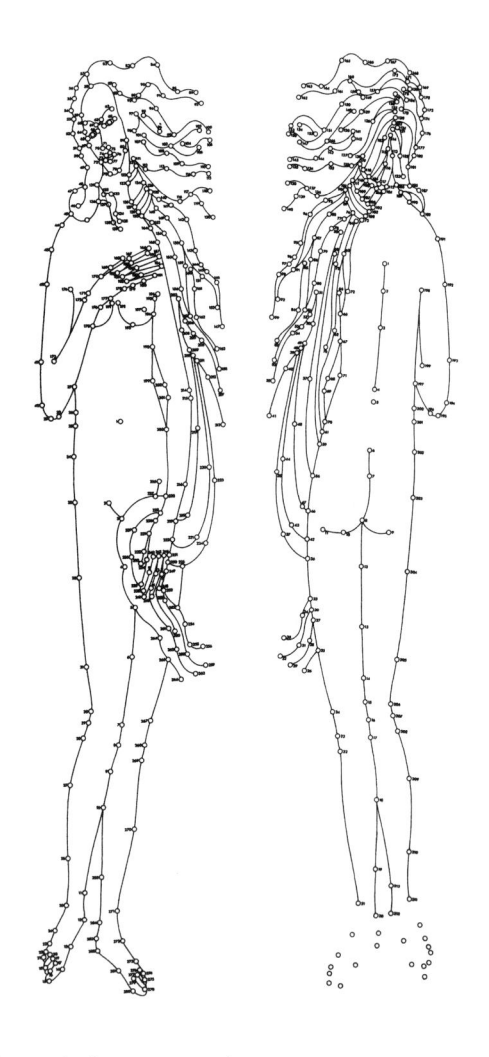

ピーノ・トヴァッリャのデザイン画

模型

　模型にはいくつかの役割がある。例えば，模型を使って，ある素材を用いた試作品の実演をしたり，または，ある操作性のよい部品をジョイント，蝶番，継ぎ手として利用できるかを検討することができる。デモストレーション用の模型や，ある広場での建築物の配置方法，ある敷地内での建物の室内装飾を見るための縮尺模型などもある。それから，模型をある場所に建設された本物の建築物として捉えれば，これから建てる建物の概略寸法を見ることができる。このような模型は，厚紙，プラスチシン，プラスチック素材と，さまざまな素材で作られる。小さな建築模型や，舞台セットの模型などを見てみると，カートン紙を折って作ったのか，粘土を使って作ったのかがわかるだろう。

　モデラーと呼ばれる人には，企画者，依頼主，そして自分自身を満足させるような仕事をする非常に優秀な人がいる。ときどき，すばらしい出来の都市計画模型を目にするが，それらが写真に撮られると，実物と見間違えてしまいそうになる。または，マツかその他の木材で作られた模型なのに，完璧に仕上げられ，適切な色で彩色されると，実際には別の素材で作られる本当の製品だと思ってしまうこともある。

こうした模型の使い道は，しばしば，認識するという役目において，デザイン画そのものよりも重要となる。事実，この模型は，想像力が足らないために，提案したモノや企画されたモノを"見る"ことができない何人かの依頼主を，より満足させるために作られるのである。

あるテレビのヴォリュームやフォルムを検討するために試作された，プレ模型か模型。モデラー，ジョバンニ・サッキによる。

ある建物を改装するための模型。天然木で作られている。ジョヴァンニ・サッキによる。

ウニの口の働きを示す模型。五角形の冠状の歯は、プローブのように砂のなかに潜りエサを穫る。本物のウニの口はおよそ1cm。ジョルジョ・スカルパにより作られたこの模型では、骨は厚紙、筋肉はゴム紐で作られている。突き出ている五角形の部分を押せば、全体が開いたり閉じたりする。

組み合わせ可能なブロックを使った実寸模型と1:10の縮尺模型。居住空間を最大に利用する企画設計のために作られた。

ミラノデザイン工科大学（創設者であり学長を務めるのはN. ディ・サルヴァトーレ）の生徒による模型。
科目：オペレーション・ジオメトリーI。教授：建築家，フラヴィオ・コンティ。

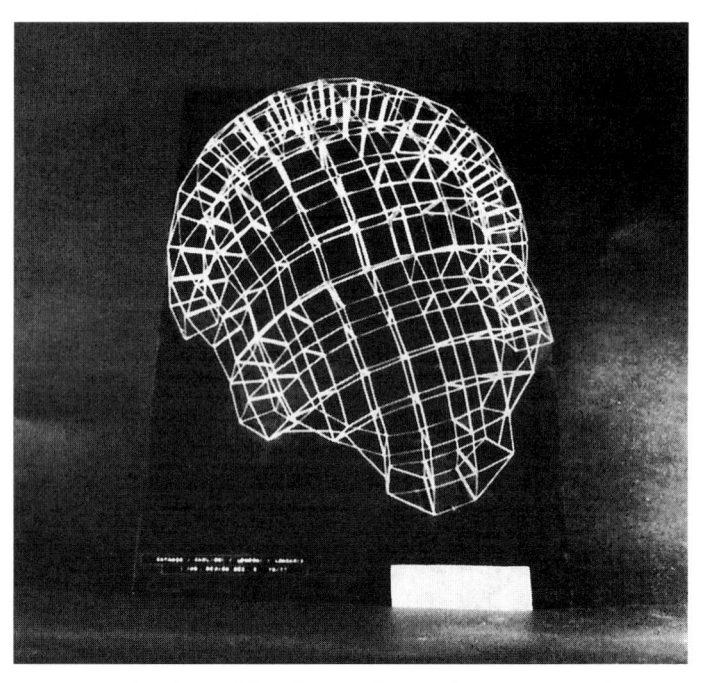

ドーム型の屋根をもち，容積が変化する模型。三次元のモデュールを用いて，学生カルロ・ロンゴーニが制作。

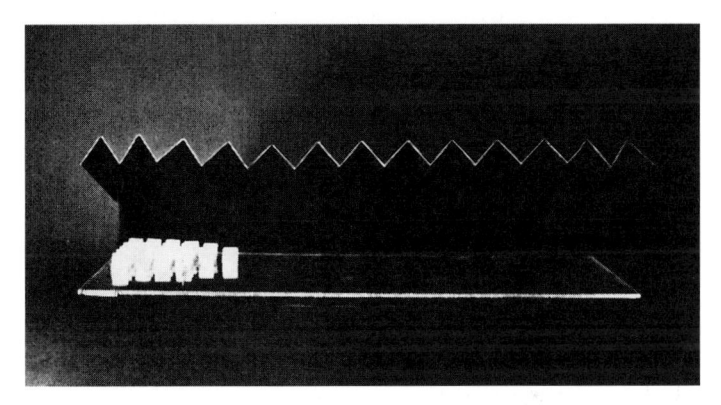

デコボコ屋根の模型。モデュール化された要素を用いて作られた。学生フラヴィオ・グェッリーニによる。

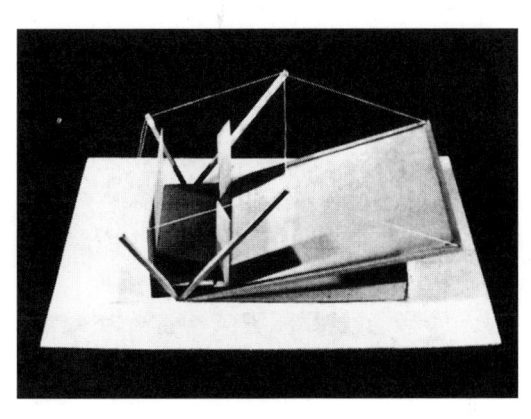

張り構造をもつモデル。学生マッシモ・ハッセンによる。

屋根に伸縮性のあるネットを用いた模型。張り構造の演習として。
学生パオロ・パガーニによる。

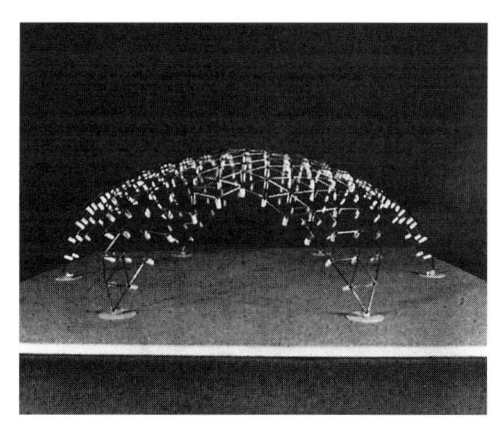

ドーム型屋根をもつ模型。一種類の三角形モデュールと，一種類のジョイント
を用いて作られている。学生ダヴィデ・ジェラーティによる。

ミラノデザイン工科大学の学生が制作した模型。科目：オペレーション・ジェオメトリーⅡ。
　教授：カルロ・ナンジェローニ。

モデュールの組み合わせの例。このモデュールは，立方体の内部構造を検証したことで生まれた。学生ジョヴァンニ・ボルトラーニによる。

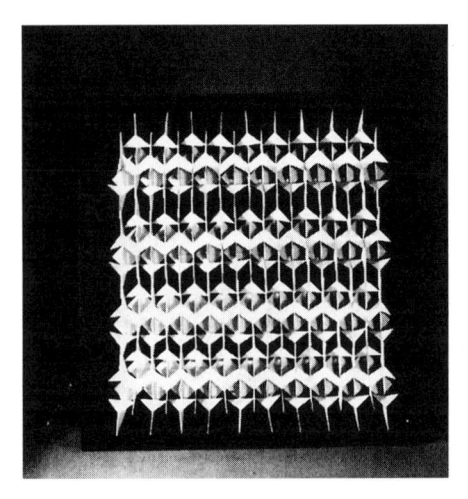

モデュール化された要素の組み合わせに関する部分的な模型。
学生イルマ・コレットによる。

ある立方空間の内部で交差し、段階的にねじれていく平面の要素。

等しい長方形をねじった模型。その長方形は対角線にそって折られている。学生ステファノ・アントヌッチによる。

分析表

　企画設計にたずさわる人間にとって，工業製品の分析の仕方を知っておくのは有益だろう。というのは，その方法を知っていれば，すべての観点から製品の長所と短所を知ることができるからである。

　ある人が，知らないモノを見ると，こう言う。いいね，とか，あんまりよくないね，と。それでおしまい。またある人は，何と似ているかを考え，例えばヴァイオリンの前で，「ローファットのハムみたい」と言うかもしれない。モノを見て，観察して，分析するとは，そういうことではない。前者は個人的な好みであり，後者は知っているものとの類似を見ているのである。もしデザイナーが，モノがそうある理由を理解したいと思うなら，可能な限りすべての側面について調べなければならない。

　それは，個人的な価値に基づく観点からだけではなく，機能性，操作性，色，フォルム，材料といった客観的な価値に基づく観点からも検討が必要だということである。こうした事項を，客観的な基準にしたがい調べ上げ，その結果，正しいか，間違っているかを検討しなければならないのである。

　そこで，ここでは分析すべき項目の一覧を挙げる。すべての項目がすべてのモノに対して有効というわけではない。わずかな項目を分析すれば充分なモノもあるだろうし，すべての項目を分析しなければいけないモノもあるだろう。それはケース・バイ・ケース，ということになる。

モノの名称

モノがつねに正しい名称をもっているわけではない。覚えにくい名称だったり，名称は覚えられても今度はモノが覚えにくかったり，大衆から他の名称で呼ばれていることもある。

作者

作者の名は，デザインされたモノを分析するのに役立つかもしれない。その作者の企画の方法を知っている場合には，モノの価値をより深く理解することができるだろう。非常に多くの場合，企業はモノよりも作者の名を売ろうとする。しかし，多くの製品は作者の名をもたない。長年にわたり製品化され，デザインのカリスマにより企画設計されたからではなく，単にその製品がよくできているという理由でよく売れるものもある。

こうした一連の無名のモノたちについては，もう少し先で分析を試みようと思う。

製造者

製造者の名は，その製品が価値あるものと世間に認められている場合，しばしば良き製品の保証となる。しかしこれは，名の通った製造者でなければ良き製品を製造できないということではない。

大きさ

あるモノの大きさがその用途に不適当なこともある。大きすぎたり，小さすぎたり，あるいは長すぎたり，短かすぎたり。良き機能とは，その操作のしやすさにしたがう。

素材

　検討中のモノの機能に応じた正しい素材を見つけなければならない。一つのモノに対し，複数の素材が考えられることもある。だからこそ，機能と素材の関係や，その素材の使い勝手を検討する必要がある。

重さ

　大きさの項目を参照。いくつかの工具では，モノの重さが無視され，柄に重心が置かれている。例としては日本のノコギリとイタリアのそれ。両者の機能は同じ。

技術

　検討中のモノを構成する素材は，正しい方法で加工されただろうか？　間違った技術は，間違ったモノを製造する。たとえ正しい素材を使用しても。

費用

　検討中のモノの費用を，同等の機能をもつ他のモノの費用と比較してみよう。

梱包

　ショーケースに並べるためだけの梱包なのか，あるいは保管するのにも役立つ梱包なのか？　中身を知るための情報がすべて書かれているか？　充分に保護できるかどうか？

謳われた用途

　実際の用途は謳われた用途に一致するか？　その他に可能な用途はないか？　謳われた性能をすべて発揮できているか？

機能性

　うまく機能するか？　機械部品があるなら，それらは無理なく作動するか？　解体，組み立てが必要なら，楽に行えるか？　電気部品があるなら，うまく機能するか？

音

　機械部品やモーターがあるなら，音はうるさくないか？　例えばドライヤーなら，騒音は小さい方がいい。

維持管理

　特別な管理が必要か，あるいはまったく必要ないか？　掃除や注油はどのようにするのか，またそれらは必要なのか？　ホコリから保護する必要はあるのか？　熱からは？　寒さからは？　どの程度の間隔で手入れが必要か？

人間工学

　どのように手で持つのか？　持ち手は，全体の重みや使用時の力の入り具合に対して，調整されているか？　危険な部分は覆われているか？　長時間使用しても疲れないか？

仕上げ

　塗装するなら，どの塗装剤で？　衝突や摩擦に強いものがいいのか？　どのような塗装にする？　焼付け塗装か，吹付け塗装か，あるいはエポキシ樹脂やプラスチック素材で外装するのか？　持ち手にはテクスチャーをつけるか？　構成部品は細部まで充分に仕上げられているか？　ネジ，留め具，ジョイント，蝶番はどのようにするのか？

操作性

　大きい製品なら，移動は楽にできるか？　運ぶには何人の手が必要か？　持ち運ぶものなら，どのように持つのか？　どのように回転させるのか，どのように開けるのか，どのように逆さまにするのか？　などなど。

耐久性

　用いた素材は，謳われた耐久性に応えるものか？　部品はしっかり組まれているか？　特定の環境下では，耐久力に差がでるか？

毒性

　調理器具や子供のおもちゃなら，毒性のある材料で作られたり，塗装されていないか？

美観

　一貫性のある方法で作られること。

流行，スタイリング

多くの製品が，幸福や豊かさ，高級さのシンボルとして作られるが，それらはデザインされたモノではない。なぜならデザインとは，そうした軽薄さとは関わらないからだ。多くの人がそうした軽薄さに多額の金を払っているのである。

社会的価値

問題となっているモノは，骨の折れる作業や有害な作業を軽減したり，排除したりするという社会的価値をもっているか？　また，共同体の文化や技術の水準を引き上げることができるか？

本質性

検討中のモノは，その機能において本質的であるか？　必要以上の要素がないか？　すべての部品が，それが機能するためには不可欠であるか？

前例

検討中のモノが論理的に発展してきたのかを見るために，前例を知るのも面白い。例えばヒゲソリなどがそうだ。そうしたことを知ることで，製品への信頼が増すのである。

一般大衆からの受容

　ある製品がどのような宣伝によって紹介され、それにより大衆はどのようにモノを受け入れたのか、あるいは拒否したのかを知ることは、企画設計に役立つ。また、消費者の好みや、なぜそうした好みとなったのかということについて、興味深い情報も得られる。

　以上のような工業製品についての分析項目は、どれもそのモノに応じて考察されるべきである。すべての項目を踏まえた検討が必要な場合もあるだろうし、一部分だけで済む場合もあるだろう。ここで、広く知られているいくつかの製品について、分析を試みようと思う。それらはどれも正しく、よくできた製品であり、まさにそれゆえに──署名つきの製品だからではない──長年にわたり製造されている。わたしが集めてきたこの一群のモノたちは、コンパッソ・ドーロ賞に値する。そう、当然ながら、無名へのコンパッソ・ドーロ賞ということになる。

コンパッソ・ドーロ*を無名品に

　デザインの定義とは，必要な機能をもったモノを正しく製作することであるが，この用語が用いられるずっと前から，そうしたモノはすでに製造されていたし，現在でも製造され続け，素材や用いる技術に応じてそのつど改良されている。そうしたモノとは？　そう，家庭や仕事場での日用品のことだ。人々はなぜ日用品を買い求めるのか？　それは日用品が流行を追うことなく，身分階級のシンボルとなることもなく，よく企画設計されたモノだからであり，byナントカが大事なことではないから。

　これこそが真のデザイン。ならばこれらのモノたちを検証していこうではないか。

　　　　　　　　　　＊　イタリア語で，「金のコンパス」の意。優れたデザインに
　　　　　　　　　　　与えられる賞。

オーケストラ用三つ脚譜面台

作者：無名
製造者：いろいろ
大きさ：閉じた時は38cm，開いた時は約150cmまで調節可能。
素材：鉄の丸棒，鉄管，鉄板，鉄の導線，ネジつきナット，留め金。すべてクロムメッキ。
重さ：1,025g
技術：剪断，曲げ，溶接，部位を折りたためるように鋲打ちでの固定。脚の先端にはゴム。
費用：抑え目
放られてもいいように，厚紙の箱に入れて販売。
謳われた用途：三つ脚の譜面台，折りたたみ式。
機能性：譜面台を支えるのは，入れ子になった2本の鉄管と1本の鉄の丸棒。引き出して，高さを調節する。ネジつきナットで固定。譜面台の傾斜も調節可能。三つ脚は物体に対し最大の安定性をもつ（デザイナーのための法則：三つ脚は，不規則な面の上でもつねに安定し，四つ脚はぐらつく）。
音：無
人間工学：正しい
仕上げはあまり丹念ではないが，許容範囲。
操作性：最高。開閉の際，部品は動かしやすく，安定している。その軽量さゆえに持ち運びも楽。
耐久性：無限
流行の要素がなく，そのため的確で本質的なモノとなっている。
以前は木製で，かさばり，重く，持ち運べなかった。
したがって，この三つ脚は有益で実用的な解決策である。

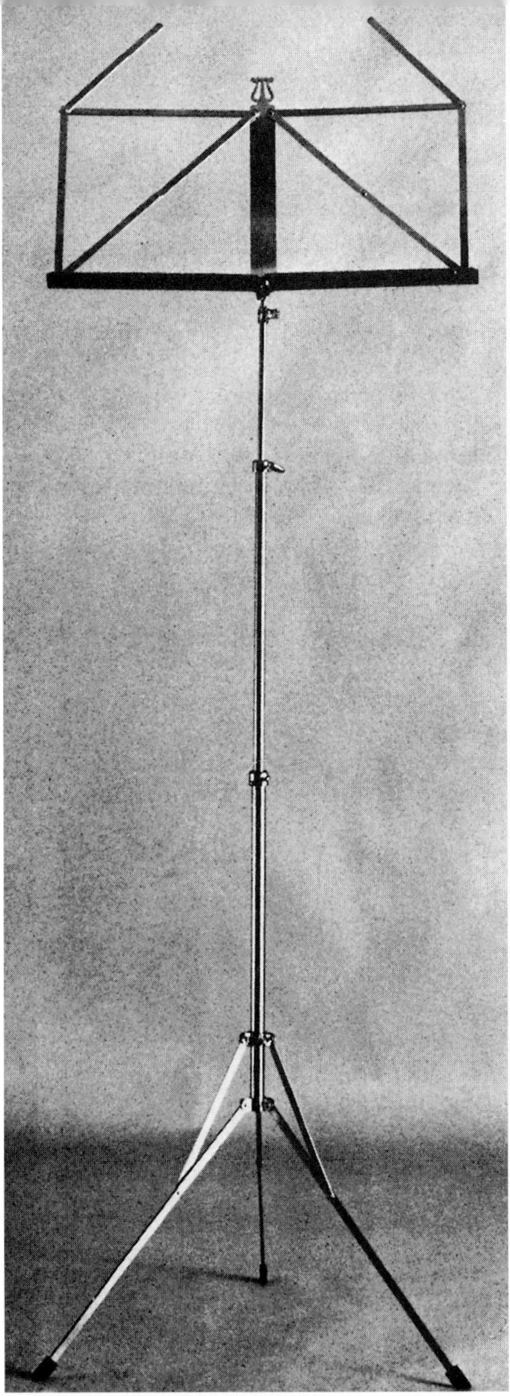

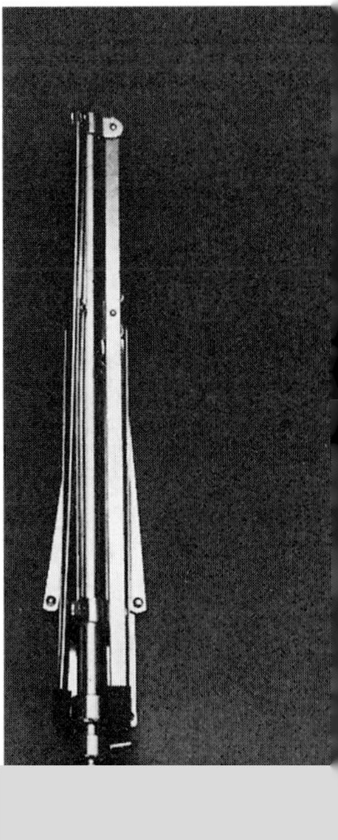

シャッター用南京錠

作者：無名
製造者：特許はALA社，イタリア製
大きさ：5 × 7cm，厚さは2cm
素材：真鍮（塊状）と鋼。天然色
技術：金属のブロックから切り出し，差し込み式の錠の孔を開ける。
重さ：500g
費用：適正
梱包：厚紙の箱
謳われた用途：シャッター用南京錠
機能性：最良。2つの大きな輪（地面に固定された輪とシャッターの輪）に南京錠をかければ，錠をこじ開けられるような隙間も残らない。

人間工学：適正
機能に応じた充分な仕上げ。
操作性：最高
耐久性：無制限
流行に関係なく，スタイリングも無し。
素材そのものを使用し，機能に応じた論理的な均整がとれていることで，この製品には独自の美観が備わっている。
本質的なモノ。
以前の南京錠にはいくつかの弱点があった。

III

ビーチベッド

作者：無名
製造者：いろいろ
大きさ：閉じた時，53 × 125cm，厚さ 4cm
天然木材，布
重さ：約 4kg
技術：嵌め込みと継ぎ手により角材を組む
費用：抑え目
梱包：無
謳われた用途：休息のためのベッド・チェア
機能性：良好
人間工学：改善の余地有り
機能と費用からみて，まずまずの仕上げ。
操作性：良好，占有面積も最小限に縮小されている。
背もたれの傾きは3，4段階に調節可能。
布は，掃除や洗濯の際，単純な操作で簡単に取り外せる。
耐久性は，使い方や使う人による。
このモノの美観は，最小の費用で最大の機能を発揮する設計の論理性にある。
装飾できるのは，布の色のみ。無地，あるいはストライプで。
このモノにはどんな人にとっても有効な本質性がある。金持ちなら，布に流行の有名画家に装飾を（無意味にも）あしらい，ラッカー塗装のマホガニー製にするだろう。もちろん費用はずっとかかる。しかしその機能は限られた費用で作ったチェアとなんら変わりない。
以前のベッド・チェアの布は，水平にした木材に，鋲で留めて張っていた。布を洗濯したり交換するたびに（布は角材の端に鋲で留めて張ってあるので，すぐに駄目になってしまうのだ）鋲を取り外し，ふたたび新しい布を取り付けなればならなかった。
布の両端に折りしろを作り，その中に丸棒を滑り込ませるという方法により，布は鋲で打たれることなく固定され，簡単に取り外しもで

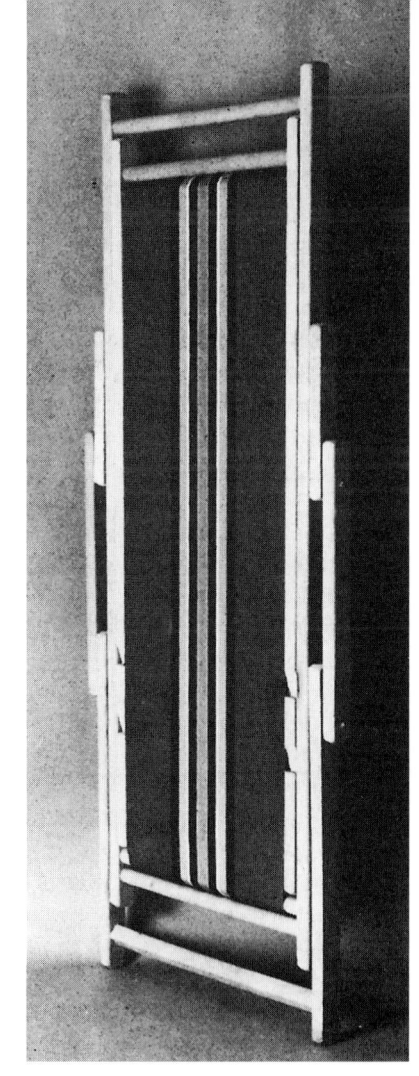

きるようになった。
　批評：寝そべった時に，ちょうど頭をのせる2本の木材の面取りをすれば，より機能的になるのではないか。もう一つの改善点は，もっと軽くて伸縮性のある布（ラステックスのような）にすることだろう。

ショーウィンドウ・デコレーターのための工具

製造者：いろいろ
作者：無名
大きさ：ごく普通のペンチと同じ
素材：クロムメッキの鋼
技術：型抜きされた 2 つのパーツをピボットで留める
費用：適正
重さ：400g
梱包：無
謳われた用途：大道具さんやショーウィンドウ・デコレーターのための工具

機能性：ショーウィンドウ・デコレーターに必要なさまざまな工具を，一つにまとめたモノ。デコレーターは，ときに鉄製の工具入れを持ち込めないほど狭いショーウィンドウで作業しなければならない。そんな時にはこの工具を。ハンマー，斧，ペンチ，ドライバー，釘抜きが一つになっている。

人間工学の面については，さらに研究を重ね，もう少しテクスチャーをもたせてもいいのではないだろうか。

用途に対して充分な仕上げ。

この道具を構成しているそれぞれの工具の操作性と，単独の工具のそれは，当然ながら比べ物にならない。

ただし，作業のことを考えれば，長時間にわたり使用されるものでもないので，充分な操作性があると言ってよいだろう。ズボンのベルトに引っ掛けることもできるので，いつでも手にすることができる。

耐久性：無制限

美観は，もっとうまくパーツをつなげれば良くなるだろう。

ショーウィンドウ・デコレーターの作業をスムーズにさせるモノ。

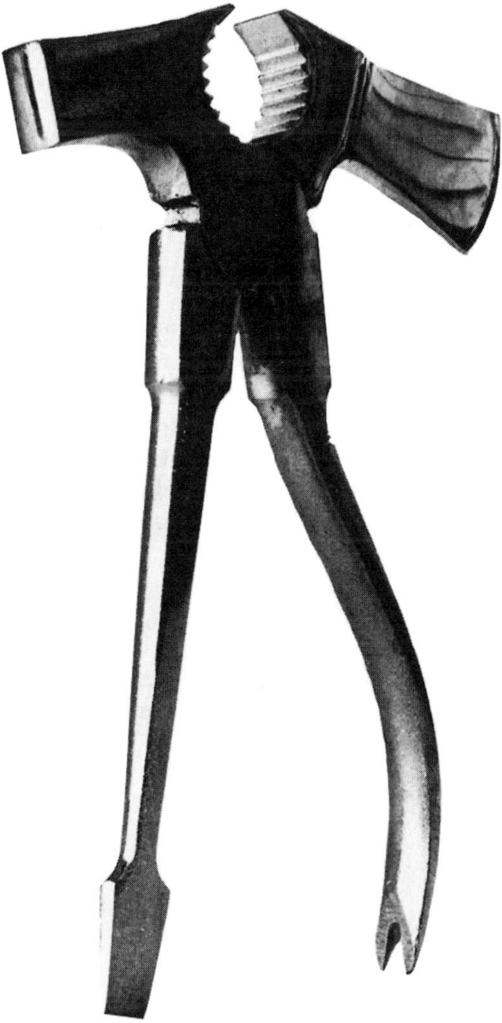

薪割り斧

　作者：無名
　製造者：無記名
　大きさ：23 × 19cm（刃），13cm（柄）
　未加工の鋼鉄と木製の柄
　技術：鍛造，研磨，木材の施盤加工
　費用：最小限
　梱包：無
　謳われた用途：薪割り
　機能性：サイズ，重さ，持ち手のいずれも最高
　人間工学：重さ（1kg）と持ち手のバランスは良い。柄はだんだんと太くなっており，端には出っ張りがある。ニスが塗られていないので，手の汗を吸収し，使っている最中に不快にならずにすむ。
　充分な仕上げ。
　操作性は最高。子供の手の届かない場所に吊るせるように，刃部に孔がついている。
　耐久性：無限
　このモノの美観は，斧のフォルムの的確さによる。

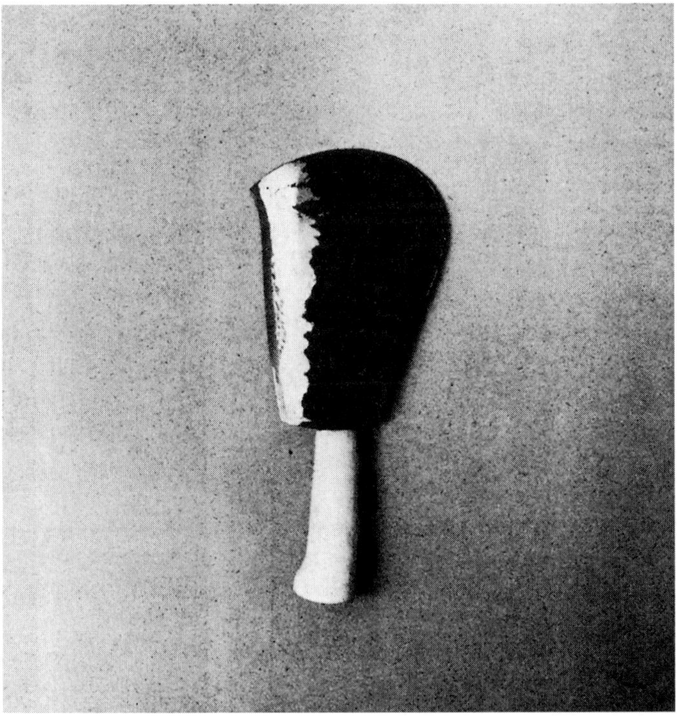

ガレージ用ランプ

作者：無名
製造者：いろいろ
大きさ：約 30cm
素材：鉄，ゴム，セラミック
技術：型抜きされた取っ手，丸棒を溶接して作ったケージ
重さ：約 200g
梱包：無
謳われた用途：作業場用ライト

機能性は最高。もたせかけたり，吊るしたりと，どこでも使用可。

人間工学：持ち手にはギザギザのテクスチャーが与えられているので，持ちやすい。作業者の目は保護ケージの半分，金属製のシールドにより守られる。したがって適切にランプを回転させるだけで，目は保護される。

作業する場所からの照明の距離は，作業者により調節可能。

機能に対して充分な仕上げ。

機能性は最高。加えて持ちやすい。ランプにはカギフックがついているので，何にでも吊るすことができる。

ランプのケージ上部は平らなので，ひっくり返して地面に置くこともできる。持ち手にスイッチのついたモデルもある。

耐久性：無限

流行に譲ったところが一切ない。いくつかのモデルではヴィヴィッドな色，例えばオレンジ色で彩色されている。おそらく，他の工具よりも探しやすくするためだろう。

このモノの美観は，とりわけその素材の色の正しい使用——目立つ色にすることで安全性を得る。つまり色自体が機能となる——と，パーツの正しい均整にある。なんの見せかけも，装飾的な要素もない。

その本質性からは，仕事をしやすくさせるという以上に，一般大衆の好みを教育する正しいモノの一つであると言うことができる。

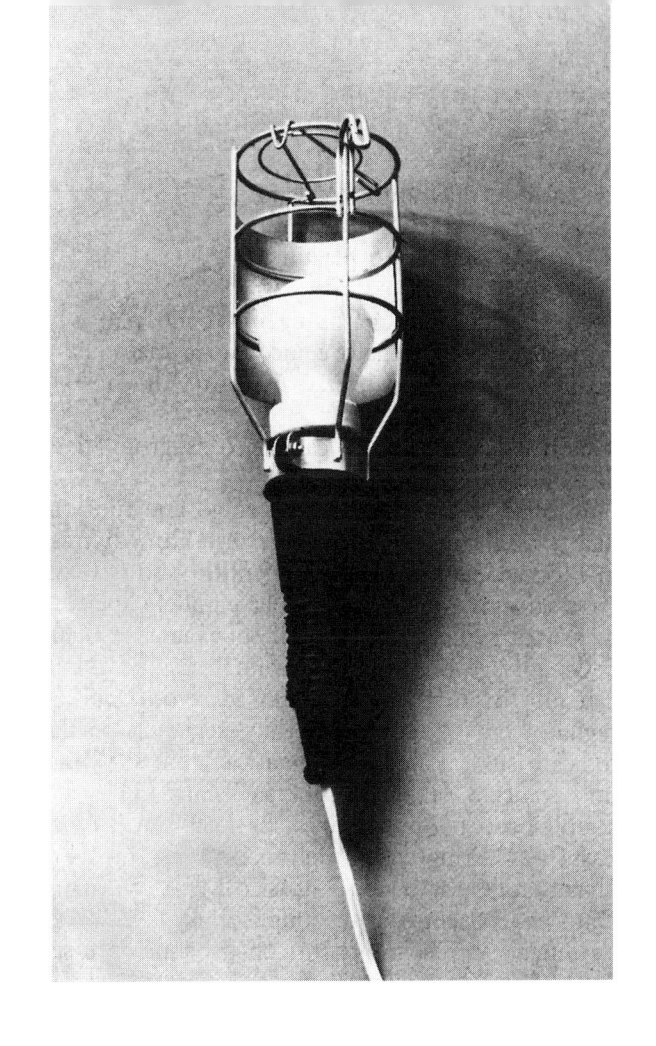

批評：この種のランプは，他にも，木の枝にぶら下げればテラスの照明に，子供部屋に置けば，使う場所へ簡単に移動できるライトとして使うことができる。

費用は最小限。

平行六面体の牛乳パック

作者：無名
製造者：ミラノ，Tetrabrik 社
大きさ：17 × 9cm，5 × 6cm
素材：プラスチック加工された厚紙
重さ：30g
技術：1 枚の平らな紙を機械で折り曲げ，糊付けされて作られる
費用：牛乳（これが中身）の料金に含まれる
梱包：紙パック，あるいはポリエチレン加工されたパック
機能性：このモノは 2 つの機能を持つ。1 つは牛乳を入れること，もう 1 つは，中身を簡単に注げるように水差しになることである。平行六面体のパックから水差しへの変形は，4 つのミミのうちの一つを引き上げることでなされる。このミミは，長い方の側面に沿って折られ，糊で接着されている。ごく普通のハサミで，パックに示された線に沿って切り取る。すると自動的に注ぎ口ができ，そこから牛乳を注ぐことができる。このパック－水差しは，まあまあ持ちやすい。ただし，必要以上に強く持たないこと。

使用素材は無害。

単純な平行六面体なので，美観はその装飾や文字にかかっているのだが，それらがいつも好ましいとは限らない。2 つの機能を果たすことからも，本質的なモノであることに間違いはなく，それぞれの機能に見合った正しいフォルムとなっている。

牛乳パック　　　　　　　　　　　　　　　　　　水差し

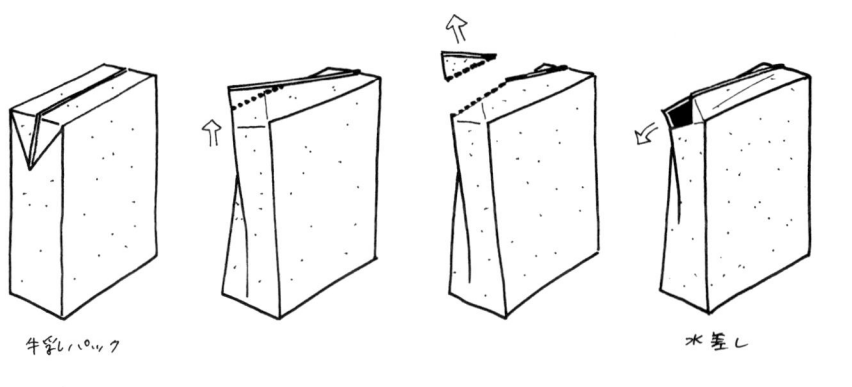

　前例：この平行六面体のパックが作られる前にはテトラパックと呼ばれる容器があった。その容器は，円筒の上下にある２つの輪をプレスし，接着して作られる。プレスされた上下２つの輪を，直線で，かつ直交するように接着すると四面体になる。ただ，ピラミッド型のテトラパックでは，製造元から販売店まで運搬する際にうまく箱詰めができなかった。

製造され続けているモノを，美しいか醜いか，あるいは好きか嫌いかという観点からだけではなく，あらゆる側面について注意深く観察する習慣がつけば，申し分のない企画の精神が形成される。モノに対して，このような見方ができれば，企画する事柄のどんな側面も見逃すことなく，うまく企画設計できるようになるだろう。

　現在製造されているもののなかにも——新製品もあれば，流行やスタイルに関係なく何年も製造されている製品もある——，じつにたくさんの観察すべきモノがある。

　私たちがあまり気づいていないものに，——というのも，店では無料でもらえるから——買ったばかりの商品を入れるプラスチック袋がある。これにはたくさんの種類やモデルがある。しかし，もっとも正しい袋は，おそらくランニングシャツのように肩ひもがついた袋だろう。この袋は，柔らかいプラスチック・チューブ（ポリエチレン）からできている。チューブの上下を接着し，持ち手部分は，抜き型が使われている。よく観察してみると，この持ち手には折り込みがあり，それゆえ4倍の厚さとなって丈夫な作りをしている。さらにこうして作られた持ち手は，持ち具合も良い。一方，型抜きで作られた持ち手を袋部に接着したものは，かさばる荷物を入れて持ったとき，その重さで手を切ってしまうという不便さがある。

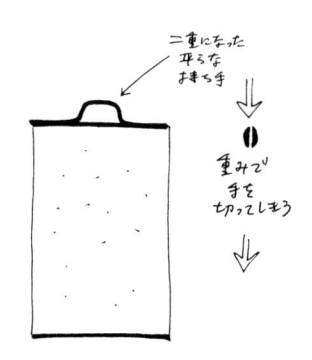

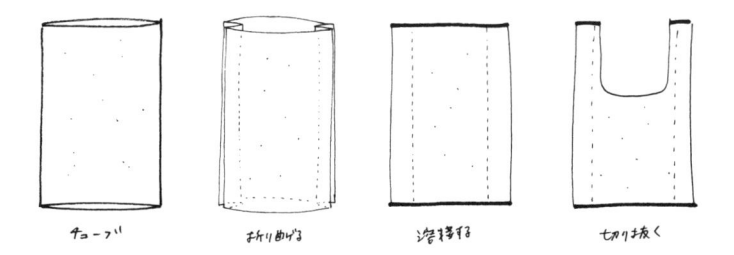

プラスチック袋

チューブ　　　折り曲げる　　　溶接する　　　切り抜く

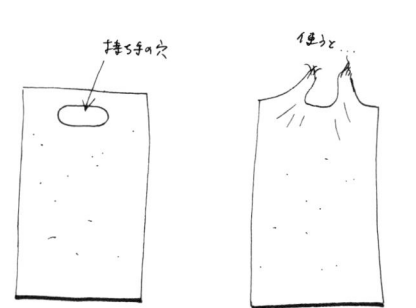

持ち手の穴　　　使うと...

123

その他，分析すべき正しい製品としては，いわゆるナポレターナと呼ばれるコーヒーメーカーがある。水平になった2つの持ち手は（オリジナルの持ち手もそのようになっている），逆さまにしたとき，まるで1つの持ち手のようにして握ることができる。

　それから吹きガラスでできたフィアスコ。これは素材，技術の両面から論理的フォルムを作り上げている。実際，フィアスコのフォルムは，一滴の溶解したガラスを，吹きガラス職人が膨らませたフォルムそのものである。これは論理的フォルムであることを意味し，したがって，ガラスの厚さはどこの面をとっても均一である。ちょうどシャボン玉のように。事実，吹きガラスの技術では，立方形はおそらく間違ったフォルムなのだろう。なぜなら，空気圧は角にかかるので，もっともガラスが厚くなるのが立方体の面，もっとも薄く（壊れやすく）なるのが角となってしまうからだ。

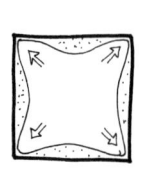

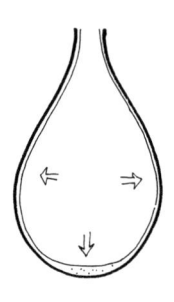

ベッド・チェアやオーケストラ用三つ足譜面台などの折りたたみ式の製品は，デザイナーにとってかなり興味をそそられる分野である。これらは，運搬や在庫の際，占有面積を縮小する目的で折りたたまれる。つまり，折りたたみ式の製品は，占有面積を縮小できない製品（機能は同じ）よりも実用的となる。その良い例としてここにあるのが，風景画家のためのイーゼル・チェア・テーブルである。

　製造元はマイメーリ社。

A

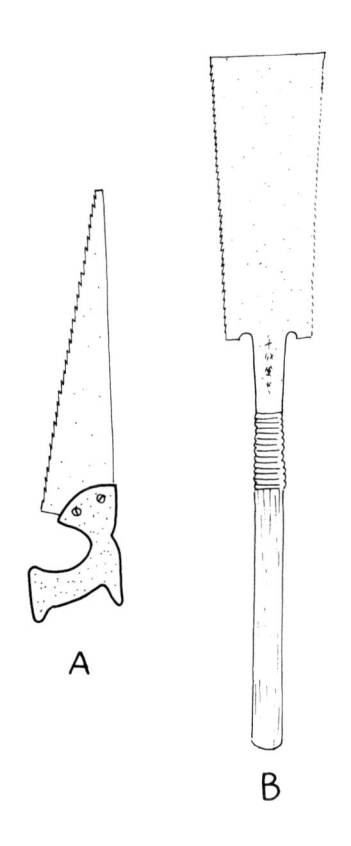

B

　さてここで、上の2つの工業製品を検証してみよう。これらは木材用ノコギリだ。2つとも労働者が携帯できる工具であり、手動で用いる。Aと記された方はイタリアのノコギリ。柄はニスで塗装され、ギザギザの刃が2つのネジで留められている。手で握り、剪ろうとする木材に対し、押すようにして用いる。ノコギリを押している時に刃がたわみ、ケガをするおそれがあるので、たわみに耐えるように刃を大きくした。結果、ノコギリの歯までも大きくなった。だから、木材をきれいに切断できず、むしろその大きな歯によって"ボロボロに食いちぎられた"状態になる。そのため後で、表面にヤスリをかけて平ら

にしなければならない。さらにこのノコギリは柄にニスが塗られている。これが何を意味するかというと，手の汗が柄に吸収されず，ニスの層と手の間に残るということだ。これは作業者を不快にさせる。

　そこでBと記されたノコギリを見てみよう。見てすぐに気づくのはそのフォルムだ。まったく異なっている。この違いは，見せかけの美意識によるのでも，デザイナーの気まぐれによるのでもない。こう作られるには，そう決定させるいくつかの理由があるのだ。これを発明したのは，あのジュードーを発明した日本人（このノコギリは日本製，デパードで売られている）であり，この道具にもジュードーの技術が応用されている。もし刃を押しつけると刃がたわむ危険性があるなら，わたしは押すのではなく引くことでその危険を取り除ける。実際，この道具の刃は非常に薄いので，ひとたび刃を引けば，簡単にミゾができ，刃を押し戻す時にはそのミゾを通る。したがってジュードーの思想により，もはや何の危険もなくなり，それどころか刃はより薄く，より鋭くされる。日本製のノコギリの柄はニスが塗られておらず，その断面は楕円形。刃と柄をつなぐためにテープが巻かれた箇所を柄の支点とし，柄の長さは刃の重さに比例して決定される。このように日本製のノコギリは完璧なまでに均整のとれたモノであり，重さすら感じない（モデルAの場合，手に持ってみるとバランスが悪い）。

　このモノ，まだこれでは終わらない。ノコギリBには，もう一つの特性がある。なるほど2種類の刃がついており，一つは木目に逆らって切る場合，もう一つは木目に沿って切る場合となっている。

　くわえて，このノコギリはなんとも美的。一方，ノコギリAはというと……なんだかヤボったい。

リデザインの例は《Malugani》のブラインドに見られる。これは有名なヴェネツィア風ブラインドに端を発す。ヴェネツィアに行くことのある人は，今日でもまだ古い家に取り付けられた木製のブラインドを目にするかもしれない。現在のブラインドと同じように細い木片を並べて作られたこのブラインドでは，他のカーテンなら上部，あるいは下部だけとなるところを，窓から均一に太陽光を取り込むことができる。

　今日のブラインドは，歪み防止のために，ほんの少しカーブをもったアルミ板で作られる。昔のヴェネツィアのブラインドと同じように孔があけられ，糸で調節する。より進化したブラインドは，近年の鉄道車両の小窓に見ることができる。2枚のガラスの間に取り付けられるこのブラインドは，熱やホコリから保護されるという解決を得ている。その他の応用例は，布を短冊状にしたブラインドで，オフィスやショーウインドウといった，表面積の大きな場所での日除けとなっている。

　もう一つの良きデザイン品のカテゴリーは，専門用具である。例えば，手術用具，化学実験用ガラス工具，裁縫用ハサミなど。これらには，機械的な部分と人間に似せた部分があり，どのようにこの2つに折り合いをつけるのかということについて考えることができる。また，持ちやすいことが大前提となるので，それぞれの組み合わせについても観察できる。

　町の市場（いちば）でなら，巡回販売業に用いられる台や設備が，どのように解体，組み立てられるのか，素材や使い方はどうなのかを観察できる。それから，店を閉める際に発揮する機能やその占有スペースも知ることができる。同じようなことが，ほとんどのキャンプ用品についても言える。

さらに，およそ 20 年前から変わらず販売されているのが，あの有名な Lips Vago 社の組み立て式本棚である。スチール製で，カラーは黒をはじめとし，さまざまにある。当初はオフィス用として考案されたが，その格好の良さと実用性から住宅でも使われるようになった。

　もしどこかのデザイナーで，この"本質的デザイン"について深く研究したい人がいるなら，次に挙げるモノたちを検証してもいいかもしれない。

　金網でできた漁師用釣りカゴ。

　6kg の競技用自転車。構成する部品はどれも本質的。

　室内装飾専門店にある折りたたみ式テーブル。開くと 12 人まで食事ができ，閉じた時の大きさは 90 × 69 × 16cm。

Globe-Trotter 社の軽量リュックサック。
木と布でできた"スーダン式"ソファ。

日本の折り畳み傘の構造。

単純化する

　単純化とは,ある問題を解決しようとするとき,機能を実現させるのには不要なことを除外して考えることである。そして,経費を削減し,作業時間,つまり組み立てや仕上げの時間を短縮することである。これはつまり,2つの問題を1つの解決案で解くということである。単純化は難しい作業であり,豊かな創造力が必要とされる。

　それに比べて,複雑化するのはずいぶん簡単である。思いつくまま,頭に浮かぶアイデアをすべて付け加えていけばいいのだから。原価が売値の限度額を超えないだろうか,こうすると作業時間がもっとかかってしまうのではないだろうか,といったことは気に留めないのである。

　ただ,ここでは次のことを言っておかねばならない。大衆は総じて,単純化のために必要とされる頭の"大仕事"よりも,複雑なものを作り上げるために必要な手の"大仕事"を評価したがるものである。なぜなら,頭の"大仕事"はあとでは目に見えないから。

　実際,人はきわめて単純な解決案を前にすると,たとえそれがリサーチや試作に多大な時間がかかっていたとしても,このように言う。「え,どうして？　これで全部？　ちょっと！　このやり方ならわたしにだってできるよ！」と。

　　だれかが言う
　　こんなのなら自分にだってできる,と
　　でもそれは
　　やり直すことができるだけ
　　そうでなきゃ
　　もっと前にやっているはず

そこで，単純化のよく知られた例を見てみよう。ミヒャエル・トーネット氏のチェア n. 14 である。

　ミヒャエル・トーネットは家具の彫り職人で，1796 年にライン川近くのボッパルドで生まれた。もし彼が使い回されたフォルムの反復職人で，創造力のない人だったなら，当然その名は，他の多くの反復職人のように忘れ去られていただろう。ところが，現在でもまだなお，彼の仕事に関心が寄せられるのは，彼がまさしく，今日で言うところのデザイナーだったということである。彼は，それまでにない単純さによって問題を解決する新しい技術を考えついた。しかも美観を忘れることなく。そしてその美観とは，この新しい技術によってこそもたらされたのだった。

7 千万台以上が製造され，世界中に広まっている。

当時の椅子は，多くの木片，角材，または棒切れを嵌め込んだり，接着したりして作られていた。一脚の椅子を作るには，それぞれのパーツごとに加工し，仕上げをし，嵌め込み，接着する，というように行う。脚となる4本の支柱，背もたれ，座面，脚と全体を固定させるための補強材が必要だった。

一般的なアメリカの椅子。18のパーツでできている。

　ここで話題にしているのは，経済的な椅子であって，浮き彫りが施され，上層階級のためにだけ作られた豪華な椅子ではない。より私たちに馴染みのある典型的な例として，キアヴァーリの椅子やウィンザーチェアを取り上げよう。キアヴァーリチェアは16のパーツから成っており，軽量で使い勝手も良い。ウィンザーチェアは，23のパーツから成っており，どちらかと言えば重い。すべてのパーツを加工し，組み立てるには，多大な作業を要し，材料も大量に必要となる。

ウィンザーチェアは23のパーツで製造される。

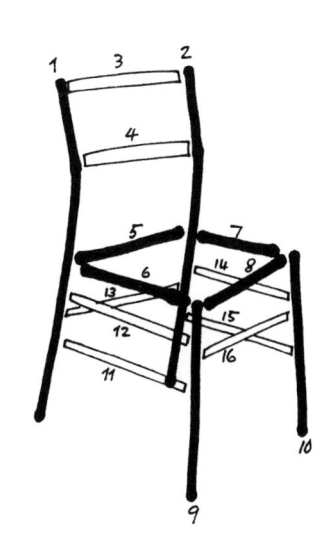

キアヴァーリチェアは16のパーツで製造される。

さてミヒャエル・トーネットは、もっと単純な椅子、つまり無駄を無くし、軽量で格好の良い椅子を発明できるかもしれないと考えた。おそらく、籐を曲げて作られた家具を研究し、丸くカットしたブナの木材を蒸気で湿らせ（木の枝がみずみずしいと曲がり、乾いていると折れることに思い当たって）、曲げてみようと思いついたのだろう。そしてその後、湿らせた木材を鋳型に入れ、吸収した水分を蒸発させて乾燥させる。こうすれば、木材は意図したフォルムのまま形を保つことができる。

　それではこの意図したフォルムとはどんな形だったのだろうか？トーネットは木材を曲げることでいくつかの機能を結びつけられると考えた。後ろ脚と背もたれは、一つのパーツでできる。嵌め込んだり接着したりする必要はない。座面は、四角形にすれば嵌め込みに4つの部品が必要となるが、丸くすれば一つのパーツで済む。こうして彼の最初の椅子は、たった6つのパーツと12個の木ネジで完成されたのである。あとは16のパーツからできたキアヴァーリチェアと同様、座面に籐を編み込めば良い。

　新作の椅子、モデル14が作られたのは1859年のことである。この椅子は、今日でもまだ同じ方法で作られ、少し前までに7千万台以上が製造されている。このように設計され、作られた椅子は、より経済的で、より実用的に、そして軽量で、格好の良いものとなった。これは技術から生み出されるフォルムに、やたらと装飾したりせず、素材と用いる技術にしたがってフォルムの一貫性が得られた結果である。

　この設計の原理にしたがいトーネットはその後、一連の椅子やソファ、ミニ・ソファ、スツールを制作したが、そのどれもがフォルムの一貫性をもっている。

　今日トーネットの椅子は、それが使われる家の文化的シンボルになっている。

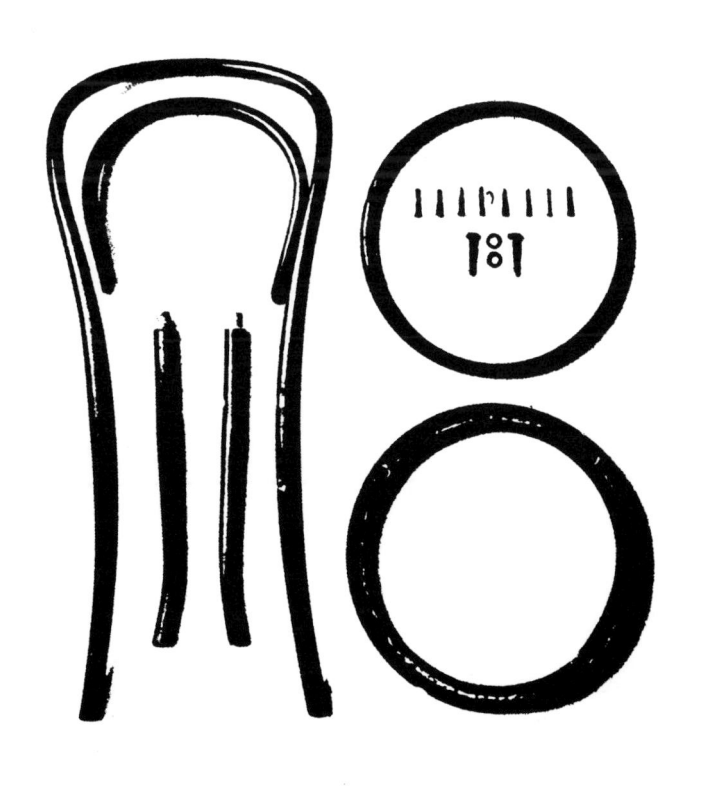

これが有名なトーネットの椅子を構成する6つのパーツである。後脚と背もたれは1つのパーツでできている。技術は曲げ木。組み立てが単純になったので，費用も削減された。

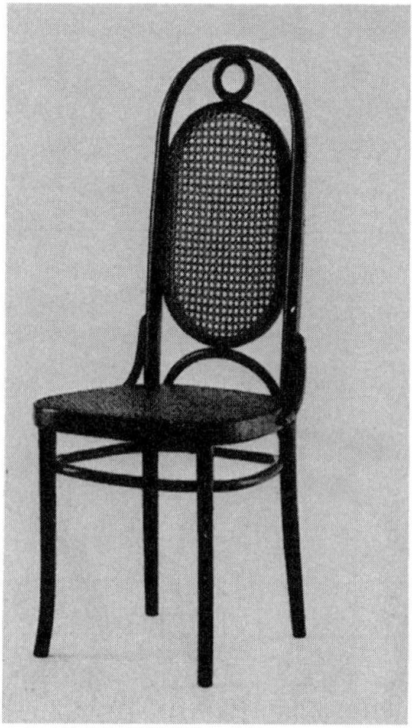

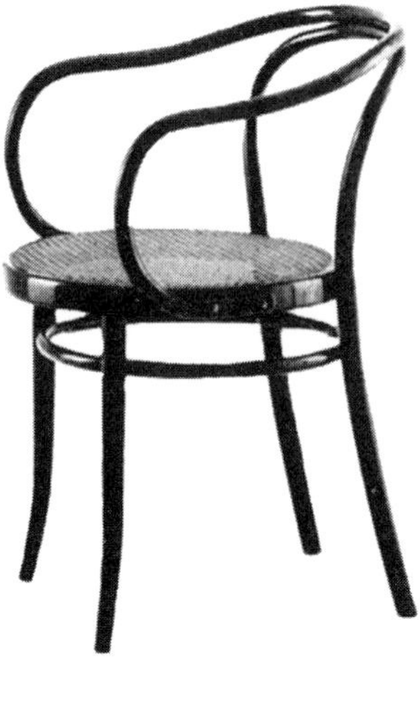

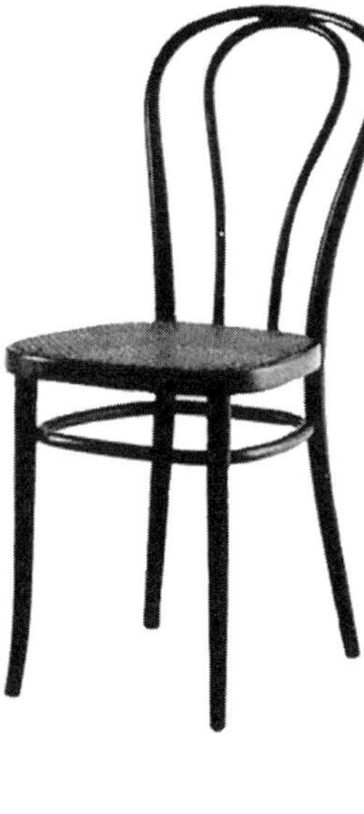

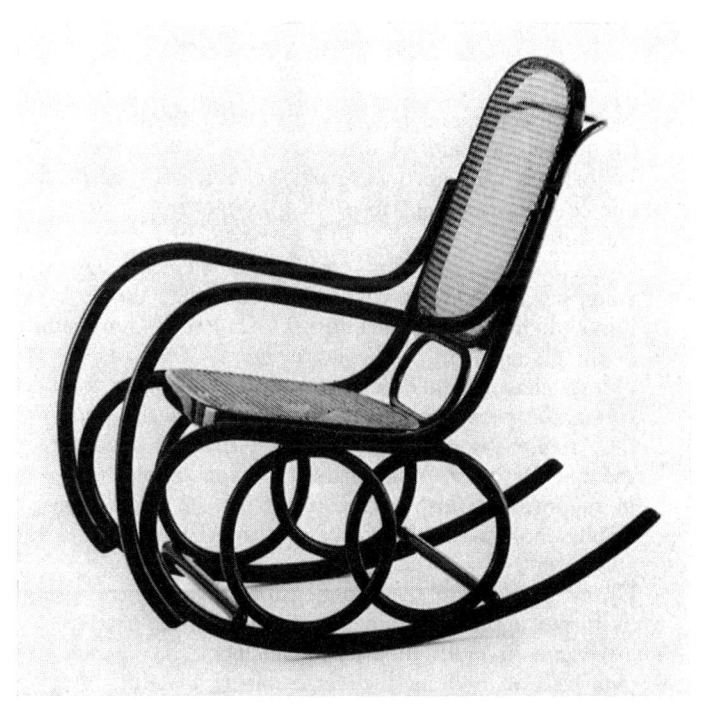

トーネットのすべての製品における精確なフォルムの一貫性は、いかに素材と技術を正しく使用すると、一種の美観が生まれるかを示している。美化のための応用芸術は必要ない。

フォルムの一貫性

　ある工業製品,または製品の"ファミリー"を企画設計する際には,部分と全体とのフォルムの一貫性について考察することが有効である。つまり一つの製品を構成する部品同士,全体を構成する製品同士について考察するのである。

　この一貫性は,同一要素を使用することに基礎を置く。例えばすべて同じフォルムと大きさのモデュールをもつ構造体などがそうであり,ここではその要素を同型（isomorfo）と呼ぶ。

　このようなモデュール化された要素は,あるコンビネーション性を生み,それによって多くのヴァリエーションを作り出すことができる。レンガはその例の一つ：6 × 12 × 24cm というレンガの寸法は,さまざまな配置を可能にする。

　本棚のように,大きさは異なってもフォルムが同じであるために,組み合わせて壁に設置することができるものは,類型（omeomorfo）の要素である。サイズの異なる一連のボルトも類型。

　一本の木の葉は,どれもそれぞれに違って,厳密には等しくなくとも,内形の比率を見れば同じ属だと認識できる。このような要素を近型（catamorfo）と言う。これは一貫性のある製品を企画設計する方法の一つでもある。例えば,インダストリアル・デザインの場合ならフォークセット,ヴィジュアル・デザインの場合なら,大文字,小文字,数字,イタリック体,ボールド体から成る新しい記号体系となる。

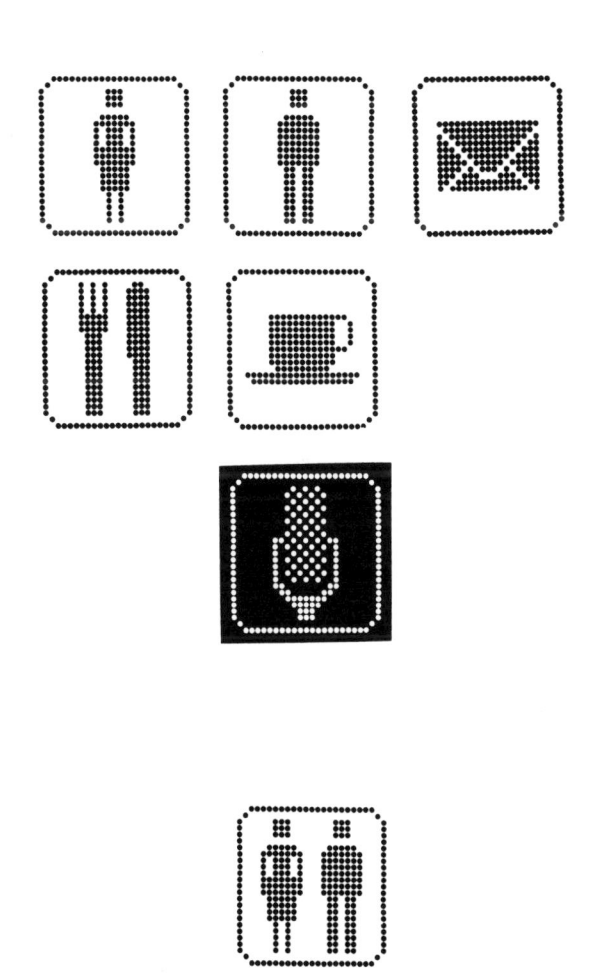

応用ヴィジュアル・コミュニケーションの，グラフィックシステムによって創られたイメージ。マーレ・デル・プラータ，コルドバ，メンドーザのスタジアムや，その他アルゼンチンのスタジアムにて。"Puntogramma"と呼ばれる。建築家カルロス A. メンデスとグイ・モンシエップによるこの企画では，鉄板のパネルに孔を開け，さまざまな寸法のプラスチック・ボタンをプレスして接着する。こうすれば交通標識や道路標識を含むどんな情報もパネルにできる。ボタンの大きさは 8cm，16cm，32cm，64cm，パネルの大きさは 21 種類ある。

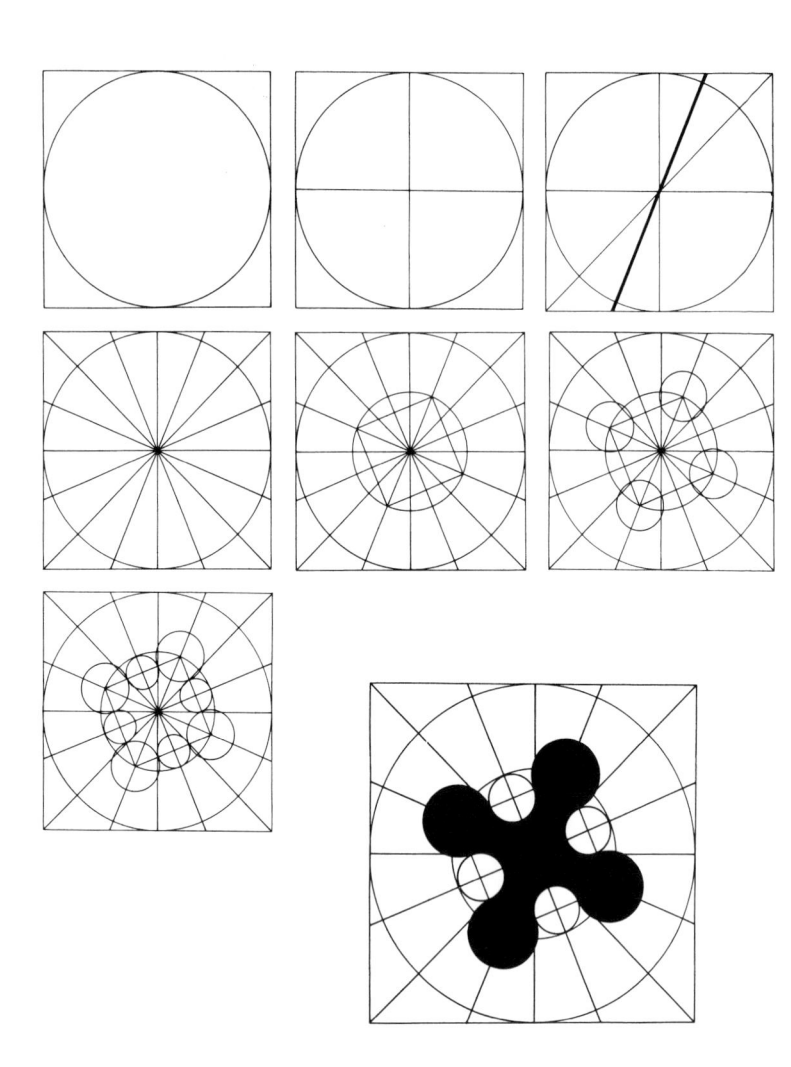

一続きのオペレーション。ロンバルディア州のシンボルマークにフォルムの一貫性を与えた。3つ目の正方形にある黒い太線は，マークの傾斜軸。外側は大きな曲線，内側は小さな曲線，というたった2種類の曲線から幾何学的に作られている。この構造化は，イメージに一貫性をもたせるだけでなく，どんな大きさでも製作できる規則を伝える。

公孫樹の葉

ABCEFGIK
MNOSTUVZ23
AABCEFGIKM

ABCEFGI
abcefgikm

2種類の特徴的なアルファベット。

BBC放送のテレビ番組,ケネス・ブラウンのタイトル・アニメーション。

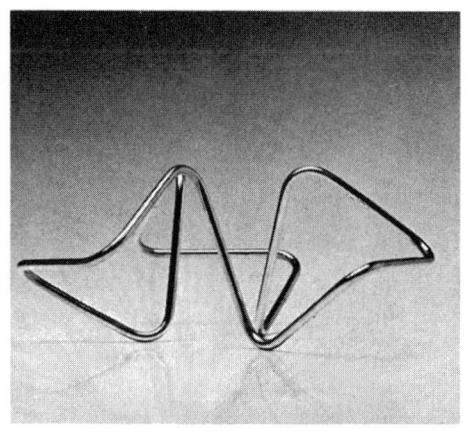

継ぎ手された2つのオブジェ。Miki社製。クロムメッキの金属で作られたこのオブジェは，等しい要素で構成されているので非常に一貫性がある。要素同士が継ぎ手でつながれているので，フォルムは異なってもつねに一貫したものになる。これらのオブジェには美的機能もあり，シリーズで量産されている。

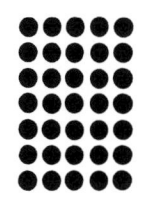

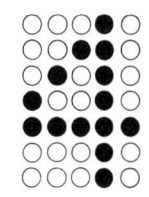

一貫性のある英数字。母型印刷機で使用されている。母型は5×7個の点から成る長方形。この長方形には，どんな文字，数字，記号も登録できる。

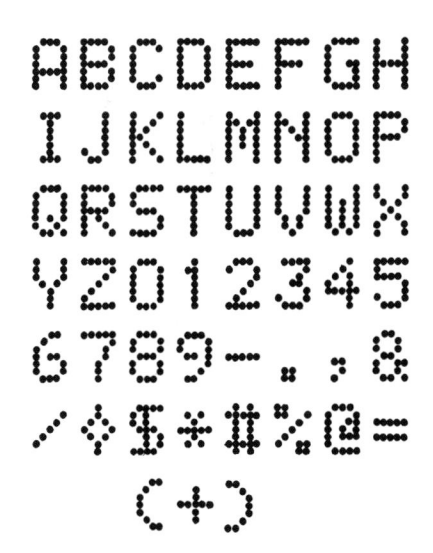

植物におけるフォルムの一貫性。それぞれの植物には，その枝分かれ，葉，樹皮のタイプがある。

京都御所に見られるモデュールと下位モデュールによる精確な構成。木，藁，紙で建造されている。

ヒゲソリの進化

19世紀の古いヒゲソリは，よく切れる刃と持ち手で作られていた。刃はまだナイフの形をしており，持ち手の先端に金具で留められていた。刃は肥後守のように閉じて持ち手の内部にしまう。これは持ち運びのためと，刃を保護するためである。髭を剃るにはちょっとしたテクニックが必要で，刃を正しく傾け，適切な力具合で押し付けなければならない。刃の片端には，持ち手からはみ出す出っ張りがあり，そこに指をかけ，力を加減しながらうまく髭を剃る。そして，壁に掛けられたなめし革にあてて刃を研ぐのが日課であった。

それは1895年の朝のこと── K. C. ジレット氏はこのヒゲソリを使いながら，新しいタイプの"安全"ヒゲソリの企画を思いついた。問題は，製造原価の削減や，実用性の向上ではなく，この古い道具の危険性を低めることだ。ジレット氏は髭を剃りながら，この道具で唯一重要なのは，刃の研がれ具合だと思った。実際に使っているのは刃の部分であって，持ち手が金属である必要はない。それから，毎回刃を研ぐ煩わしさを取り除き，誤って皮膚を切ってしまう危険性をなくす道具を考案したのである。彼はその発想の特許を取り，1901年ボストンに，新しいヒゲソリの製造会社を設立した。1903年の全生産量はヒゲソリ51個，刃168本だった。しかし1908年には，ヒゲソリ30万個，刃1300万本にまで成長した。

4世紀ギリシャのヒゲソリ

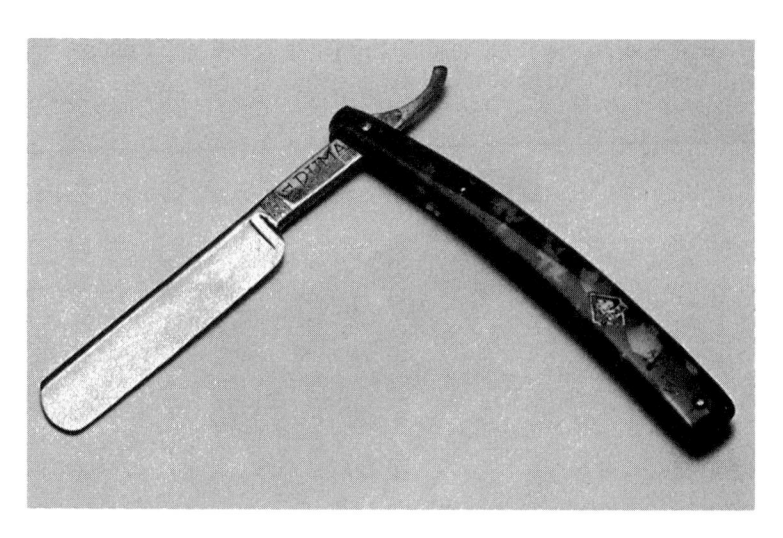

20世紀初頭まで使われていたゾーリンゲン社のヒゲソリ《PUMA》。

このジレット氏による初期のヒゲソリには，丸みのある木製の持ち手がつけられ，その持ち手には刃の受け台が固定された。刃の受けには一連の細かな歯があり，その細かな歯が，肌に刃をあてたり，偶然に切ってしまうのを防ぐ機能をもっている。刃の大きさは短冊ほどに縮小され（以前はテーブルナイフ大），その両端には孔が作られた。この孔にネジを通せば，刃と持ち手に嵌め込まれた受け台とを固定できる。

　小さくなった刃は交換でき，毎回研ぐ必要もなくなった。この小さな刃は，小袋に一枚一枚包まれ，その包装紙にはミスター・ジレットのポートレイトが印刷されている。

ジレットの初代安全カミソリの一つ。

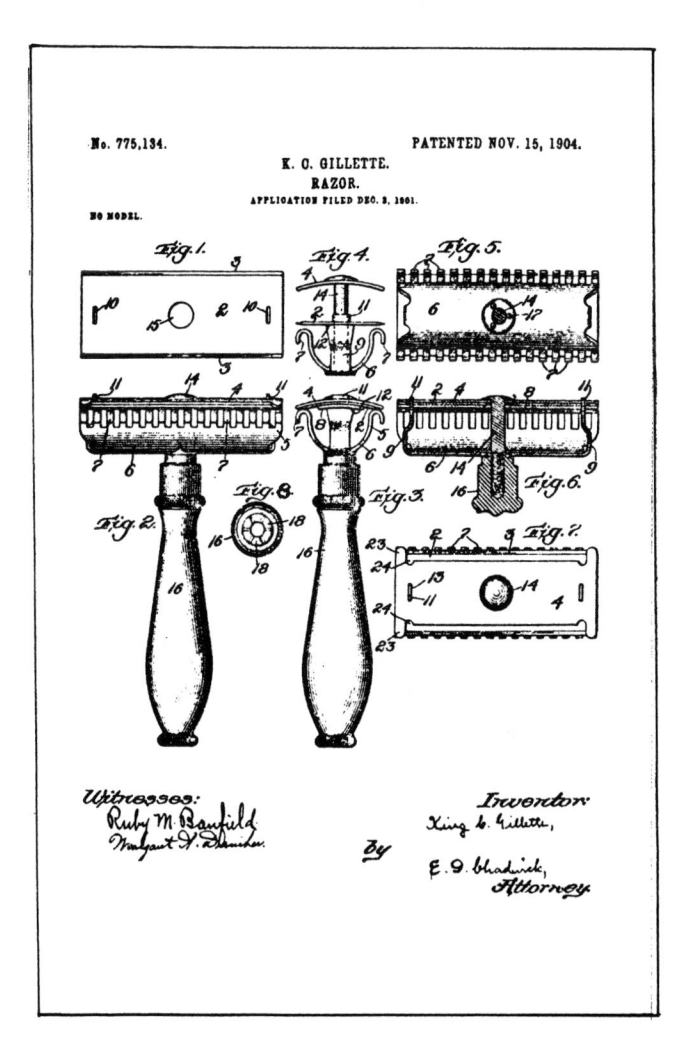

ジレットのカミソリ。特許番号 775134, 1904 年。

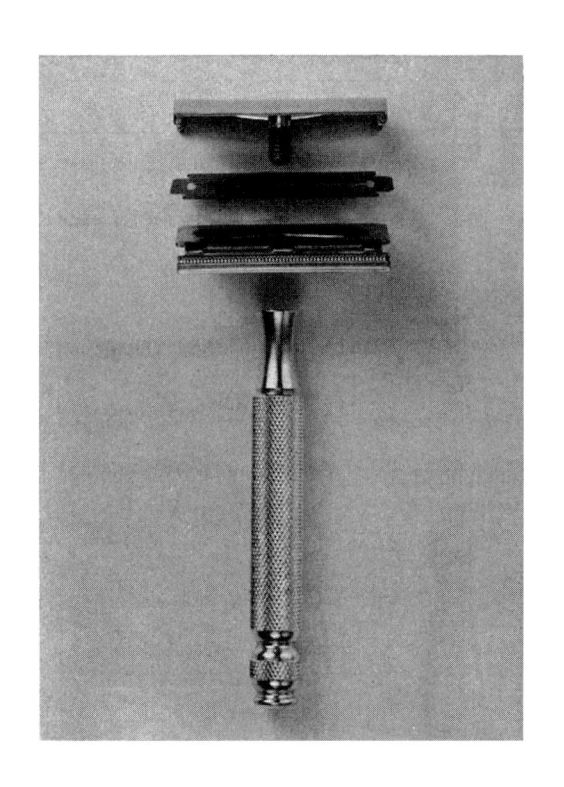

これ以後，ヒゲソリは，人々により使いやすい道具を提供するために断続的に改良された。次のヒゲソリは，同一の素材から型抜きされた3つのパーツで作られている。持ち手には，より持ちやすいようにテクスチャーが与えられ，保護歯の大きさは縮小された。刃は，よりしなるように薄くされ，そのため台座に収まりやすくなった（台座の両脇にあった2つの孔は調節のできる1つの長い孔になった）。その結果，全体が以前のモデルよりも単純になった。生産するのも，使うのも，掃除するのも，持ち運ぶのも，より簡単になったのである。

これは何年か続いたモデルで，リデザインする際に改良の試みがなされている。つまり，数字がふられたリングを取り付けることで，刃の傾き具合を調節できるようになったのである。このヒゲソリの効率は確かに良くなった。がしかし，当然，単純さは失われた。結果，効率に対し，外観がずいぶん複雑になってしまった。

さきほどの過渡期のモデルのあと，また別のモデルが続く。次なるモデルは斬新。なにせ刃がさらに薄くなったのである。いや，それどころか，なんと幅 5, 6mm のリボンになったのだ。髭剃りには，こんな刃で充分なのだ。このモデルは，《Techmatic》と呼ばれ，テクスチャーを与えられた持ち手と，交換不能なヘッド部で構成されている。ヘッドのなかには，リボン状の刃が巻かれて入っており，簡単なレバー操作で，刃がまっすぐになって出てくる。同じようなレバー操作で刃は引っ込み，内側で巻かれ，新たな刃を出す。レバーにピボットで固定されたヴューアーには，6 までの数字がふられており，表示される数字が髭を剃った回数を示す。これにより，スチールのリボンが終わるのも分かる。

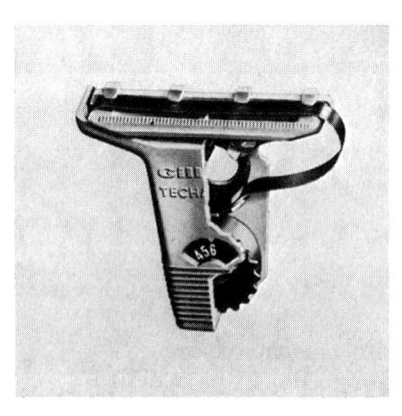

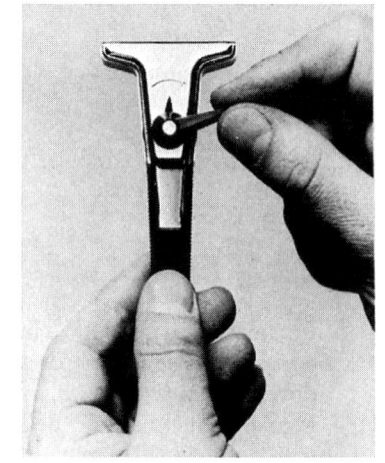

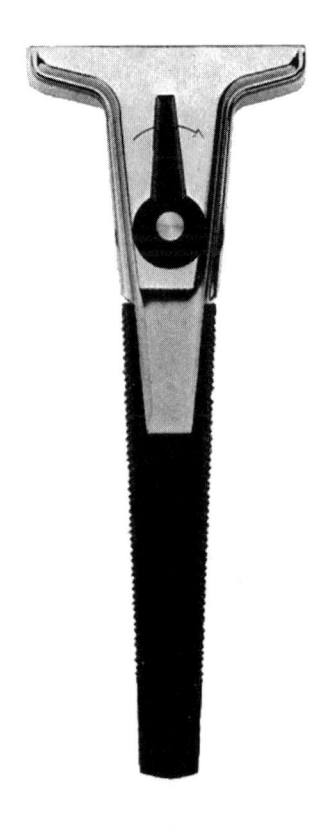

モデル《Techmatic》

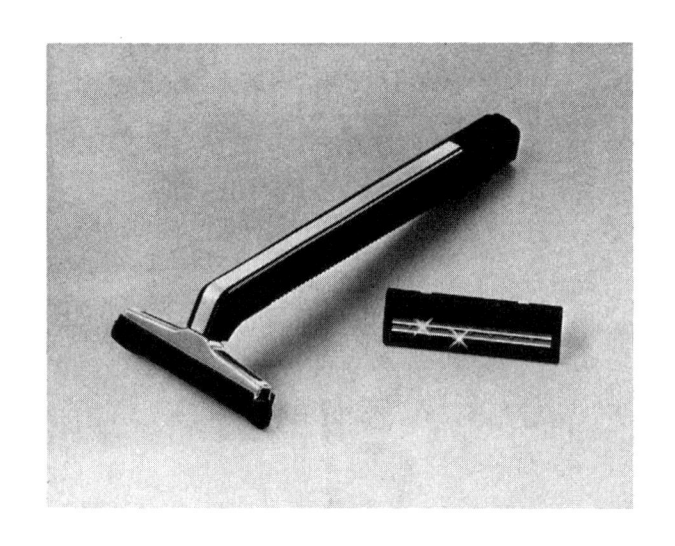

《Techmatic》のあとには，《Bilama》が続く。《Bilama》では，交換可能なヘッドが小さくなり，刃の巻き取り機能はなくなった。単純な機能なのに，費用がかかりすぎたからである。《Techmatic》の6枚分の刃は2枚刃（Bilame）となり，交換可能なヘッドのなかに挟み込まれ，シンプルなケースに入れられた。刃をケースから取り出すには持ち手をヘッド部につける。この《Bilama》でも持ち手にはテクスャーが与えられた。持ち手のテクスチャーという問題は，もはや見過ごされることのない問題となっている。昔のヒゲソリはつるりとした持ち手だった。最初のジレットもまだつるりとしていたが，以前のものと比べれば握りやすくなった。3パーツから成るヒゲソリではかなりのテクスチャーが与えられた（やり過ぎたかもしれない）。《Techmatic》では両側面に，そしてこの《Bilama》では3つの側面につけられ，正しい持ち手となった。

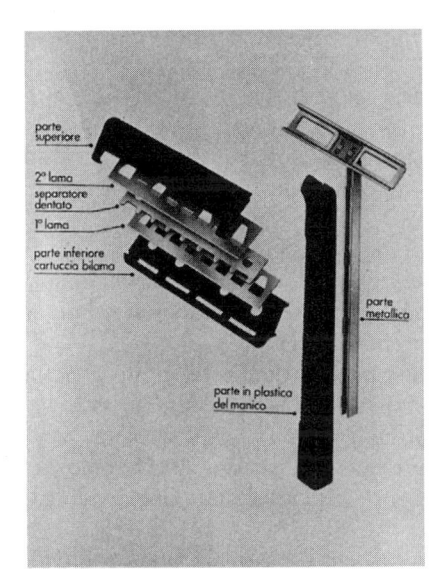

《Bilama》の構成パーツ。

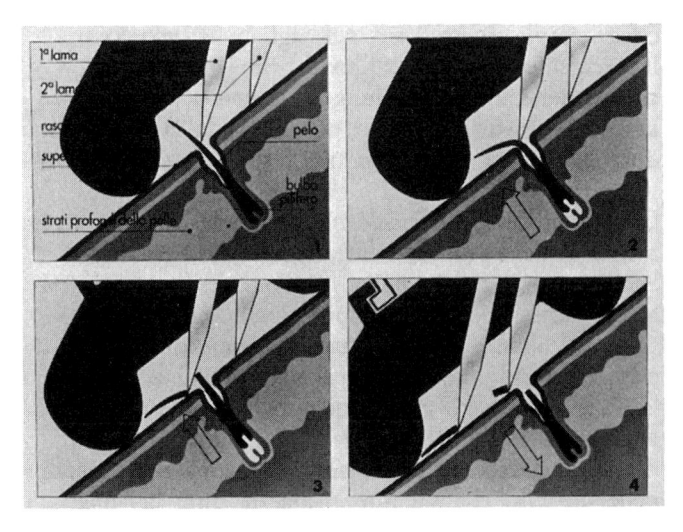

髭を剃る4つの段階。2枚の刃がどのように機能するかが分かる。

《Bilama》のヒゲソリでは，ヘッドに2つの溝がつけられ，それにより刃の交換が楽にできるようになった。この溝に，持ち手の金属部分をはめるように差し込む。こうして，手で刃を触らずにすむようになったのである。

　《Bilama》の進化形は，モデル《Contour》だ。《Contour》はヘッドが動き，肌によりフィットするようになった。この最新式のヒゲソリは，刃だけではなく持ち手ごと使い捨てられる。これを可能にしたのは，最小限の材料による，完全な機械化生産である。いつの日か，製品より梱包費の方がかかる時代がやってくるのだろうか？

　二枚刃の発想は，髭を剃る動作を研究しているとある科学技術研究所で生まれた。所定のモデルの持ち手に光ファイバーを通すと，その動きをきわめて明瞭に見ることができる。その動きとは，まず第一の刃が毛をカットする際に，毛根から毛をわずかに引っぱり出す。そのちょっとした毛が戻る前に，第二の刃がカットする。こうすることで，二枚刃の方が一枚刃で髭を剃ったときより，良い剃り上がりを長く保つことができる。

　扱いにくく，危険な昔のヒゲソリから始まったこのリデザインは，その構成要素を分析しながら，必要な部分は改良し，余分な部分は排除してきた。考えてみれば，ヒゲソリの刃がナイフ程の大きさもある必要はない。実際に髭を剃るのは，刃の研がれた部分だけなのだから，刃の大きさもそれに見合ったもので充分だろう。昔のヒゲソリのように大きな刃は必要ない。なにせ刃全体で剃らねばならないほど，顔じゅう毛だらけ，ということはあり得ないのだから。したがって，小さな刃というのは，より正しい刃なのである。

ヒゲソリ《Contour》

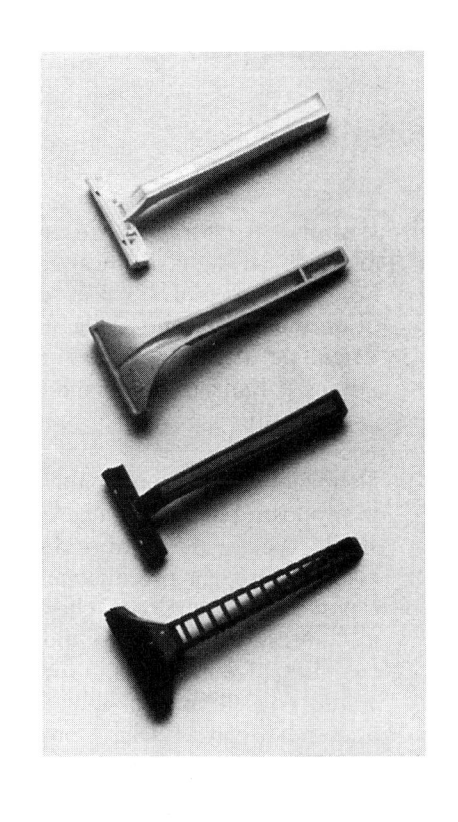

　ここまでくるとナイフの刃を研ぐ必要もなくなり，小さな刃はポイと捨てて（費用はかなり削減されているのだから），新しいものと取り替えるだけでいい。最終的に，ハイ・テクノロジーにより，使い捨ててもいい程に安価な道具を生産できるようになったのである。

　進化とは単純化であって，
　複雑化ではない。

居住可能空間

　問題は，メーダ市にあるエラム社の研究所が2名の共同制作者，レンツォ・フォージェス・ダヴァンザーティとピエロ・ランザーニに任務を与えたことから生まれる。内容は，1968年開催の第14回ミラノ・トリエンナーレにおけるエラム社のブースを研究せよ，というもの。そこで2名の建築家，フォージェスとランザーニは，このプロジェクトへの参加をブルーノ・ムナーリに要請する。

　問題の定義：エラム社からの提出案について分析を行う。これはトリエンナーレという場で，何をしたらいいのかを検討するためである。各企業はそれぞれのブースで，自社製品を展示する。しかしそれだけではなく，展示そのものが評判となるような何かも一緒に並べる。つまり，たんに自社の家具やインテリア用品を並べるだけでは平凡ということだ。そこで時代状況を分析する。目下，解決を必要としている社会的問題とは？　第14回トリエンナーレのテーマタイトルは，「大きな数」。さて，「住む」ことに関連する大きな数とは？　居住可能空間の問題はどうだろう。日増しに部屋代は高くなるし，今の居住空間はスペースが無駄に使われている。それもこれも，暗黙の了解となった悪しき伝統どおりに家具を配置しているからだ。こうしてみると，居住可能空間という問題は，大いに注目される真の問題のように思えてくる。そこでトリエンナーレのブースで何をするかという問題について再提案する。ブースに実物サイズの模型を置いて本当の住まいのように展示し，この居住可能空間について研究したらどうだろうと再提案するのである。

この案はエラム社により認められ，3名の企画設計者は新たな問題を研究しはじめる。

　最初の問題に代わる第二の問題の定義：一人あたりの最小空間を決定する法則はあるのだろうか？　この企画では何人用を想定するか？　今日の一般の居住状況はどんなものか？　貧しい気持ちにさせないで，最小空間を最大利用するにはどんな方法が考えられるか？　船のように限られた空間ではどうしているのか？
　そこで2人用の居住構造のモデルを製作することに決定。この構造は，家族のケースにあわせて拡大することもできる。

パナレア島，アイオリスの古代住居にみられる台所用ブロック。

問題の構成要素：法律によって認可されている最小空間で，2 人暮らしに必要な最小の設備すべて。その設備は，バス，トイレ，洗面所，収納，ベッド，ソファ，調理器具の装備されたキッチン。壁，床，その他の"個人的な設備"とでもいうような要素は，この企画からは省かれる。照明は含む。

　データ収集：1968 年 4 月 2 日に制定された行政規定によると，最小の居住空間として一人あたり 25m^2 のスペースを有すことになっている。これは例えば，5 × 5m の部屋に相当する。インテリアの分野の資料を集め，わずかなスペースに収まるように——つまり，空間をより多く使えるように——企画設計された家具やバス，トイレなどの資料をすべて揃える。建築の本や，設計に関する雑誌からも情報を集める。外国ではどのように住まわれているのか，その他の居住方法に関するデータを集め，この問題が他の民族にも共通する問題なのか，また，どのように解決したのか（もし解決されているなら）を確かめる。

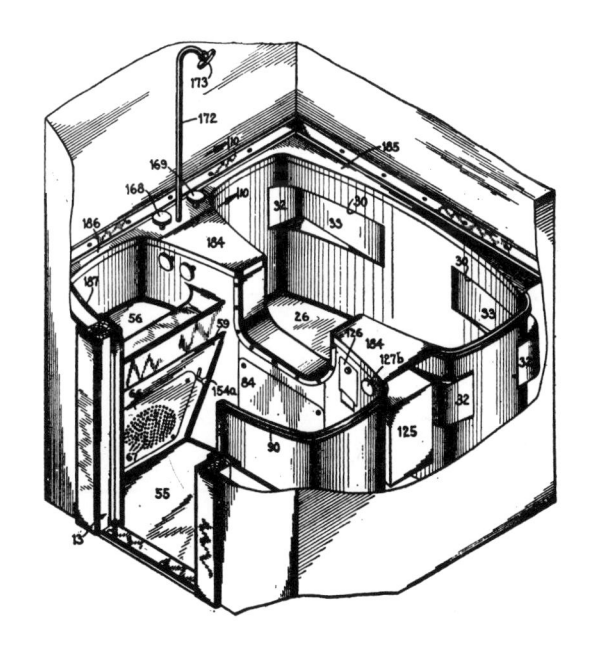

1938年にバックミンスター・フラーが設計した，ワンセットのバス・トイレ・洗面所。どの部分もきわめて精確に計算され，一つの金属構造のなかに，すべての要素が一緒に型抜きされている。特許番号OSA2220482，1940年。

データの分析：集めた資料から，古来より単体のブロックを積み上げて，何らかの用途に役立てていることが判明した。例えば，古代の農家では，釜戸，薪置き場，食糧置き場は壁で仕切られた一つのブロックから成り立っていたり，いくつかの寒い国では，そのブロックの上に寝床を作っていた。家具製造の分野では，整理ダンスと机を合体させ，トリュモーと呼ばれる別の家具を作り出した。

　工業製品の分野では，1937年バックミンスター・フラーにより，アルミで型を抜かれたブロックが研究された。このブロックにはすべての衛生設備が備え付けられている。近年では，多くの家具製造者たちが，いわゆる備え付けの壁を研究するようになった。この壁には，すべての収納を収めることができ，場合によってはベッドまでも収納できる。さて，そうした実例は，日本の伝統家屋で見つけることができる。日本の伝統家屋は，木，藁，紙から成り，700年以上も前から備え付けの壁がある。家具はなく，空間はモデュールで仕切られ，建材は継ぎ手により組まれている。

　このように，複数の設備を一カ所に集めた例はいくつもある。使われる素材や方法はさまざまだが，どれもブロックを利用している。しかし，最小限のスペースに，必要最低限の設備をすべて組み入れられるかどうかという問題は，いまだかつて取り組まれていない。

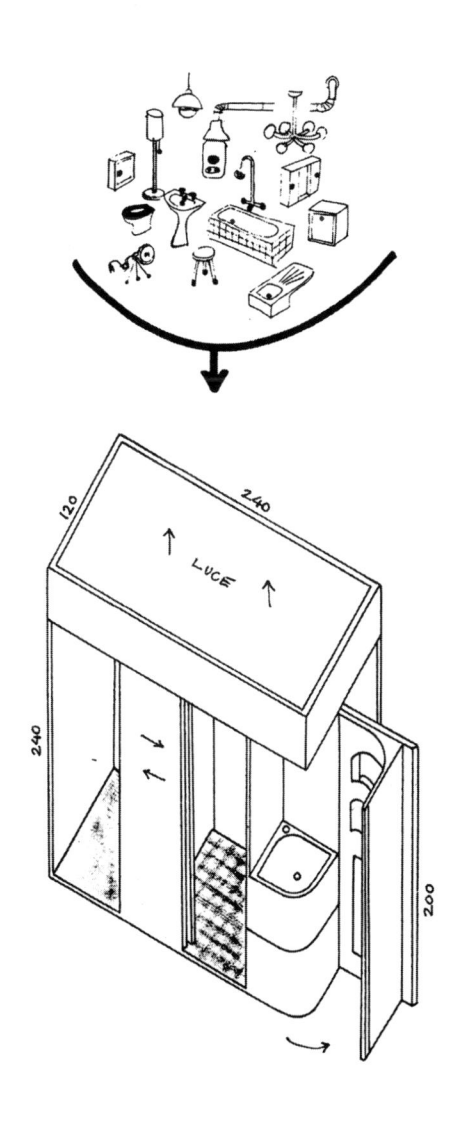

バス，便器，さまざまな棚，鏡，シャワー，給湯器，洗面台，照明，キッチンのシンク，これらすべてが衛生設備のモジュールのなかに収まっている。

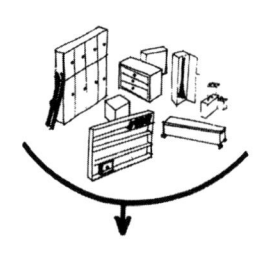

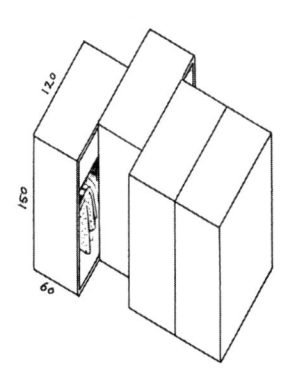

衣類，本，その他もろもろの品を収納する4つのボックスは，薬屋の収納棚のように一列に並べられ，2人分の必需品をすべて収めることができる。すべての棚を閉めれば，ブロックは壁のように。棚の上部にカーペットを張り付ければ，舞台のようにもなる。

　創造力：問題の心理的要素に目を向けると，この最小空間の使用法と，それぞれのブロックのフォルムを検討した方がいいということになった。つまり，住人がその個性を発揮できるように，自分に合った要素を加えられる空間にしなければならないのである。この問題に対して，たいていの場合，なんでもかんでも，本当に小さなものまでも設計してしまおうとする。ところがこの企画では，どうしても部屋に

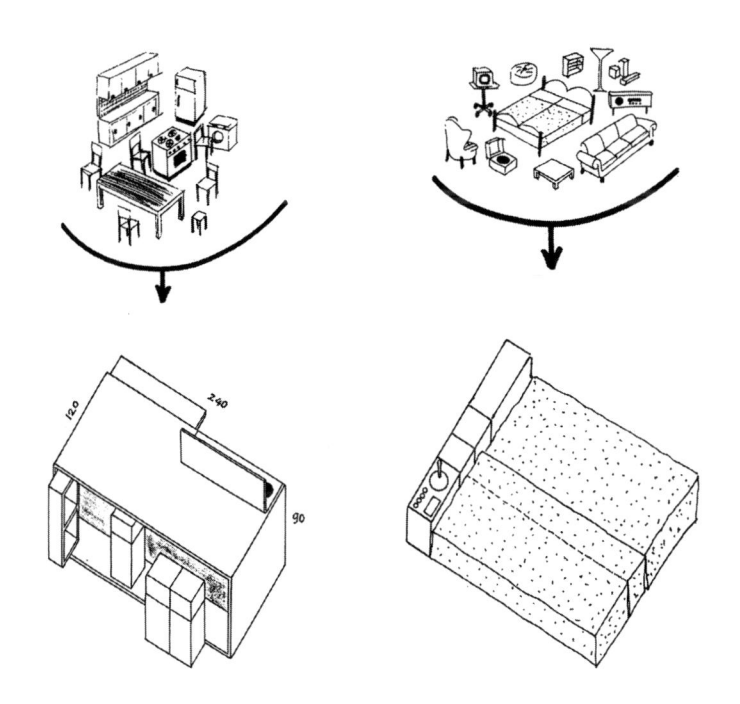

机，キッチン，冷蔵庫，洗濯機，4つのスツール，いろいろな収納，これらすべてがダイニング・キッチンのブロックの中に収まっている。ガス台を覆っている平板を持ち上げれば（閉じれば平らになる），料理場になり，ガス台の脇には引き出し式の台がある。

ベッド，ソファ，ミニ・テーブルがこの空間に集められている。ベッドの点線は，2つのブロックの合わせ目。小さい方を大きい方の上にのせれば，ベッドはちょうど良い大きさのソファに。

買い揃えなければならないような必需品だけを設計し，あとは自由に付け加えたり，手を入れたりできるようにすることを提案する。したがってブロックは中立的でなければならない。最初から色が決められているのではなく，好みに合わせて塗ったり張ったり，さらには好きなタペストリーを掛けることもできなければならない。もちろん中立的なグレーのままで置いておくこともできる。

モデュール化されたブロックの総体

　ここで知っておかねばならないことは，空間が人に対して条件づける関係である。これは近接学と呼ばれる新しい学問により，広く研究されている。近接学によると，人は非常に狭い空間で生活するとイライラするという。したがって私たちは，はじめから狭いこの空間を壁や幕で閉じるのではなく，できるだけ開かれた状態にして，その上で，空間を機能的に使うような方法を見つけなければならない。例えば，天井の見通しが良ければ，狭い空間に居るという感覚を持たずにすむ，というように。

　ともかく今の段階では，どのような建築空間にこのブロックを配置するかについては考えないでおこう。これらのブロックは，居住空間で最大の適応性を発揮できるように，モデュール化された基底にしたがい設計されねばならない。

ブロックの数は，その設備によって決定される：衛生設備1，収納1，料理・食事1，休息1。50平方メートルの2人用の空間にすべてが収まるように計算する。

　使用する素材と技術：モデルは，チップボードと金属パーツを用い，実物大で作られる。ソファベッドは発泡スチロールとフォームラバーを利用し，上から布を張る。チップボードのブロックはアルミグレーで塗装。用いる技術は木製家具のそれと同じ。

　実験：いくつかの素材を用いて，うまく行かない機能を解決したり，その設備にとっての正しいフォルム，経済的なファルムを見つけ出す。積み上げる収納棚には，蝶番や滑り台を試してみる。ソファベッドに最適な素材も試す。

モデュール化されたブロック（実寸大）の試用。

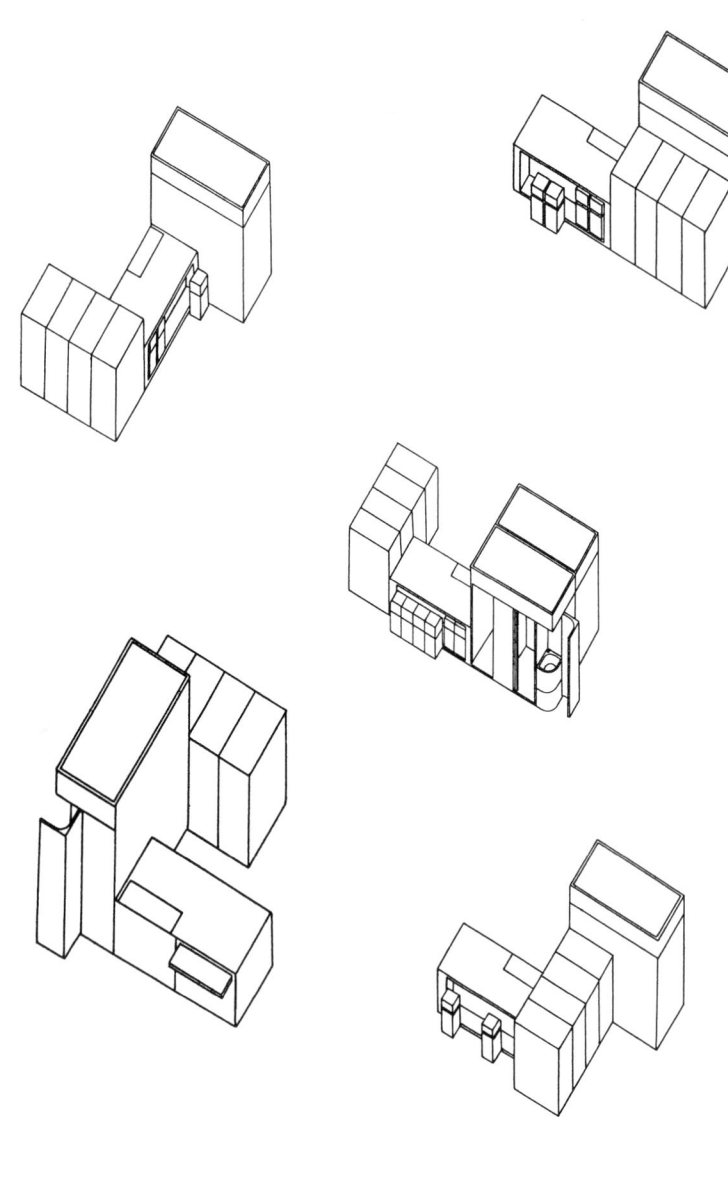

ブロックの配置例

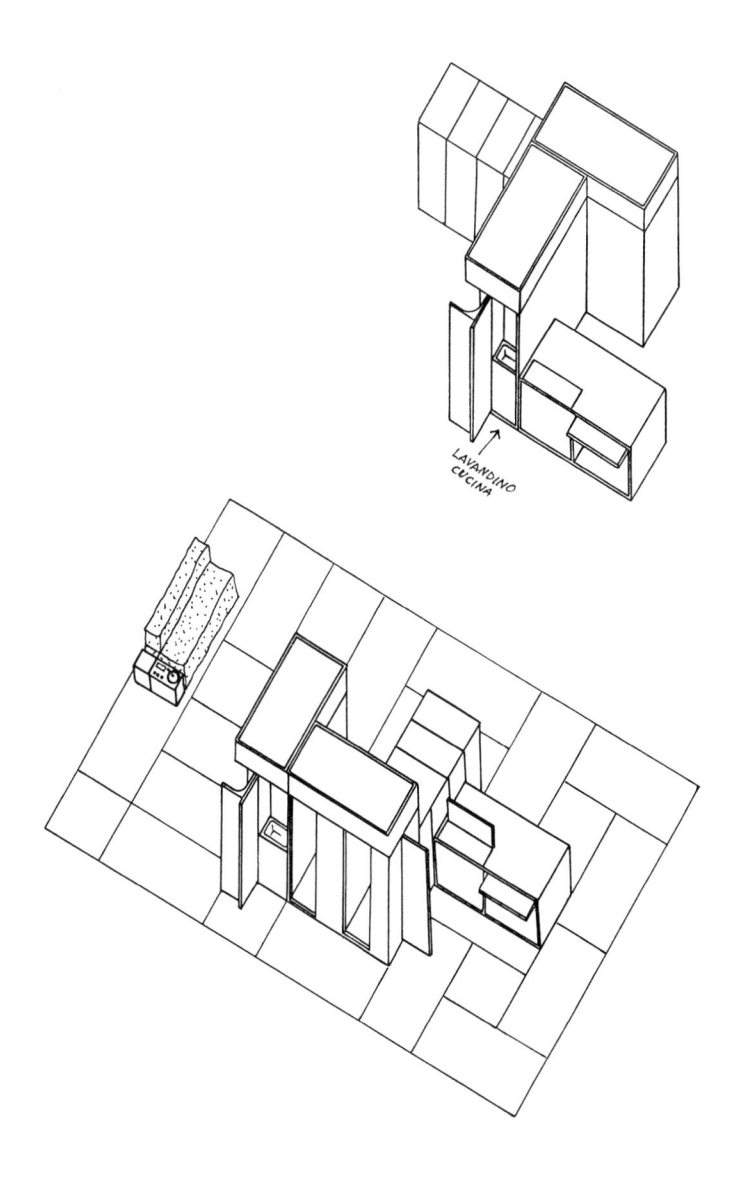

より広い空間での配置例。バス・トイレのブロックは2つ。電気接続や水まわりの設備が整っていれば，どんな空間にでもブロックを設置できる。

若者向けにアレンジされた配置例。大きなブロックは不透明なグリーンで塗られ，ポスターが張られている。キッチンはホワイト，ソファベッドはファスチアン地，色はグリーン系の異なる2種類で。カーペットにはまた別のグリーンを。モデュール化された小さな収納ボックスは，洋服ダンスに上るための踏み段になっている。

住居用ブロックの模型は実物大である。いくつかのヴァリエーションを展示するために，10：1の縮尺大で4つの模型も制作する。

　設置されるブロックは4つ（より小さなブロックは別の機能がある），つまり，底辺120×240cm，高さ124cmのブロックには，シャワーとトイレ（側面に）と洗面所がある。洗面所には高さ200cmの開閉式ドアが，シャワーとトイレのドアには引き戸式の鏡が取り付けられる。ブロックの上部は，乳白色のアクリル板で覆われ，レオスタット照明が設置される。ダイニングのブロックは，大きさ120×240×90cm。ここにはキッチン，ガス台，冷蔵庫，洗濯機，食器棚，ストック棚がある。片方の側面には，食事の際，引き出して座るスツールと，引き戸式になった2つの収納ボックスがある。このボックスにはナイフやフォーク，スプーン，その他食卓に必要な品をしまうことができる。食事を温めるプレートはテーブルに一体化され，立ち上げ式のカバーで覆われている。このカバーは立ち上げれば油よけにもなる。

　洋服ダンスと収納棚のブロックは，扉のない4つの収納棚から成り立つ。ただし，扉がなくとも，閉まっている。というのは，薬屋の収納棚のように，横を向いて並べられ，一つの棚がもう一つの棚を閉じるようになっているからである。棚の大きさは120×60×150cmで，棚の上部も利用可能。糊付けできるカーペット（4つに切って）を張って，クッションを置いてもいい。

もし大人数で使うなら，もっと広いスペースで，ブロックの数を増やしたり，つなげたりすればいい。その他，閉じた環境を作るようにブロックを配置したり，小さな衝立てを置いてもいい。

　2つのソファに変形する2人用ソファベッドは，休息のブロックであり，居間の機能をもつ。いくつかの小さな収納ボックスはサイドボード，レコードプレイヤー台，ブックコンテナ，マガジンラックとしても役に立つ。
　見て分かる通り，この設備には，シングルソファを加えたり，自分の過去と接点をもたせたいという心理的欲求を満たすものを付け足すことも許されている。その人が選ぶ色，生地，床，オブジェによっても，部屋は個性化されうる。

　検証：モデルを機能的に整え，フリースペースに設置した上で，2人の若者に6カ月間体験してもらうよう提案する。期限が過ぎたら，実際の体験から得られた予想外の改善点について検討する。

　この実寸モデルの製図はきわめて簡単である。その時々の必要に応じて，見合ったデザインがなされるだろう。

パーソナライズされた居住構造の例。核家族は部屋の構成要素を減らし、若者は自身の独立を優先させる傾向にある。人間生活は、拡大する興味に向かって、いままで以上に外で展開される。住宅の内部空間を整理しようとするこのアプローチは、建物の外装の設計や広い居住空間の間取りについて、これまでとは違う調査方法を切り開くだろう。

解決案：2人用の空間50m²に対し，主要設備を備えた4つのブロックの専有面積は12m²。残りの38m²の空間は住人の好きなように使うことができる。ブロックの高さはさまざまだが，一番高いものでも部屋の天井には届かず，60cmの空間が残されている。これは間接照明が反射するのにちょうど良い。

　家電は外装されずにブロック内に組み込まれているので，費用もかからずに済む。大きなブロックの上部には，何個かの表示灯が設置されており，家電の作動中にはランプが点くようになっている。これらのブロックはどんな環境にも設置可能。ただし，このブロック専用の建物を設計する場合には，おそらく間仕切りで区切れるような広い空間で，給電設備，照明設備，衛生設備が一つに連結されるようになされるといい。

　暖房設備については，住居の一部としてすでに取り付けられているものと仮定する。

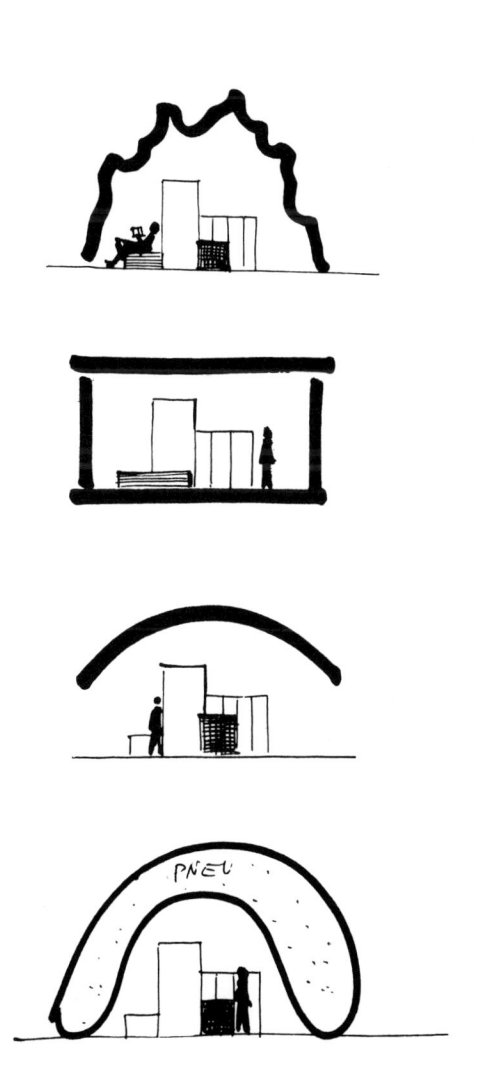

ブロックはどんな環境にでも配置可能。

176

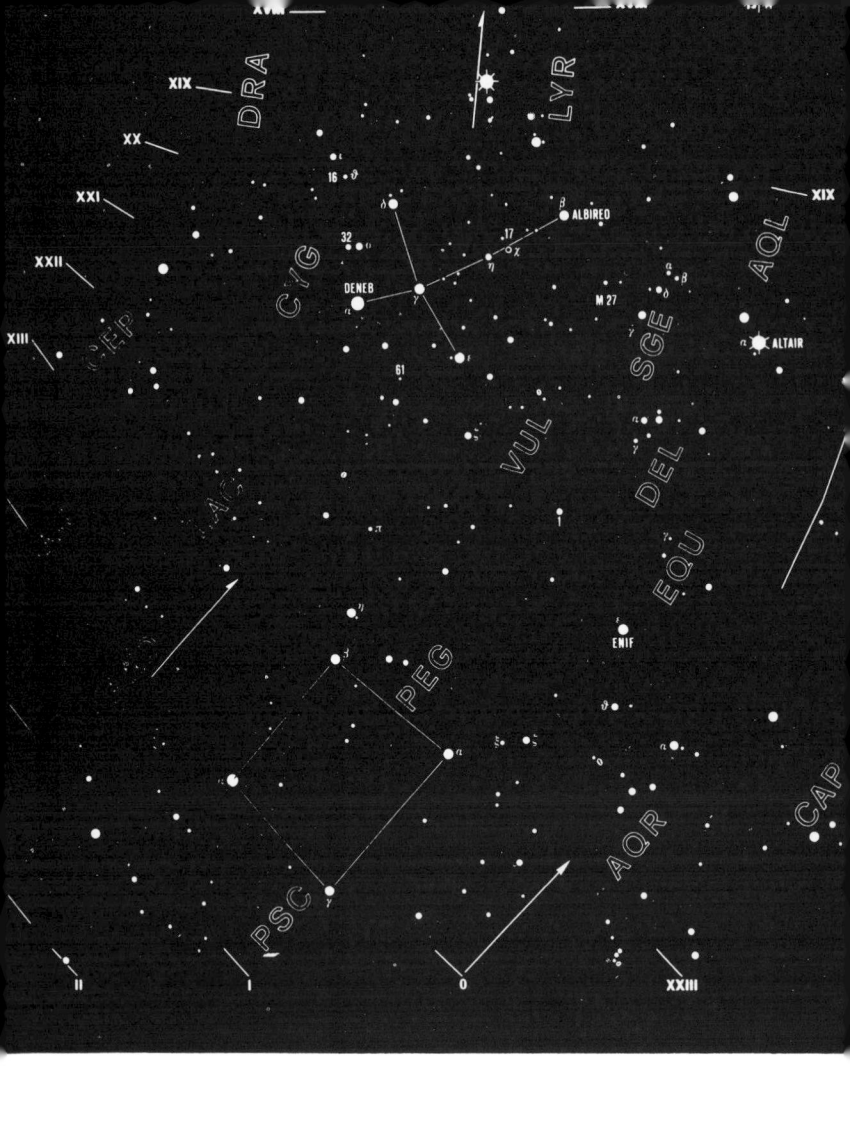

星座表の一部。右下には蠍座が見える。

星座

　居住空間を最大限に利用するという研究には及ばない小さな仕事にだって，同じようにデザインの方法と精神を活かして取り組むことができる。

　提示された問題は以下：小さな星座のジュエリーを研究せよ。

　問題の定義：小さなプレート，またはメダル12枚に，それぞれ星座が付いている。価格は手頃に，デザインはこれまで見たことのないものを。

　問題の観察：だいたいどんな女性誌にも，この星座の記号が載っている。ときには，そこそこ有名なアーティストによってデザインされたものもある。アーティストは，もちろん，好きなことをしていい（いつもそれでうまくいってるのだから）。12星座のデザインを依頼されたアーティストは，本当の星座のかたちなど気にもせず，自分のスタイルでデザインするのを楽しむだろう。だから私たちの手元には，あらゆるスタイルや好みのデザインがある。ある有名な革命的芸術家は，貴金属で12の"ハート"をデザインした（大量生産用に）。その一つ一つには，黄道12宮の"個人的"解釈が彫り込まれている。当然ながら，甲乙つけがたい12のハートは飛ぶように売れた。なぜかって？　それは，ど派手な広告キャンペーンにより買うように仕向けられた，一般大衆の文化レベルに一致していたからである。

水瓶座　　　　　　　魚座　　　　　　　牡羊座

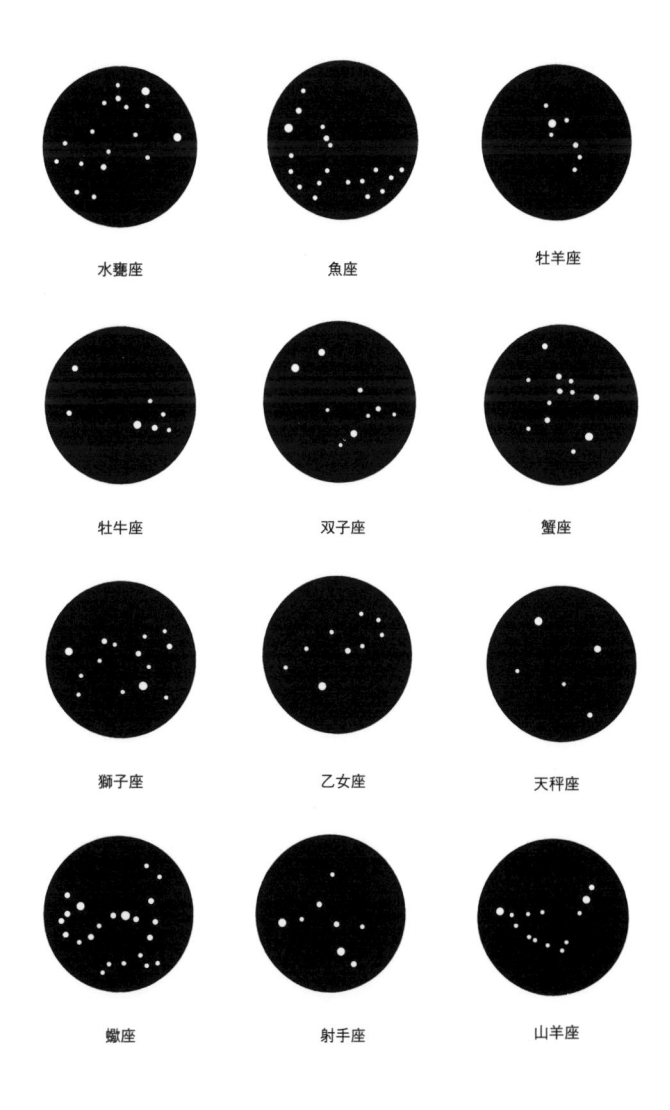

牡牛座　　　　　　　双子座　　　　　　　蟹座

獅子座　　　　　　　乙女座　　　　　　　天秤座

蠍座　　　　　　　　射手座　　　　　　　山羊座

黄道12宮に一致した12の星座

問題の構成要素：物理的側面と心理的側面。黄道12宮を扱った原資料を見つけ出すこと。販売価格に見合う大きさと細工。包装や紹介の仕方。

　データの研究：この問題を提案したのはブレーシャ市の友人，フェルナンド・リッチで，実際には彼がジュエリーを作る。専門家である彼は，天文学についての本や雑誌の中から必要な資料をすべて収集し，共同でこの企画を実現させる。この企画の立案者は，星座表を検証し，研究のための写しをもらおうと，リッチを伴い，ブレーシャの天体観測所の所長を務めるアルヴェーロ・ヴァレッティ博士を訪ねる。

　データの分析：本や雑誌から，黄道12宮は時代の流れの中でずいぶんと変化し，今ではもともとの星座がほとんど見当たらないことが判明。そこで，黄道12宮を表わす記号の代わりに，星座そのものを使えるかどうかを検討することに決める。

　創造力："アーティスティック"な黄道12宮の一群をいまいちどデザインするというアイデアは捨て，どのように星座を表現できるか，どうすればすべての12星座を一つの最小スペースに収められるか，という問題にしぼる。フォルムは円形と決まり，そのサイズは星座の適応具合により決定される。この円盤――最大でも40mm，厚さはこれから決められる――には，孔の星座が描かれる。孔は，星の大きさに応じて3種類ある。円盤を手に取り光にかざせば，光り輝く星座が見える。

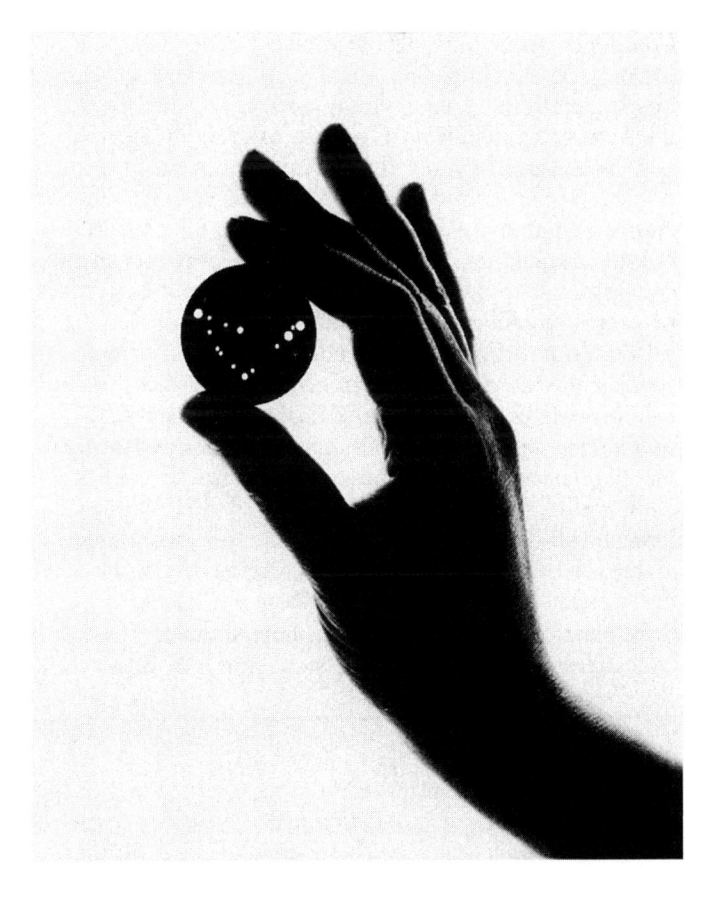

選ばれた写真：その手は持ち方を示す。見えるのは山羊座。まずは一番大きな星，それから他の星に注目する。

素材と技術：銀とドリルでの作業。

　実験と模型：でき上がりのサイズと同じ大きさの円盤（真鍮）に，試しに孔を穿ち，ドリルのどの針を使うか，どれくらい小さな孔を開けられるかということを確認する。一番大きな星座は，その大きさをほんの少し小さくし，いくつかの小さな星は，星座を変化させない程度に省く。円盤の裏にはリングを付ける（こうすればどちらが表なのかが分かる）。このリングには，チェーンやリボン，その他好みのものを通すことができる。円盤の表側はマット仕上げに。そうすれば，光にかざしても見ている張本人が円盤に反射しない（さもなくば星に穿たれた自分の頭を目撃することになってしまう）。逆に裏側は光沢仕上げにする。

　22というもっとも孔の多い蠍座については，最小サイズの模型も作ってみる。一番孔の多い星座が円盤内に収まるなら，たった5つの星の星座，天秤座も当然収まる。

　検証：さまざまな年齢の人に，これは黄道12宮の星座を描いているのだと説明し，いくつかのプロトタイプを見せる。どんなふうに眺めるかもやって見せる。結果は良好。

　決定した寸法に合わせ，星座の精確なデザインをする。丸い空間というのは理想的。なぜならそれは天空の円形を思わせるから。それから円盤内での星座の精確な位置を決定する。星々の周り（光にかざすと暗くなる）は広く取る。そうすれば，空間の概念も与えることができるだろう。

さて，製造が開始されたら，その間にリブレットを用意しよう。リブレットにはすべての星座と必要な説明を記載し，インディゴ・ブルーで刷る。そしてインディゴ・ブルーの布袋に入れて，ジュエリーを買った人にあげる。

　光にかざすようにジュエリーを手にした写真を撮影する。これはどのように眺めるかを示すため。

　このジュエリーは，新しく，平凡でなく，そして機能に見合った的確なモノ。それを知っている人によってのみ理解されるモノ。控えめなモノ。女性用にも男性用にもなる。

　　　　　　　　　　　　　　　　　　誰かが月を指す。
　　　　　　　　　　　　　　　すると，愚か者は指を見る。

　　　　　　　　　　　　　　　　　　　　チベットの古い諺

アビタコロ

　問題は，家族の住まいのなかで，1人か2人の子供のための空間について考えることから生まれる。最小限の空間にすべての必要な設備があり，たんに実用的であるというだけではなく，心理面，経済面，空間面においても最大の機能性を発揮するような解決案を見つけるべく検討する。

　問題の定義：8歳以上の子供に必要な設備とは，ベッド，本棚，机，収納ボックス，照明である。それらすべてを，独立空間に収める。ここには洋服ダンス——今ではどの家でも壁と化している——は含まれない。できればすべての設備を含んだ単一の構造体がいい。視覚的にごちゃごちゃしていない構造で，変形可能で，使い手により個性化できるものを。

　問題の構成要素：問題の物理的側面と心理的側面，適正素材，費用，部屋での占有スペース，運搬や在庫の際にはコンパクトにできるか，変形可能か，色，照明，パーツの接続，実用性。
　企画対象の物理的側面として，一般的なベッド，あるいは2段ベッドの大きさであっても，できる限りかさばらないようにすることが望ましい。

ロボッツ社（アビタコロの製造元）の企画室所長が，ベッド台を支える骨組みを検査している。特殊な製品を製造する際には，専門技術者の協力が製品の良き結果の基本となる。グイド・デ・マルコ氏は模型を実現させるための全行程に参加し，技術的に必要なすべての工夫を示してくれた。とりわけ，鉄筋の直径と，この構造体の作業行程は彼の判断に依る。

心理的には，子供がこの製品の置かれた場から独立し，自分自身の空間にいると感じられることが望ましい。これは自分の，自分だけの空間だと感じ，周囲には自分のものを置いて，生活できる空間——たとえ最小限度の空間だとしても——にすべきだろう。年少の子供には，この製品は大きなおもちゃになるかもしれない。

　材料は，細くて頑丈な素材が適当だろう。おそらく溶接された鉄筋と平板（机用）がいい。溶接された鉄筋は軽量で強度があり，視覚的にも邪魔にならず，木造建築のように，見た目がすっきりとする。

　販売価格は，インテリア製品としてごく一般にあるものより高くするべきではない。一般のインテリア製品とは，例えば，ベッド（あるいは2段ベッド），収納能力のある本棚，高さや傾きが調節できる机，いくつかの収納，ライト，などである。

　企画対象は，最小限のビスやボルトを用いて，簡単に分解，組み立てができるものが望ましい。運搬や在庫のことを考え，すべての部品（2つのベッド，机，本棚，収納，ライト）が最小空間に収められなければならない。

　取扱説明書も同封する。

　色は中立的に。そうすることで，他のモノの色で個性化することができる。

　白と黒の中間色，グレーはどうだろう。ツヤのあるグレーだ。

　高さや大きさが調節可能なら，空間をモデュール化しやすくなる。

　照明は固定させないで，どこでも必要な箇所に設置できるようにする。

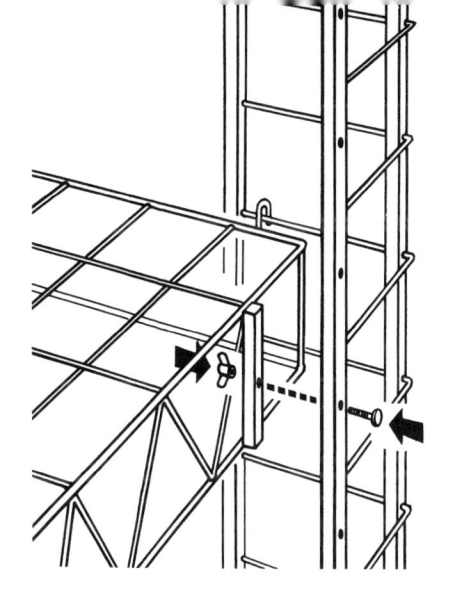

この図から組み立て方が分かる。ベッド台に溶接された角鉄を，支柱の凹み（U型）へ嵌め込み，つまみナットとネジで4つの側面をしっかりと固定する。

棚，収納，机の留め具は，上の写真の通り。好きな場所に取り付けられ，取り外すのも簡単。

部品の留め具は，本体を単純に組み立てられ，また，最小の操作で最大の安全が得られるようなものにする。この製品の実用性は，普通にベッドメーキングをする，本棚や収納を移動する，机を高くする，低くする，傾ける，ライトを移動する，すべての側板を登る，降りる，ということに集約されるだろう。

　データ収集：なにを企画するにしても，まずやらねばならないことは，その企画で実現させようとする機能をすでにもった製品をよく知る，ということだ。つまり，現在の市場で，その機能に大なり小なり一致するものは何か？　2段ベッドにはどれくらいの種類があるのか？　価格は？　どんな設備が付いてるか？　机はいくつあるのか？　どのくらいの大きさか？　立って作業するときには，高くできるか？　タイプライターを打つときには，低くできるか？　絵を描くのには，傾けられるか？　本棚はどのくらいあるか？　専有面積は？　解体できるか？　などなど。各機能ごとに，私たちが提供しようとする設備に一致するデータをリサーチせねばならない。

　データ分析：最初にやるべきことは，集めたデータを検証することである。その形式はカタログ，雑誌のページ，メモかもしれない。重複するものはすぐに除外する。残ったものについて，機能の分析をする。例えば，この2段ベッドはあまりにも場所をとる，こっちは本の置き場所がない，机が取り付けられていない，ベッドのハシゴはくっつけられているだけで安全でない，という具合に。百貨店や通販のカタログに，私たちが企画設計しようとする設備を提供するモノがひとつもないなら，つまりそれは，この企画は実行する価値があるということになる。

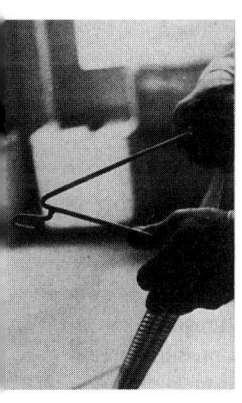

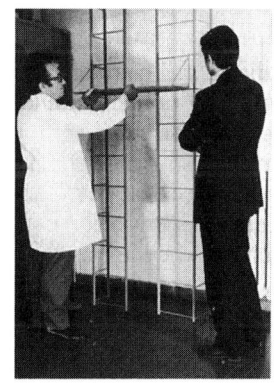

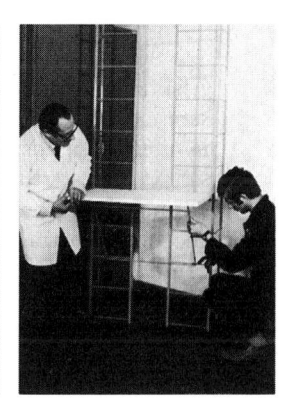

結果的に，軽くて，ほとんど素通しで，見た目にすっきりとした構造になった。
鉄筋の表面には，ホコリが溜まりにくく，水平に設置される2枚の平台は20cmごとに移動可能。
4本の支柱は上に登るハシゴとしても機能する。

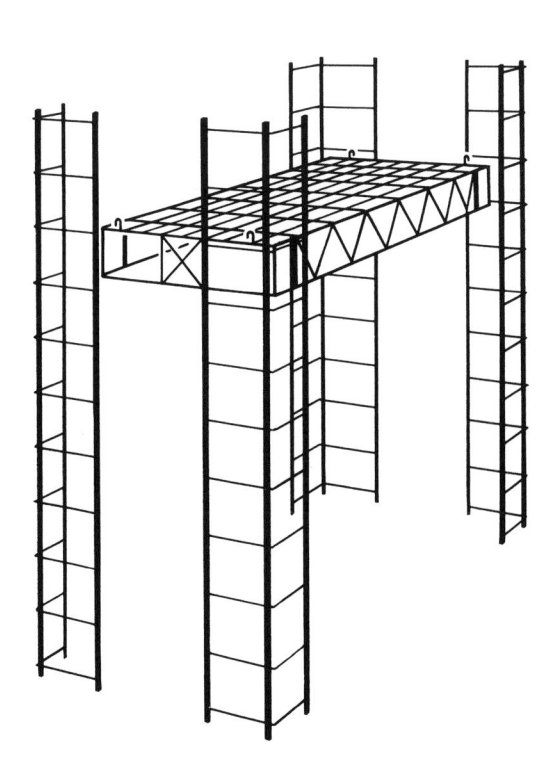

さまざまな室内用品の欠点を分析すれば、私たちの企画における不具合も発見でき、企画はより良い方向へ向かうことになる。

　さてここで、ファンタジアと発明をまとめる要素、創造力が介入する。データの分析結果、最適な素材と技術の可能性、心理的、人間工学的、実用的要素を考慮に入れ、それらの機能が調和をもってまとまった一つの統合体を作ることにしよう。空間をモジュール化し、可能な場所には2つ以上の機能をもたせることに決まる。なすべきことは、最大限に単純化すること、組み立て式にすること、簡単に変形できること、である。つまりは、軽くて丈夫なモジュール化された構造体を作る、ということになる。

　この構造体を組み立てるのに最適な素材として、鉄筋が選ばれる。用いる技術は電気溶接。縮尺模型ではなく、いきなり実物模型を作る。どちらを作るにしても同じくらいの時間がかかるのだから、耐久性、部品の組み立て、重量の限界、柔軟性の限界について実験するために、実寸で模型を作ることにしよう。

　構造の基本モジュールは20×20cm（4本の支柱）、下位モジュールは10×10cm（2枚の平台）と、5×5cm（いろいろな収納）。垂直に立つ支柱はそれぞれ、15×15mmの角パイプ2本と、同じ寸法のU型の鉄1本。それに4つのつまみナットとネジだけで平台を固定する。ところがこれではぐらぐらして、安定しない。そこで解決案として、平台に、U型の支柱の内寸と同じ寸法の角鉄を溶接する。その角鉄の中央には孔を開け、支柱の孔（20cm間隔で開けられている）に合わせて固定できるようにする。このようにして、ベッド用平台は完璧に支柱に取り付けられる。この平台は、10×10cmの鉄網で（鉄筋は6mm）、ベッドとしても、物置台としても利用可能。鉄網は、まるで橋脚のような骨組みにより支えられる。残りすべてのパーツは、付属の専用フックに引っ掛けて取り付ける。そのため、本棚、収納棚、机は、ネジを使わず、簡単に取り外すことができる。全体をまとめるのに、たった8つのつまみナットしか用いられないが、頑丈

な構造になった。ところで見た目は？——竹のようにしなやかではないか。

実寸で模型を作る（可能な場合）ということは，その性能を実際に試し，予想外の誤りを訂正し，製造前にすべての必要事項を確認するということである。つまり，二度手間を省き，行ったり来たりの作業をせずに済むのである。いったん模型上で細部を決定してしまえば，実物のために新たに製図を描く必要もなくなる。

　全体をエポキシ樹脂で塗装することに決める。これは錆を防ぎ，フックの持ちを良くするためである。

　製造に入る前に，荷量のテストもしておこう。この構造体は50kgで20人の重さまで耐え得る。ただし，子供20人です。

読者カード

みすず書房の本をご購入いただき,まことにありがとうございます.

書　名

書店名

・「みすず書房図書目録」最新版をご希望の方にお送りいたします.
　　　　　　　　　　　　　　　（希望する／希望しない）
　　　　　★ご希望の方は下の「ご住所」欄も必ず記入してください.
・新刊・イベントなどをご案内する「みすず書房ニュースレター」（Eメール）を
　ご希望の方にお送りいたします.
　　　　　　　　　　　　　　（配信を希望する／希望しない）
　　　　　★ご希望の方は下の「Eメール」欄も必ず記入してください.

(ふりがな) お名前	様	〒
ご住所　都・道・府・県		市・郡 区
電話　　　　（　　　　　）		
Eメール		

　　　ご記入いただいた個人情報は正当な目的のためにのみ使用いたします.

ありがとうございました.みすず書房ウェブサイト https://www.msz.co.jp では
刊行書の詳細な書誌とともに、新刊、近刊、復刊、イベントなどさまざまな
ご案内を掲載しています.ぜひご利用ください.

郵便はがき

料金受取人払郵便

本郷局承認

6392

差出有効期間
2025年11月30日まで

113-8790

東京都文京区
本郷2丁目20番7号

みすず書房営業部 行

通信欄

ご意見・ご感想などお寄せください．小社ウェブサイトでご紹介させていただく場合がございます．あらかじめご了承ください．

耐荷量のテストでは，すばらしい耐久力が実証された。

ここで，この製品に名前をつけよう。ABITACOLO（アビタコロ）と呼ぶことに決定。

　写真撮影し，リブレットを刷る。以下は作者がリブレット用に書いたもの。

　　アビタコロってなに？　セスナなら，操縦桿や計器が装備されたパイロットの場所。ジェット機なら，もう少し広い空間の操縦室。自動車なら，どんな車種でも，人を乗せる空間。宇宙船なら，宇宙飛行士が生活し飛行を制御する空間。そう，アビタコロとは，本質的なサイズの居住可能空間のこと。喩えるなら，秘密の隠れ家，その人の世界を形作るすべてのものが置かれた内的な場所。
　　大人たちの家に，子供のアビタコロがいつもあるわけではない。恵まれた子供は，自分だけの部屋をもち，好きなように飾ったり物を置いたりできる。他の多くの子供は，ベッド，机，椅子，本を置く場所，服を入れる旅行鞄しかない。周囲から孤立して，勉強したり，瞑想したり，何かを書いたり，好きな音楽を聴いたり，読書したり，眠ったり，友達とおしゃべりしたりするアビタコロはない。
　　そこで，このアビタコロが誕生した。これはさしあたり，構造の点，美的 - 個人空間であるという点，そして何より経済的な点から，問題が解決されるように意図されている。
　　アビタコロは，プラスチック加工されたスチール製で，その本質だけを残した構造である。構造のモデュールは20cm。これによりアビタコロは一貫したフォルムとなって，機能に応じていかようにでも組み立てられるようになった。プラスチック加工については，エポキシ樹脂を200度で溶解させ，スチールに塗装した。その色は中立的なグレーである。
　　組み立て方はじつに簡単。たった8本のネジでしっかりと固定できる。角張った4本の支柱は，2つの台に上る4つの梯子にもなる。この6つの部品の他には，長さ80cmの4枚の棚板がある。
　　机は，好きな高さでアビタコロの側面に設置し，傾けることも可能。2つのスチールラックはアビタコロのどこにでも引っ掛けることができ，本棚は内側に付けても，外側に付けてもいい。付属品として20個のホックがあるので，好きなものを好きな場所へ掛けることができる。総重量は50kg，たいへん頑丈な造りとなっているので，20人乗っても大丈夫。あまり狭さを感じることもない。
　　この新しい住まいの道具にかかる費用は，すべての設備を単品でそろえるよりも少なくすむ。つまり，机，ベッド，本棚，収納，平台，4つの梯子の合計より安い。アビタコロは，まったく中立的で，

ほとんどその存在に気をとられないようにと作られている。外観が周囲を圧倒することもなく，ただ本質的な構造をしているだけ。他の住人が侵入しようとすれば，さっとその姿を消し去ることもできる。

　高さ２メートル
　エポキシ塗装のスチール製で
　本質的な構造の
　区切られて開かれた空間に
　１人か２人で住む
　20人乗っても大丈夫
　そんなに狭くもない
　重さは50kg
　サイズは 20 × 80cm
　これは影のないおおきなモノ
　これは住むモデュール
　これは自分のものをなんでも入れられる
　アビタコロ
　ミクロコスモスのコンテナ
　プラスチックスチールの胎盤
　瞑想の場所
　そして
　好きな音楽を聴いたり
　本を読んだり，勉強したり，
　人を呼んだり
　眠ったり
　軽くて，透けて
　閉めることだってできる
　みんなのなかの隠れた空間
　わたしひとりの秘密の空間
　そのたたずまいを見れば装飾なんていらない
　ホコリの居場所なんてない
　最小で最大
　製造番号の限られた
　アビタコロは
　住む人の個性にあわせて
　いつでも変身する

アビタコロを組み立てるのは楽しい。子供も大人も，みんなが参加する。赤いカバーが掛かってるって？ それは，ここの住人になる人が選んだ色。アビタコロにも個性が出てきた。

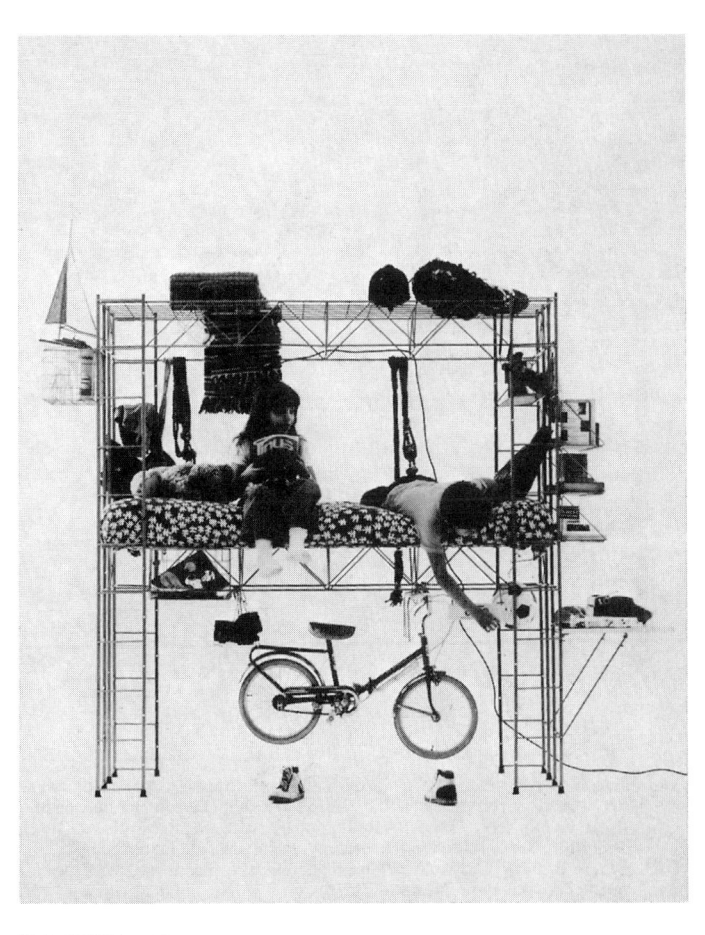

彼らのアビタコロ。
ベッド台は真ん中に。ベッドの下の空間も有効に利用したいようだ。

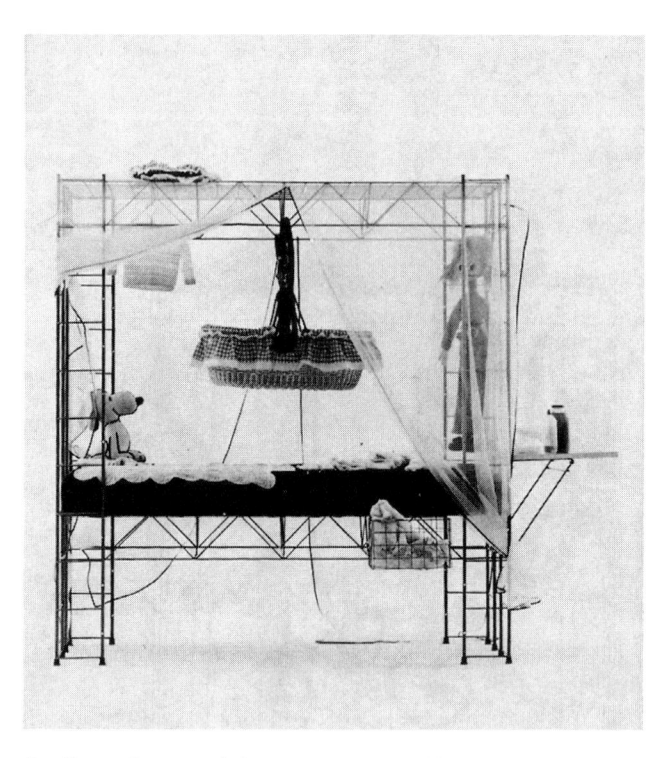

赤ん坊のアビタコロ。赤ちゃんはベッドの上に吊るされたカゴのなかで眠っている。ベッドはおむつ替え台に。カゴはきれいな色のリボンで吊るされ，机は物置として使われる。干されているのは下着のシャツ。何人かのキャラクター人形が赤ちゃんに付き添っている。全体に掛けられたヴェールは，飛んでくる虫から護るため，そしてほんの少し……水入らずの時を過ごすため。

ベッド台を上下に設置して，生成りのカバーで覆えば，浜辺のキャビンになるかもしれない。そのときは本棚は内側に向ける。床にはチップボードを敷いてもいい。

閉じたアビタコロ。最小サイズは底辺 80 × 48cm，高さ 2m。照明は好きな場所に吊るせるガレージランプ，目の細かいメッシュ板は本棚や収納棚として使う。

パッチワーク

　依頼された問題は以下：あるグループ展のためにパッチワークを企画すること。

　問題の決定：ここではキルト地の掛け布団（ダブルベッド用）を企画する。大きさは 270 × 270cm。必要となる技術はパッチワーク。パッチワークとはいろいろな布片を，素材そのものが表情豊かな装飾となるように縫い合わせて仕上げる手芸の技術である。

　問題の解体：この種のモノは，ある一定量のさまざまな布地から構成される。布地は，組み合わせることのできるかたちに裁断し，コラージュをするようにして必要な大きさになるまで縫い合わせる。パッチワークの裏には同じサイズの布地があり，表裏 2 枚の間にキルトの中身となるアクリル綿がはさまれている。

　必要な作業は，以下（順に）：定められた基準にしたがい布地を選ぶ。モデュール化されたかたち，あるいはそうでないかたちを決定する。フォルムと色を組み合わせる。その他，仕上げのための細部を決定する。

　データのリサーチ：この種の作業について扱った出版物はあるか？1972 年にローザンヌの装飾美術館で，世界中の作品を集めた展覧会が開催されている。『Quilts』というタイトルのカタログもどうやらあるようだ。カタログを探し出し，多くの作品を見る。作品のいくつかは，いやむしろその大部分が，幾何学的構造をもっており，まるで床のタイルのように組み合わせられている。その他，何らかのかたちを表わすもの，単純にカラフルな図柄の帯，きわめて繊細な色使いのもの，あるいは強烈な色使いのものなどがある。ほとんどすべての作

品に，線を平行移動させるという規則にのっとって繰り返される要素がある。

　収集したデータを分析した結果，まだ実験を試みる余地はありそうだということが分かる。パッチワークの問題は，ある一つのユニットを構成するのに，いろいろな布の切れ端を利用したいと思うことから生まれる。これは，リサイクルや経済性の問題でもある。

創造力：この分野で，なにか新しいことができるだろうか？　これまでに一度もなされてないこととは？　どうすれば制作時間を短縮できるか？　かたち，色ともに，好ましいものとは？

すでに着色されている布や，装飾されている布の代わりに，未加工の，しかもさまざまな性質をもった布を用いて縫い合わせ，そのあと単色で染色してはどうだろうと考える。それぞれの布は，その性質ごとにたった一つの色を吸収するのではないだろうか。

利用可能な素材と技術：さまざまな性質をもった未加工の布を探し出す。例えば，ウール，コットン，シルク，ヘンプ，ジュート，ナイロン，その他の人工繊維など。そして，滑らかな生地，あるいは細工された生地，タオル地，サテンなども。だたしどれも未加工の生地を用意する。

実験：正方形に切った未加工の布を，一つ一つ列にして縫い合わせる。そして，帯状になった布を単色で染める。仕上がりは最高。それぞれの布が，さまざまな色を吸収した。ただし，アクリル地は白のまま。そこで，複合的な色を使うことにして，ヴァイオレットを選ぶ。ヴァイオレットは，マゼンダレッドとトルコブルーを混ぜた色で，原色よりも豊かな色調を得られる。

この実験により，どのように作業すべきかを決定づけるモデルが生まれる。そこで，布のコンポジションというより，むしろ色彩のヴァリエーションを最大限に際立たせることにする。コンポジションは，あらゆる種類の布で作られた一続きの四角形になる。これが同じ順序で繰り返され全面を覆う。コンポジションが与える単調さゆえに，色彩のヴァリエーションが映えるだろう。

この場合も図面は不要，口頭によるコミュニケーションだけで充分である。

そうして，このパッチワークは制作される。レッドにはじまりヴァイオレットまで，ウールのオレンジにはじまり，ジュートのブラウン，コットンやリネンのさまざまなスミレ色まで，すべての色調がこのパッチワークに表わされる。

　考察：この企画により，この種の作業——掛け布団だけではなく，タペストリーなどの織物や装飾的なコンポジション，そしてレナータ・ボンファンティのラボで作られているような，性質の異なる糸で織られた生地に至るまで——の新たな方法が実験された。このような作り方は，学校で行うべき作業をも示唆するかもしれない。さまざまな未加工の布でイメージを作り，それをコラージュのように組み合わせ，単色で染める。ひょっとすると，タオル地の草原，ジュートの山，リネンの空，アクリルの月（白のままだから），ヘンプの幹，コットンの木などが描かれた，小さなタペストリーができるかもしれない。

ニットのランプ

　問題は以下：ほどよい明るさのフロアランプを企画設計すること。機能的であるだけでなく，装飾的なフロアランプ（装飾といっても，もちろん応用芸術での意味合いではなく，みんなにとって好ましいフォルムを指す。要するに自然で，論理的なフォルムのこと）を考える。さらに，問題となっているモノは，限られた費用で作られ，組み立ても簡単で，使用の際には大きく，在庫の際にはきわめて小さくなるようにする。費用のかかる骨組みや仕組みは要らない。実用的で耐久力があり，洗濯可能なものがいい。

　このような性質のランプは，現在の市場にはほとんど見当たらない。唯一あるとすれば，それはおそらく，日本の，紙と細い竹ヒゴからできているあのランプだろう。日本では袋に入って，デパートなどで売られている。集めたデータを分析した結果，この紙製のランプは壊れやすく，また非常に光を吸収するので黄ばみやすく，洗濯できないことが判明。もともとは比較的低価格なのだが，イタリアにやって来ると，素材の割に高価格となってしまう。

　そこで，黄ばまず，光を通し，洗濯可能，なおかつ工場で生産でき，手に取りやすい価格となるような素材を見つけ出さねばならない。ニットメーカーの工場では，伸縮するニット製のチューブを製造している。ならばこの伸縮するニットのうちの一つを使って，どんな種類のフォルムを作ることができるのか試してみよう。それから，光と一緒に用いるとどのように変化するのかも確認する。

φMIN

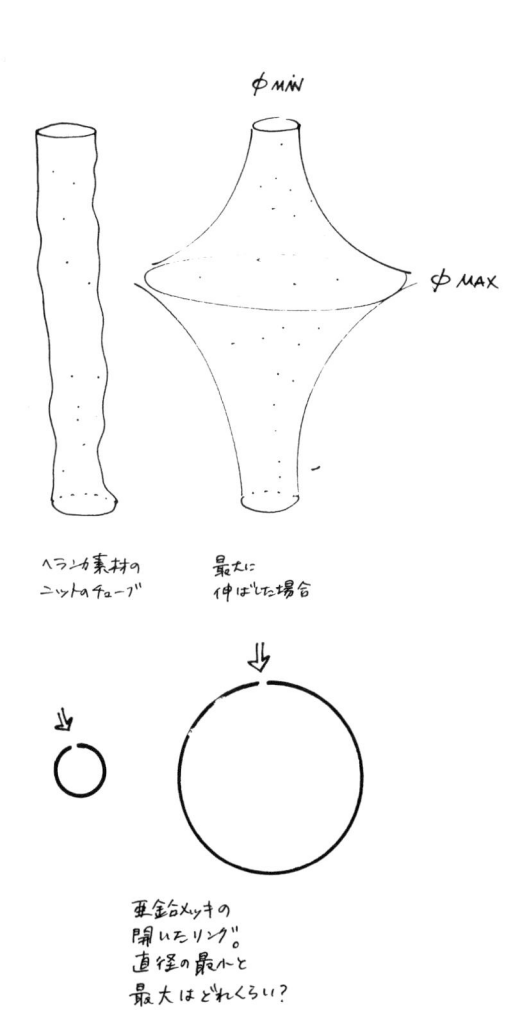

φMAX

ヘランカ素材の
ニットのチューブ

最大に
伸ばした場合

亜鉛メッキの
開いたリング。
直径の最小と
最大はどれくらい?

したがって素材は，ニット工場で選ばれ，それ以外のものは，鉄筋とアルミ部品の製造工場で，手作業で作られる。

　ニット工場に，最小の直径で最大の伸縮性をもつ筒型ニットの見本作成を依頼する。ニットの目の細かさは光の拡散具合を見ながら検討される。これに平行し，開いたスチール製リングも作ってもらう。これは伸縮性についての最初の実験に使われる。

　実験は，素材の伸縮性と，直径の異なるリングの取り付けについて行われる。取り付けられる直径は，最大 40cm，最小 20cm という結果になった。吊り下げ式のランプを作ると決定されるが，これは吊り下げるランプの方が床に設置するランプよりも安くできるからである。リングによるテンションと重みによって，ニットのチューブは，魚籠に似たフォルムとなった。

　実寸大モデルを作り，金属のリングをどこに付ければ美的なランプになるか，その配置をテストする。まず，全長 2 m のニット・チューブ全体に，15cm の等間隔で印をつける。これは空間をモデュール化するためである。そしてニットに金属のリングを差し込み，上記の間隔で配置するとどんなフォルムになるのかを観察する。すると第一の不具合が出てくる。それは，すべてのリングが水平かつ平行になるよう固定するにはどうすればいいかということだ。手作業で行うと，かなり手間がかかりそうだ。そのわりに，最高のできばえになるとは思えない。そこで，縁を作るようにチューブを縫う。縁にはリングを差し込めるように，孔を作っておく。こうしてリングは縁のなかに差し込まれ，それぞれが平行となって固定される。

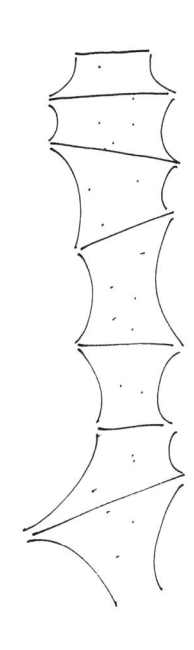

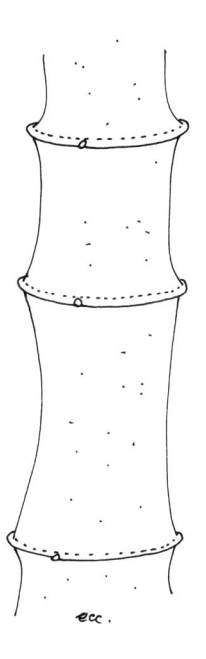

問題：ニットにリングを
水平に固定するには
どうすればいいか？

開いたリングを
通し入れるために
稼くを作るように
縫う。

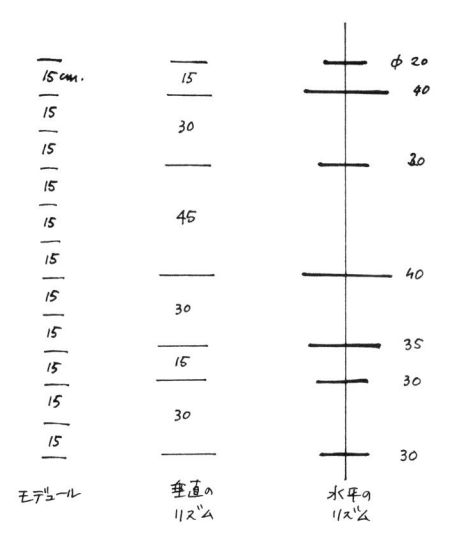

```
 15cm.         15           φ20
 ─────        ─────        ━━━━━
  15                         40
 ─────         30          ━━━━━
  15          ─────
 ─────                       20
  15                       ━━━━━
 ─────         45
  15          ─────
 ─────                       40
  15                       ━━━━━
 ─────         30
  15          ─────          35
 ─────         15          ━━━━━
  15          ─────          30
 ─────                     ━━━━━
  15           30
 ─────        ─────          30
  15                       ━━━━━
 ─────

モデュール    垂直の       水平の
              リズム       リズム
```

　さて次に，そのリングにリズムを与えることが問題となる。15cm毎の配置は平凡な繰り返しでしかない。何回かのテストの後，15cmを基礎としたリズムで固定されることになる。そのリズムは上から下へ次のように構成されている：15−30−45−30−15−30。この箇所にだけ，さまざまな大きさのリングが通される。

　こうして，リングの数，大きさ，間隔によって，さまざまな長さやフォルムを作ることができた。

　このランプをメートル単位で販売できるかどうかについても検討した。その場合，客の買い求める長さに応じた分だけリングをつけて販売する。

可能なフォルム

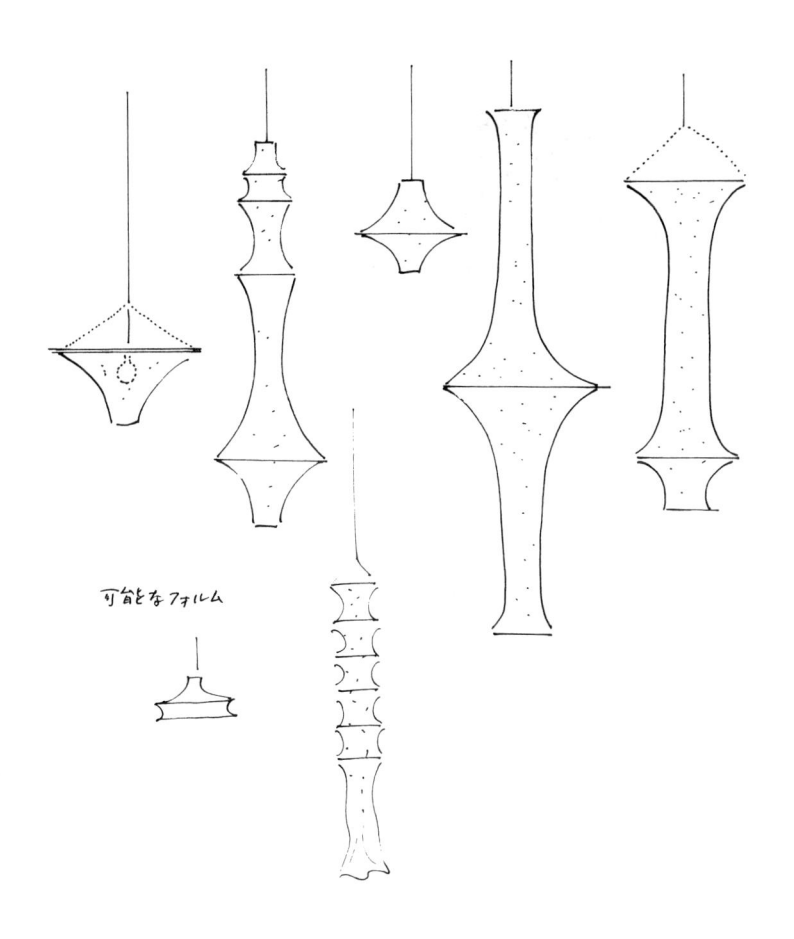

　販売は，あらかじめ15cmでモデュール化されているチューブ状のニットに，輪を通すための縁も付けて行われるはずであった。しかしながら，この提案は商業上の困難に突き当たった。というのも，このサービス専門の担当者が必要となり，そうなると一般消費者からは承知されにくいほど費用がかかることになる。

論理的
フォルム

⇓

重さによって
伸びる

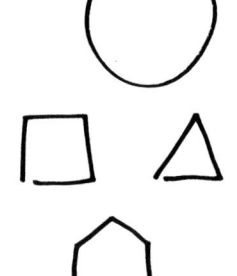

最終フォルムは
モデュールイヒ、さまざまなリング
素材の伸縮性、重さによって
決まる。

なぜ他のフォルムでなく
丸いリングにするのか？
角があるとニットを
破ってしまうかもしれないから.

　したがって，あらかじめリングを通した中位の長さのモデルを採用し，高さ3cmのケースで包装することに決める。吊り下げられたランプの長さは，重力により15cmのモデュールの合計よりも長くなる。つまり重力そのものがこのランプのフォルムを決定するのである。

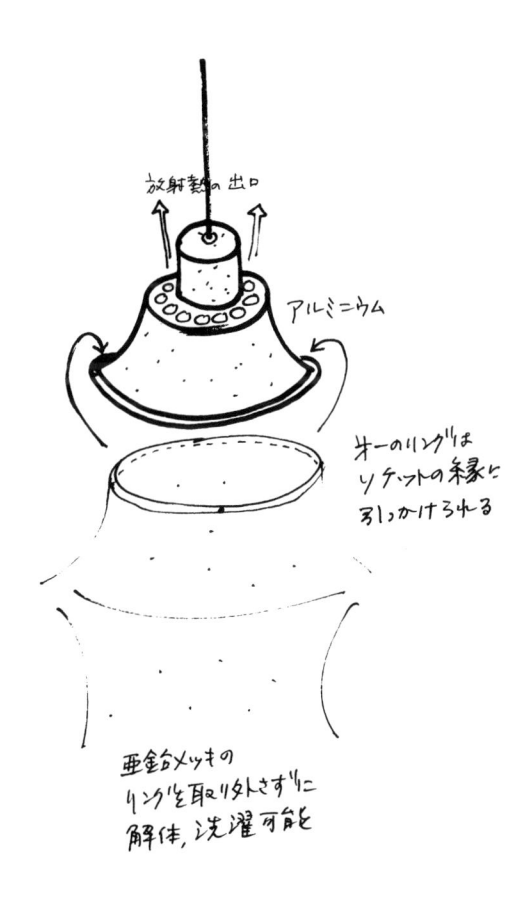

図中の書き込み:
- 放射熱の出口
- アルミニウム
- 第一のリングはソケットの縁に引っかけられる
- 亜鉛メッキのリングを取り外さずに解体、洗濯可能

アルミ製のソケットをデザインする。これは電球を収め，ニットに通された第一番目のリングを引っ掛ける機能をもつことになる。もっとも適した電球は，反射鏡のついた 100W の電球。

この場合も，すでに実物大のモデルがあるので，製図は不要。

　さまざまなポジションからランプの写真を撮る。例えば，ランプだけの写真，またはインテリアのなかのランプの写真というように。梱包材は，白いボール紙に写真入りのラベルを貼って作る。組み立てのマニュアルは不要。ランプを箱から取り出し吊り下げれば，ひとりでにかたちをとる。

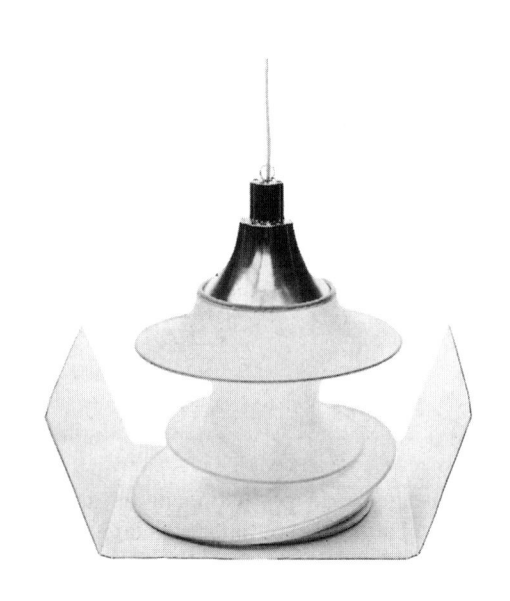

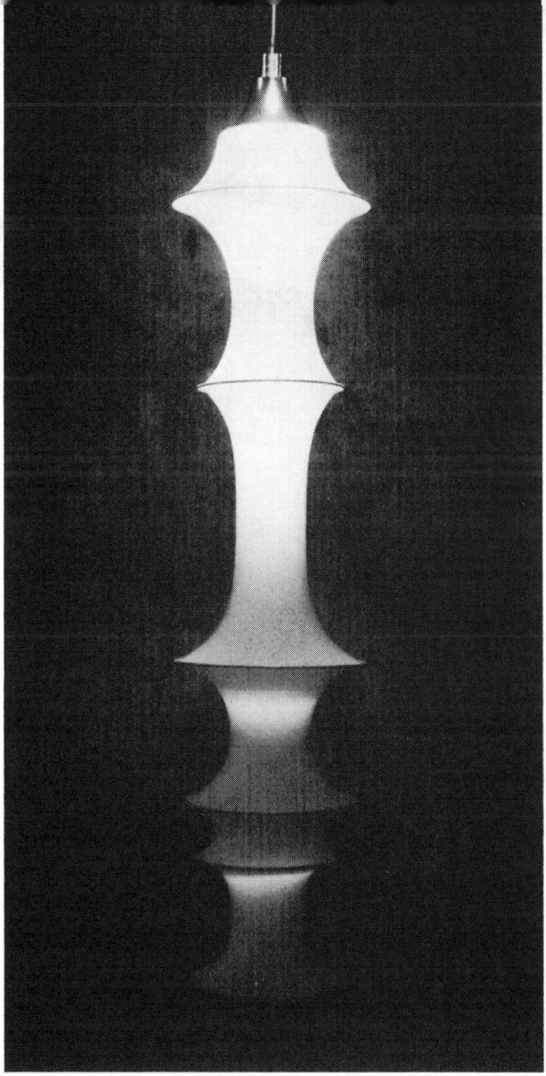

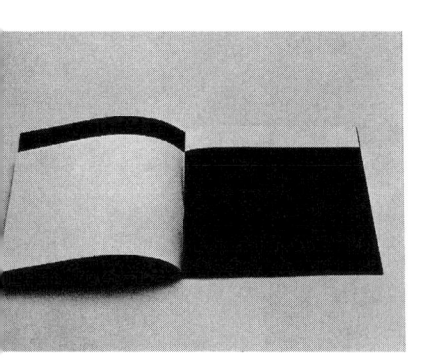

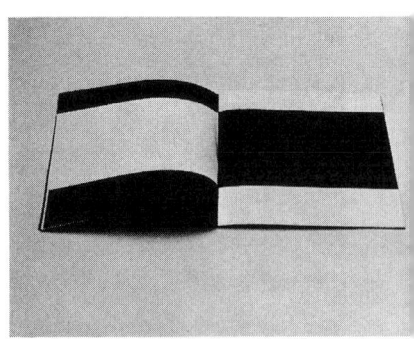

読めない本

　これは出版物の素材と技術について,ヴィジュアル・コミュニケーションの可能性の実験をする問題である。

　普通,本と考えると,さまざまなジャンル,例えば,文学,哲学,歴史,エッセイなど,ページに印刷されるテキストについて考える。紙,装本,インクの色など,本をモノとして作り上げるすべての要素については,ほとんど関心が払われない。印刷の文字についてもそうであるが,行間の白いスペースや余白,ノンブルその他に至っては,見向きもされない。

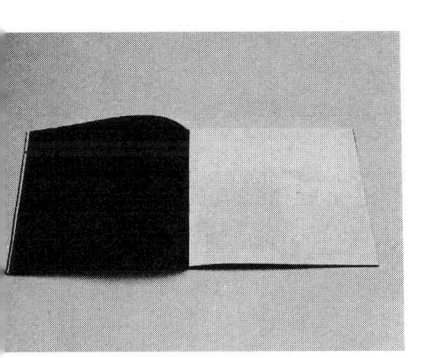

この実験の目的は、一冊の本（本文は除く）を作るための素材を、視覚言語として用いることができるかどうかを調べることだ。つまり問題となるのは：一冊の本を作るための編集手段だけで、視覚的、触覚的にコミュニケーションできるか、ということ。すなわち：印刷された言葉に依らない、モノとしての本は、なにかをコミュニケーションできるのか、そしてその場合、なにをコミュニケーションするのか、ということである。

　問題が突き止められ、定義づけられたなら、構成要素に解体していく。普通、本はわずかな種類の紙で作られ、2、3の異なる方法で装本されている。紙は、テキストやイラストの媒体として用いられ、なにかを「コミュニケーションするもの」としては用いられていない。本を作り出す素材がもつヴィジュアル・コミュニケーションの可能性を実験しようと思うのなら、すべての種類の紙や判を用いて試作しなければいけない。つまり、さまざまな装本、版木、フォルム（紙の）、それからさまざまな原料からなる紙、紙そのものの色やそのテクスチャーなど、いろいろ試してみる必要がある。

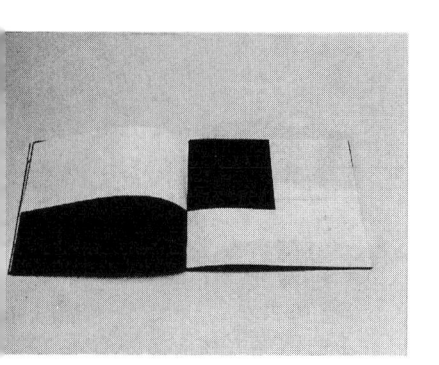

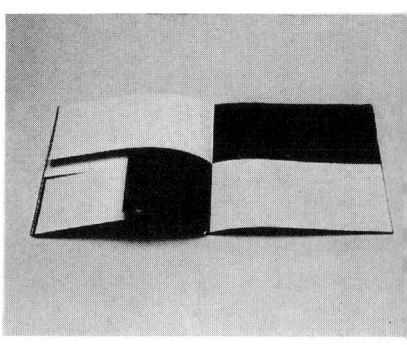

データの収集：このような問題は，出版界でいまだかつて取り組まれたことがないと分かる。特別な出版物の場合にだけ，テキストに重要性を与えようと紙は吟味されるが，やはり本の主体となるのはつねにテキストであって，本（本文は除く）がコミュニケーションするモノにはならない。ほとんどの本が，費用面から選ばれた紙で装丁され，その色は白か，やけに明るい色。そして印刷はたいてい黒でなされている。

集められたデータの分析をするはずであるが，それは後にまわし，ここではクリエイティヴな実験に利用できる素材のリサーチに入る。この場合における創造力は，問題が提示された際にすでに予想されているだろうが，実験とモデルの制作で発揮される。

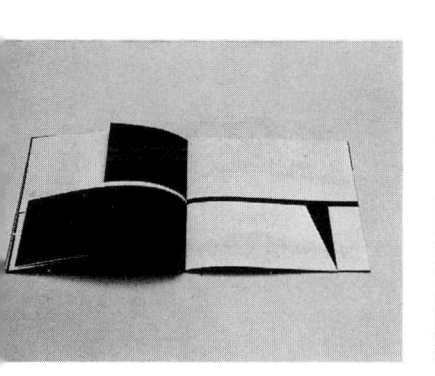

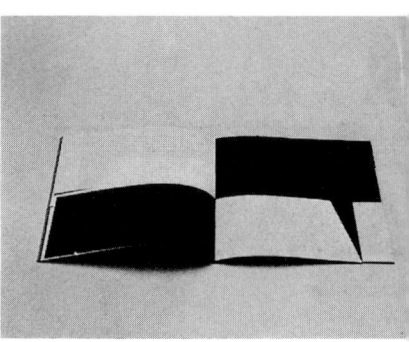

したがって，すべての可能な紙を調べる。印刷用紙にはじまり，包装紙，半透明紙，ザラザラの紙，ツルツルの紙，再生紙，薄葉紙，パラフィン紙，タール紙，プラスチック紙，純粋なセルロースからできた紙，粗悪な紙，藁半紙，植物紙，合成紙，柔らかい紙，硬い紙，しなやかな紙，というように。

　ここで，すでにいくつかの発見がなされる。というのは，例えば紙が透明なら，それは透明性を伝達し，もし紙がザラザラしていれば，それは表面の粗さを伝達するからだ。ある"章"がトレーシングペーパー（建築家やエンジニアがその設計に用いる紙）で構成されていれば，それは霧の感覚を与えることになる。つまり，ページを繰っていくと，まるで霧の中に入っていくかのような感覚を与えるのである。この効果は，1968年にエンメ出版より刊行された私の本『ミラノの霧のなかで』で用いられることになる。つまり，どんな種類の紙でも，その質を伝達するのだ。これは紙の潜在的な性質であり，コミュニケーションの要素として利用できる。ここで得られた知識と実験から分かったことを，どのように関係づけるのかについては後で言及する。

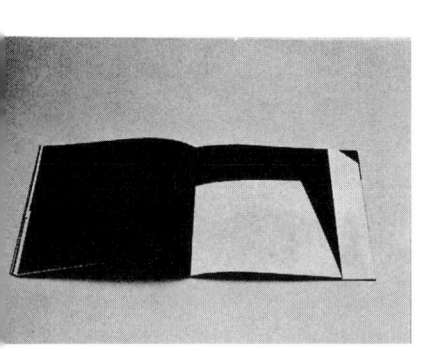

もう一つの実験は，ページのフォーマットについて行う。同一規格のページなら単調な効果を伝達し，異なるフォーマットのページならより伝達的になる。だんだんと増やしたり，減らしたり，横断したりと，なにかしらリズムをつけてフォーマットを構成すれば，視覚的リズムをもった情報を得ることができる。ページを繰るとは，時間のなかで起こる一つの行為であり，つまり視覚的‐時間的リズムに関わることなのである。

　そこで2色の紙を使ってみたらどうなるだろう。白い紙と黒い（あるいは赤い）紙を交互に綴じればリズミカルな効果が強調されることになる。

　白と黒のページで，このモデルを作る。ページを繰るたびに白と黒の構図が変化するように，紙に水平，垂直，斜めの切り込みを入れる。そのとき，白と黒の分量，その配置，紙のフォルムも変化するように工夫する。この変化は，まずいくつかの水平の切り込みから始まる。この切り込みは1枚のページを2つの時間で繰ることができるように

するものである。つまり第一の切り込みは、1ページ目の上部に、第二は次の黒いページの下部に、第三（つねに水平に）は、その次のページの真ん中あたりに入れる。そのページの半分を繰ると、次の黒いページに入れられた垂直の切り込みが見える。それもそのはず、黒いページは垂直に切られた半分のページでしかない。次のページは白く、ふたたび水平の切り込みが入っている。垂直の切り込みと入れ替わるように、斜線が入り、しまいには白いページの右角にほんの小さな切り込みが見える。次のページでは、左の下部に、より大きな切り込みが入り、そし最初のページのように水平の切り込みが戻ってくる。

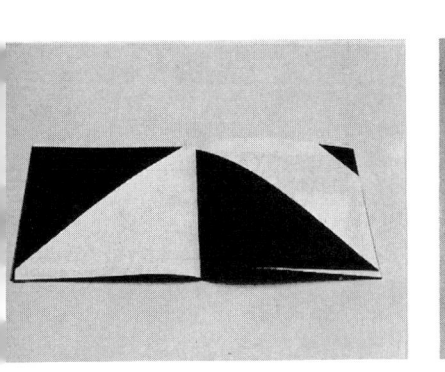

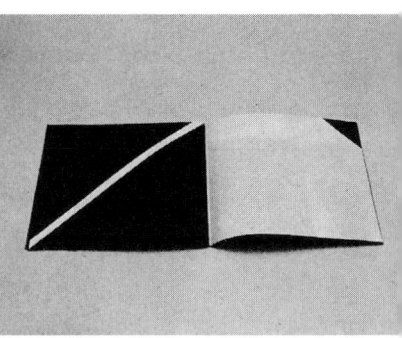

次の白いページには，きっぱりとした対角線の切り込みがあり，それに続く黒のページにも同様の切り込みが入れられる。この２つの切り込みが重なると，左ページ全体を斜めに走る白いスジができる。白の右ページには，角に小さな切り込みを入れることになり，こうして，白と黒の表面での空間－時間的リズムをもった構図は閉じられる。

この《読めない本》のモデルは，たまたま開いたページから使うことも，どこでも好きなページから前に進むことも，後ろに戻ることも，白と黒を組み合わせることも，解体することもできる。

ここに再現した写真では，いくつかのシークエンスを見ることができるが，その他にも好きなように組み合わせて作ることができる。

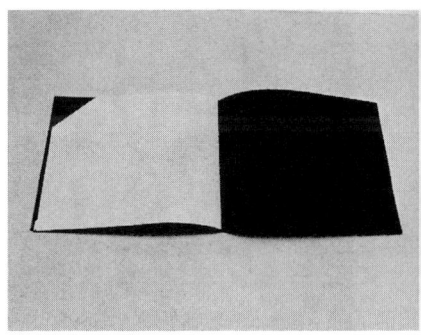

この本はのちにオランダのとある出版社から刊行された。彼らはわたしにこう手紙を書いてきた。「私たちの出版社は部数に関しては問題ありません。問題なのは，その質です。あなたの本を出版させてはいただけませんか」。この本は1955年に23.5 × 23.5cmの判で制作された。白と赤の紙に，グレーの厚紙の表紙で，2000部刷った。出版社はアムステルダムの，Steendrukkerij de Jong & Co社。

最初の読めない本は，数種類の素材で作られ，1950年にミラノのサルト書店に初めて並べられた。数冊は手作りだった。そのなかの一冊は，1967年にニューヨークの近代美術館から出版されている。

　1980年にダネーゼから刊行された《本の前の本》も，モノとしての本がもつ，視覚と触覚の可能性を探るこの実験から生まれた。この本については，別のところで語ろうと思う。

　その他，この実験から生まれた子供のための本は，1952年にイタリア，ムッジャーニ印刷出版所から発売された『闇の夜に』だ。この本は16枚の黒い紙と，ブルー（これが夜を表わす）のイラストによって構成されている。半透明の紙の章では，緑の草むらにいろいろな虫がでてくる。虫たちは草むらに隠れていて，ページを繰るにつれて姿を現わす。最後は，サンドグレーの小包用再生紙の章（ここも16枚）で，さまざまなものが混じった再生紙（地面を表わす）に，型で

抜いて洞窟を作り，いくつかの画を黒で印刷した。多くの出版社から「テキストがない」ために出版を拒否されたこの本は，印刷所でもある出版社ムッジャーニ社により出版され，のちに版も重ねた。

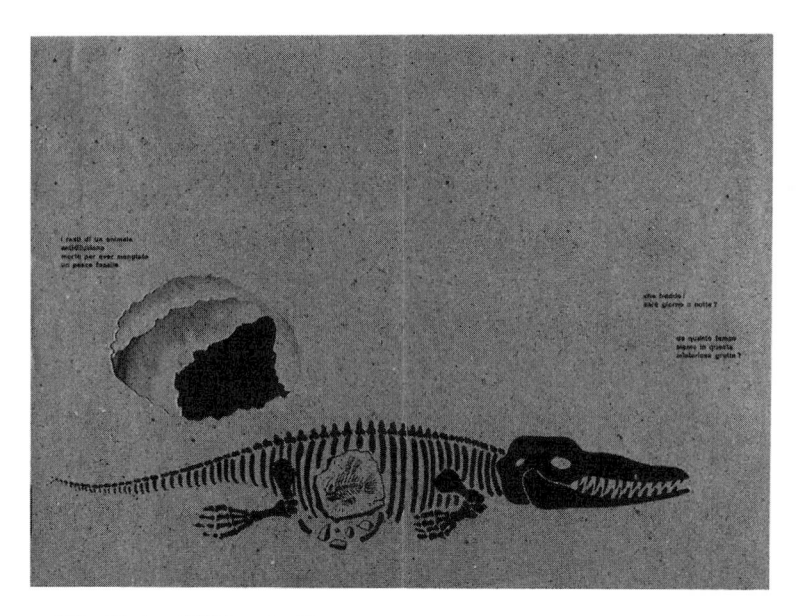

『闇の夜に』の見開き2ページ

本の前の本

　みなさんが思っている以上に，一度も本を読んだことがない人がいる。それ以外の人は，学校用の本を買って読むことを義務づけられていても，その後には「本はもういいや」と言う。みなさんが思っている以上に，そうした人々は性格が良かったり，親切で心優しかったりすることもよくある。あるいは経済的に大いに成功した人だったり，世界の出来事を知るのにゴシップ週刊誌で事足りている人だったりもする。

　そうした人々は，本には「知」があるということを知らない。本のおかげで，人は物事の知識を増やすことができ，起きる事柄の多くの側面を理解できるということを知らない。本は他の興味関心を目覚めさせるということを，本はよりよく生きるための糧となるということを，知らないのである。

一つまみのやわらかな白い毛。触ったり，吹いたりできる。

　学校で，難しい本や退屈な本を読まされたからという，たったそれだけの理由で，本と呼ばれるモノにはいっさい興味を持たないと決め込んでしまった人々に，こうしたことを理解させるには，どうすればいいのだろう？

　年老いた人は，考え方を修正するのに大変苦労するとよく言われる。それはまさしく，人生の初期に習得した事柄が，そののちずっと膠着した規則のように居残り続けるからである。多くの人にとって，その規則を変更するということは，まるで安全を失い，危険をおかして見知らぬ状況に飛び込むようなことだ。
　知識を増やし，より柔軟で，繰り返しの少ない精神を備えた人を形成しようとするこの問題の解決とは，成長過程の人間に心を配ること

たった3ページからなる木の本。カスタネットみたい！　おもしろい！

である。ピアジェが教えるように，人生の初期段階に知性は形成される。子供は，人生の初期段階に，すべての感覚受容体を通して周囲の環境を理解する。つまり，視覚や聴覚だけで周囲を理解するのではなく，触覚，熱感覚，物質感覚，音感，嗅覚などを通じて，世界を知覚し，理解するのである。

　そこで，本のように見える一揃いのモノを企画してみようということになった。一揃いといっても，すべてが異なり，視覚的，触覚的，物質的，音感的，熱感覚的な情報ごとに作られる。ただし，判型は百科事典の一巻のように同じにする。すべての知を，あるいは少なくともさまざまな情報を収めるモノとなるように企画するのである。

　この小さな本──「小さな」というのは，3歳の子供の手のなかにも無理なく収まらなければならないから──は，さまざまな素材や装

シースルーの本。閉じていると黄色い玉でできたロザリオが見える。開くとロザリオははじけ，玉はバラバラに飛んでいってしまう。閉じればまたもとどおり。マジックかな？

本，そしてもちろんさまざまな色から作られる。それぞれの小さな本は，すべてに共通した唯一のタイトル，「LIBRO（本）」とつけられる。タイトルは，本を手にしたときに真っすぐとなるように配置される。表紙にタイトルを置き，本を裏返しても，もう一つの表紙——普通は"第四の"表紙と言われる——となるようにする。

　次に，本の中身である"メッセージ"の企画設計が行われる。まず考えられることは，どのように本を手にしても，メッセージが論理的な脈略をもつように，左右対称の本を作ることである。ちょうど，右から読んでも，左から読んでも等しく読めるいくつかのフレーズのようにである。これらのメッセージは，おとぎ話のように読み物として

白い円は，ページを繰るごとにだんだん大きくなる。しまいには，ページいっぱいに。おや？　白い円のなかにブルーの円が。それがまたどんどん大きくなって……

完結された物語であってはいけない。なぜならそういったものは，子供たちに反復や創造力の欠如をしいることになるからである。子供たちは同じ物語をなんども繰り返し聞かせてもらうのが好きだ。そして物語を聞くたびに，それを記憶し，しまいには大人になって，カラフルなセメントでできた七人の小人と白雪姫で田舎の別荘を飾るようになってしまう。こんなふうに，子供がしなやかな思考——経験や知識にしたがい，いつでも自身を変化させることができる思考——をもつ可能性は打ち砕かれるのだ。まだ間に合ううちに，人は思考したり，想像したり，空想したり，クリエイティヴでいる習慣を身につける必要がある。

オレンジのスポンジでできた本には、かたちの違う穴がたくさん開いている。重ねていくと、凸凹ができる。丸の穴、四角の穴、大きい穴、小さい穴。指を入れてもいい。大きな穴には腕も入る。なにがあるのかな？　穴から何が見える？

　したがって、これらの小さな本は、視覚、触覚、音、熱、素材による単なる刺激なのである。子供には、本はこんなふうにできていて、そのなかにはたくさんの驚きがあるんだ、という感覚を与えなければならない。文化とは驚き、つまりこれまで知らなかった事柄から成り立っている。だからこそ、その驚きを受け取る用意がなければならない。築き上げた城が崩れるのが怖いからといって、拒否してはならないのである。

　いつだったか、わたしが飛行機で北極の上空を飛んでいると（わたしは日本に向かっていたのだ）、明るい光にみちたグレーの霧の中に入り込んだ。まるで澄みきった空気の、大きなシャボン玉に入り込ん

硬いプラスチックの本では、霧のなかにネコがいる。ネズミも一緒だ。ページを繰っていくと、ネコの手がネズミの方へ。ネズミは逃げる。ところがまたページを繰ると、ついに！　最後にはどちらも霧のなかに消えてしまう。

だようだった。ある時点で、そのぼんやりと光を放つ霧の中が橙の光に染まった。夕焼けだった。ややあって、その光から白い円盤が現われた。月だった。白い円盤は消え、橙の光は燃立つような美しい赤になった。朝焼けだった。そのとき、わたしはこの驚きによって、朝日と夕日は相対する2つの視点から見た同一のもので、日暮れと日の出は連なってこの世界に現われるのだということを理解したのである。

　これらの小さな本は、さまざまな素材から、視覚的にも、触覚的にも異なるように作られている。紙を素材とし、ノートのようにホッチキスで綴じたもの。オレンジのスポンジ布をプラスチックのリングで

綴じたもの。黒の不織布を縫って綴じたもの。無色透明なビニールをはんだ付けで綴じたもの。明るい色の板を3枚，太いマニラ麻紐で綴じたもの。グリーンのカートン紙で普通の本のように綴じたもの。ピンクの布をピンクの糸で縫って綴じたもの。ヴィヴィッドな赤のコート紙をホッチキスで綴じたもの。マット仕様の硬いプラスチックをラフィア糸で綴じたもの。たくさんの色でたくさんのページがあるもの。グレーの厚紙と白い紙をスパイラルリングで綴じたもの。

それぞれの本には異なったメッセージがある。例えば，赤い本では，図案化された直立の人形がページを繰るたびに回転する。裏側から見ていけば，人形はふたたび直立する。緑の本にはアリがいる。本を開くと，1ページに1匹か2匹，いろいろな場所にいる。まるで上から見ているように。真ん中にはいくつかの丸い穴が開けられ，そこからは別のアリも見える。木の本は，触れて感じることのできる彫り込みが縦横に入っており，パタンと閉じればカスタネットのような音がする。ピンクの布の本には，ほとんどのページの中心にボタンホールのような小さな切り込みが入っていて，真ん中のページまでくると，子供は布に縫い付けられた白いボタンを見つけることができる。

スパイラルリングで綴じられたグレーの本では，色の3原色が印刷され，3枚のクリアカラー板を使って補色を作ることができる。つまり，ページを繰りながら，原色で印刷された単純な図柄に，レモンイエロー，マゼンダ，トルコブルーのクリアカラー板を重ね合わせると，補色ができるという仕組み。オレンジのスポンジ布で作られた本には，さまざまなかたちの穴が開けられており，子供たちはその穴に指を入れたり，中を覗くことができる。革の本では，赤の太い毛糸がすべてのページにわたって，上へ下へと通されている。

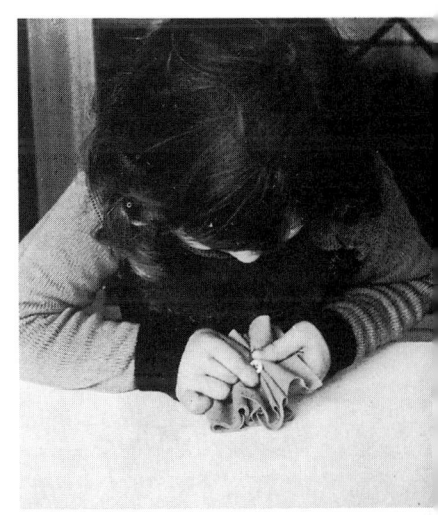

やわらかくてあたたかい，ピンクのフェルトの本では，ページの真ん中に小さな切れ目が入っている。ちょうど半分のページには，白いボタンがある。もしかして，このボタンでページを留められる？　じゃあ，試してみて。

　おおまかに言えば，子供はすべての感覚器を通じてさまざまな情報を受け取る。そして，こうしたモノは本と呼ばれるのだと知り，そこにはそれぞれ異なる情報があるということを知るのである。例えば，自然の本，体操の本，SFの本，ダイナミックな幾何学の本，想像上のおとぎ話の本，色彩の本，手品の本，やわらかくて手放したくなくなるような本（ライナスの毛布みたいに），といった具合に。

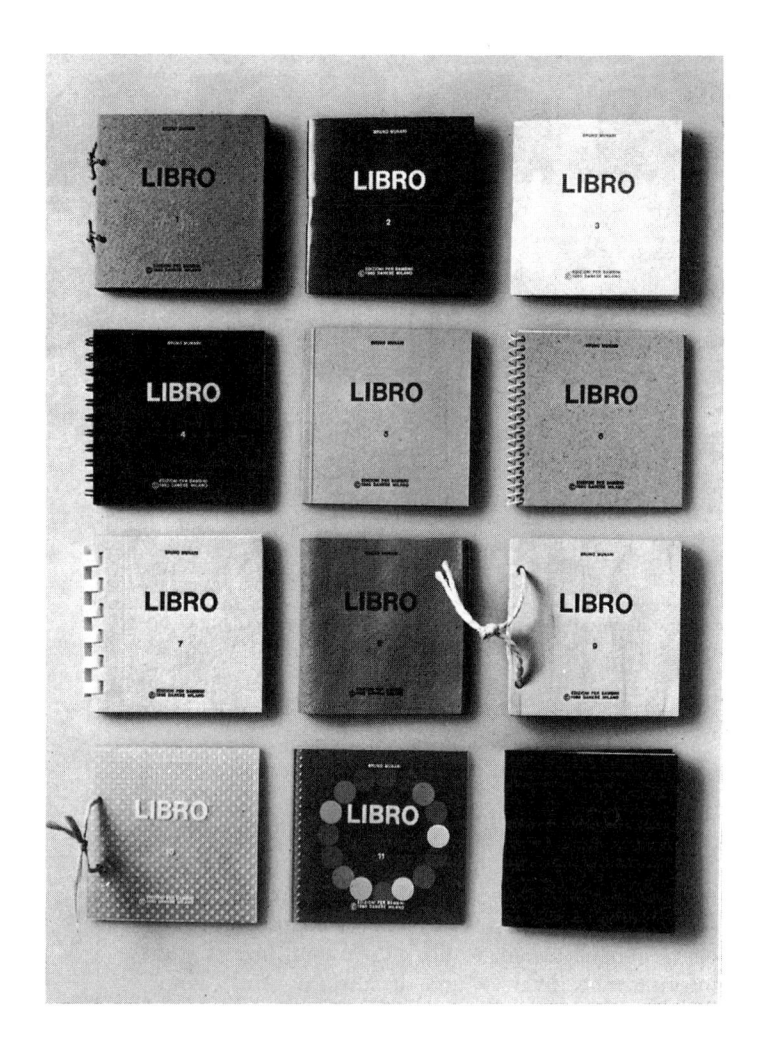

12冊の本。裏返しても，この写真とまったく同じになる。本の裏にも，タイトル「LIBRO（本）」とあり，これでもう子供に向かって「本の向きが違うよ，裏返しなさい」と言えなくなる。本という概念を最大限に簡素化することが重要。見た目，触り心地，重さ，素材など，子供がすべての感覚の下で，本はいいな，と記憶するように作る。制作，ダネーゼ，ミラノ。

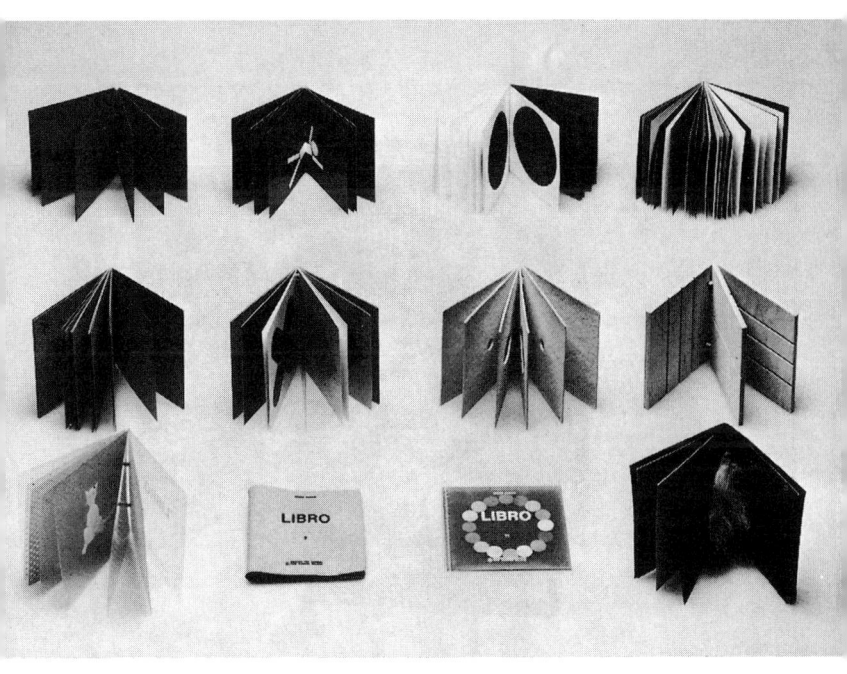

開いた《本の前の本》。

プロトタイプを何人かの幼稚園児に見せて，その反応を観察する。
モデルに変更や修正を加える。

最終モデルを製造ラインへ。

パッケージ，包装，ショーウィンドウや本屋に並べるためのクリアケースを用意。
宣伝の写真やパンフレットの準備。
幼稚園と連携して行う。

子供に多くのことを考えさせる本は，すべてのページに太い毛糸が通された厚紙の本。何を考えているのかな？

ティラックのスケッチ

遊びとおもちゃ

　子供のための遊びやおもちゃの企画設計は，さまざまな方法で取り組まれている。なかでも一番多いのが，遊びやおもちゃが子供の人間形成に実益をもたらすかどうかは問わずに，もっぱら市場での売上げに基づいてなされるやり方である。その場合，おもちゃ市場が要求するものを製造することになる。例えば，日中，ベッドの真ん中に座らせて置くようなバカバカしい人形や，あるいは，利潤を上げるために，服や靴を着せ替えたり，その付属品を取り替えたりする消費主義的な人形などがそうだ。それから，戦争やSFもののおもちゃ，現実逃避を目的としたゲームやおもちゃなどもある。

　私たちの"総売上高文明"において，製造者が気にしているのは，他人の無知を利用し，つけ込んで，何がなんでも儲けようとすることである。しかし，その私たちもまた，どこかの商業組織にとってはつけ入りたい"他人"である。ということは，ずる賢い人民は，利用された人民ともなる。なんとも愚かしいゲームではないか。

　遊びやおもちゃを企画設計するもう一つの方法は，個々の成長に何かしら有益なものを作ろうと考えるものである。もちろん，事業主にとって正当な利益を上げることも忘れずに。子供の成長にとって，何が有益なのかと考えてみる。それは，遊びながら，大人になっても役に立つ情報を与えるものではないだろうか。幼い頃に記憶した事柄は，その後もずっとその人の記憶に残る。ならば，繰り返しの人間ではなく，クリエイティヴな人間を，しなやかな考えを持ち，人生のなかで出くわすさまざまな問題——仕事を見つけることに始まり，自分の住居を計画したり，自分の子供を教育することに至るまで——を解決する精神を備えた人間を育成することも可能ではないだろうか？

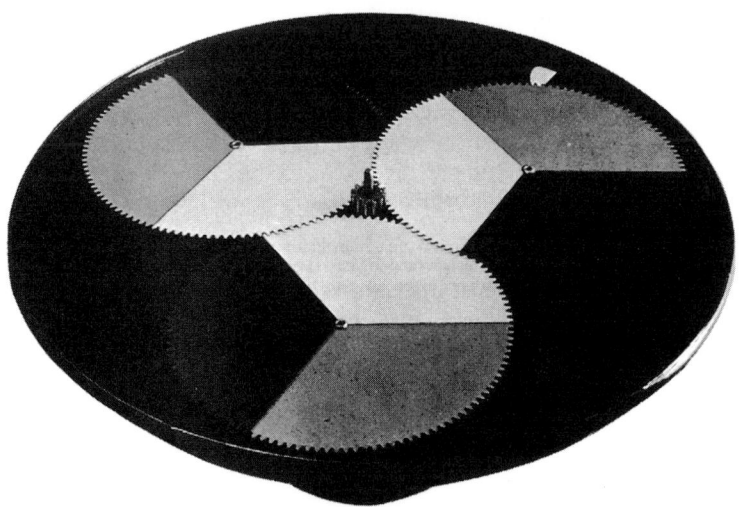

子供に色彩の構成を教える面白い方法。手で回すこのコマには，歯のついた3つの円盤がある。円盤の表面は3つに分けられ，レモンイエロー，トルコブルー，マゼンダレッドの3原色で着色されている。コマを回すと，円盤も回り始め（円盤の歯がコマのピボットと接触しているので），ヴァイオレット，グリーン，オレンジという補色を作り出す。コマが回り始めると，色は中心から外に広がるようにしてゆっくりとぼやける。

教育が，退屈なことを教えることだとは限らない。

それぞれのクリアシートには絵が描かれている。1本の木，2本の木，別の種類の木，というように。これらを重ね合わせると，すべてが一緒になって見える。その他，また別の種類の木，違う種類の葉，大きな葉，一つまみの草，背の高い草などがある。

　このような人間とは，つまり，あらゆる形式の芸術を理解でき，言葉でも視覚的にもコミュニケーションでき，社会的にバランスある行動をとることのできる人間のことだ。
　3歳のときに，すでに正しい遊びやおもちゃで遊んでいれば，こうしたことを身につけることは可能だ。3歳の子供というのは，周囲の環境について，感覚的に経験したことを覚える。子供の感覚受容体はすべてが同時に開いている。つまり子供は自分の生きる環境について，

コウモリ，黒い大きな雲，飛んでいる鳥，窓枠。
岩，海（逆さまにすれば空となる），別の岩，ボート，家，トラック，壁，自転車乗り……

総体的に感受しているのである。子供はモノのフォルムや色彩を認識し始めると，触覚を通して，ふわりとしたモノとゴツゴツしたモノ，つるりとしたモノとザラザラしたモノ，伸びるモノとカチカチしたモノとを区別するのを学ぶ。そのような性質をなんと言うのかはまだ知らなくとも，日常の経験では感じ取っているのである。子供はチクリと刺すものや火傷させるものを知っている。そしてママのことが大好き。それは母乳を与えられている間，つねにやわらかい感触とある種

真っ赤な太陽，白い雲，雨，雪，ブルーのクリアシートに白い月，迷子の子犬。
これで良い天気も悪い天気も作ることができる。

の匂いを感じ取っていたからである（その後，手に握られた布の切れ
端のなかに，その匂いを探し求めるだろう。あのライナス君みたい
に）。暑い，寒い，涼しいと感じることで，風や雪，雨や霧，光や闇
を知るのである。

こうして見れば，風に吹かれた雨になる。

子供にどのように遊ぶのかを"説明"する必要はない。説明するのはきっと子供たちの方だろう。教養がありすぎて理解できないのは大人の方なのだ。
イメージを重ねて作った4つのコンポジション。

透明性を利用したもう一つの遊び。これはエンメ出版社から1968年に発売された『ミラノの霧のなかで』の一部。この本では，霧は，何枚かのトレーシングペーパー（建築家が製図をしたり，トレースしたりするのに使う紙）によって表わされた。

　人間の脳みそは，コンピューターのように一生のあいだ記憶し続ける。何歳になろうとも，その時知らないことに直面すれば，それを理解するためにすでに知っていることと関係づけようとする。

　その機会を逃さずに，データを的確に記憶できれば，よりいっそう生活しやすくなるし，必要な時に役立つ情報を得ることができる。クリエイティヴな人間とは，豊かな能力をもつ人間のことであり，自身の問題を解くのに多くのエキスパートを必要としない人間のことである。

　したがって，デザイナーが企画設計するおもちゃは，成長中の人間，

一枚一枚に，風景の一要素が印刷され，10枚で霧が濃くなり，最後のページに印刷された木は見えなくなる。ページを繰れば，まるで霧のなかを歩いているかのよう。しだいに目先の姿が見えてきて，繰られたページでは霧が深まっていく。

つまり子供にできる限りの情報を与えるもの，そして同時に，しなやかでダイナミックな精神形成——スタティックにも，繰り返しにも，時代遅れにもならないような精神——に役立つものであることが望ましい。このような企画設計には，心理学，教育学，教授法の専門家との共同作業が必要となる。また，最小コストで最大の成果を得るのに適した素材や技術を見つけるために，おもちゃやゲームの専門家とも共同作業を行う必要があるかもしれない。

当然のことだが，企画設計にあたる人は，ある年齢の子供に何が伝達できて，何が伝達できないかを知っておく必要がある。この点について，ピアジェの研究は興味深い。理想的な遊びやおもちゃとは，すぐに理解できるもの，使い方の単純なもの，本当に伝えたかったことを伝えられるもの，面白いもの，楽しくなるように色付けされているもの（決して平凡ではなく。凡庸さは知識を増加させない），毒性のないもの，気分を悪くさせないもの，そして最後に，大人も理解できるもの，である。したがって，企画する人自身，こうした遊びやおもちゃを作り出すような創造力を持ち合わせていなければならない。

　遊びやおもちゃは，想像力を刺激するものであって，でき上がったものや完成されたもの（よくある本物の機械のミニチュアのような）であってはならない。というのも，そうしたおもちゃには利用者が参加できないから。感心してしまうほど完璧な遊びは，作り手の技術の巧みさを表わしはするが，すぐに遊ぶ意欲を萎えさせ教育的ではない。

　理想的なおもちゃとは，説明がなくとも子供が理解できるものだろう。子供の手におもちゃを委ねれば，子供はそれが何なのか，それをどのように使うのか分かる，というようなおもちゃがいい。ただ，こうした単純なおもちゃだと，大人に説明をしなければならないことがある。大人はときどき，余分な教養のために理解不能におちいるからだ。消化不良のまま単に蓄えられただけの知識は，どんな新しいことに対してもフィルターとして働いてしまう。そのため，柔軟な精神を持ち合わせていない人は，何か新しいことを見ると立ち止まって，受け入れるのを拒否する。

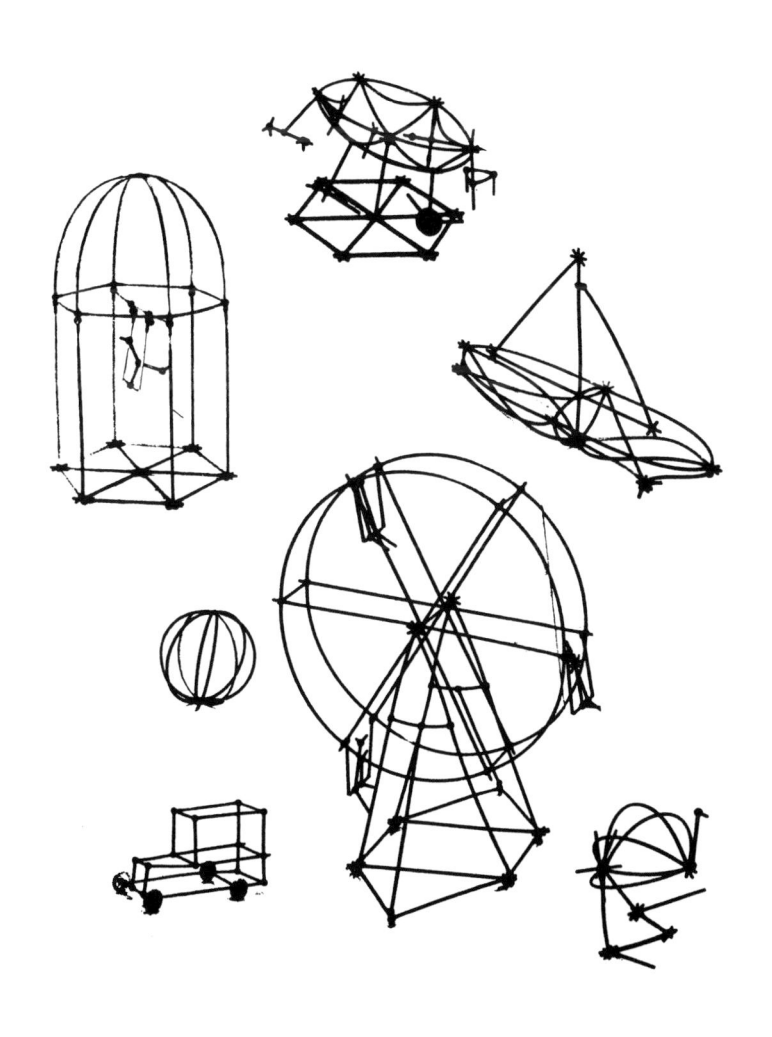

子供は，簡単に組み立てたり，解体できる構造を好む。これらの構造はストローと小さなプラスチックのジョイントでできている。これはイギリスのおもちゃ《Costruct-o-straws》。ロンドン・デザインセンターから賞を授与されている。

テレビで宣伝しなくとも子供に大変人気だった遊び道具に，70枚のプラスチックのクリアシート（15 × 15cm）からできたものがある。この一枚一枚には，いろいろな色で，コンポジションをするのに使えそうな絵が描いてある。例えば，1本の木，別の種類の木，壁，橋，白い雲，黒い雲，雨，雪，太陽，海，岩，人間，子犬，トラック，クモの巣，コウモリ，窓，飛んでいるツバメ，ボート，飛行機……。これらのイメージは，クリアシートに印刷されているので，重ね合わせて組み合わせることができる。その組み合わせは無限。このシートを前にした子供たちは，これで何ができるのかをすぐに理解し，なにも説明しなくても遊び始める。最初は論理的なコンポジションをするだろう。そのうちに，とんでもない組み合わせをして楽しみ始める。例えば，子犬が雨降りの太陽の下，雲の上を散歩している，というように。この遊びは思考と同じ速さで行われる。頭を働かせ続け，実時間のなかですぐに作って，すぐに壊す。何が大事ということはない。組み合わせの可能性だけを考え，変化させ続ける。試して，また試して，といった具合に。すると頭は柔軟になり，思考はダイナミックになる。これがクリエイティヴな人間なのだ。

　その他の遊び道具としては，子供に3次元での組み合わせを教えるために設計されたものがある。その一例としては，今でも充分に刺激的で，基本的な遊びであるレゴがそう。古いメカノも，こうした遊具の一種であるが，解体に手間がかかるという煩わしさがあった。すべてのネジをゆるめ，小さなボルトを外すと，孔の開いた支柱は曲がってしまって直らない，汚れやすいしホコリもつきやすい……。遊びは素早くなされた方がよく，解体したり，箱に閉まったりする必要のないものがいい。中国のとても古い遊びに，個性を発揮させるというより，刺激するものがある。それはタングラムという遊びだ。厚紙や木片でできた一枚の正方形が，形の違う7つのパーツに分割されたこの遊具では，好きなパーツを好きなだけ組み合わせて，動物，何らかのモノ，家，といった図案化されたかたちを作ることができる。残念ながら，多くの大人はいまだに幼稚であるため——たとえ会社の社長で

あっても——，甥っ子におもちゃを買おうとすると，自分にとって好ましいものを，つまり自分の幼少期を思い出させるものを買ってしまう。選んだおもちゃが，はたして教育的で，子供のためになるものなのか，あるいは子供の個性を妨げるものではないか，ということには気を払わない。自分が子供だった頃からはずいぶんと時が経ち，今日の子供は，在りし日の子供とは違うということを考えもしないのである。

　おそらく，大人のための知育玩具も作られるべきなのかもしれない。先入観を追いやり，頭の体操をさせ，隠れたエネルギー（もしあればの話。幼少期に閉じてしまった大人は，もはや化石化していて回復不能である）を解放させるような大人のおもちゃがあってもいいだろう。
　それから，大人に子供を理解する訓練と習慣をつけさせる必要があるかもしれない。中国の古いことわざにこんなのがある。「この世で唯一不変であるのは，変化である」。もし変化を押しとどめようとすれば，押しとどまるのはその人であり，変に年を取る。ある時点までは，大人が子供に教えなければならない。しかしそのあとでは大人が子供から，世界の見方を学ばなければならないのではないだろうか。ビジネスの人工的な世界ではなく，本当の世界を。

展示のための構造

　問題は以下：単純で経済的で，どんな空間にでも適応する陳列台を企画設計すること。

　問題の定義：あらゆる方法で，解体，組み立てができる構造を企画設計する。できればネジやナットを使わずに。軽量で，経済的で，運搬，組み立て，解体のどれもがしやすい構造が望ましい。半加工された素材を用いてもいい。実用的な大きさで，階段や，さまざまな大きさの商品を陳列する台を必要としないもの。

　問題の構成要素：不特定の空間をモデュール化する。軽量で，耐久性の強い素材を用いる。解体時には最小限の占有スペースですむように，扱いやすいサイズのモデュール化された部品を使用する。基礎部の組み立てはできるだけ単純にする。

　組み立て式の展示構造について，データを集めると，おおくの情報が得られる。丸パイプを嵌め込むことで組み立てる構造があることが分かる。さまざまなパネル，ガラス板，プラスチック板を取り付ける留め具もある。有名な Innocenti 社のパイプを用いた構造もある。屏風のように蝶番で留められた木枠もある。

集められたデータや見本から，これら多くの構造は一度に複数の機能を果たせないと判明する。また，留め具やジョイントは，組み立てたり解体するのに，いくぶん面倒がかかることも分かった。それらのサイズはあまりに多種多様なので，例えばパイプなどでは，組み立てる際に融通のきかない不規則性を生む要因となる。いくつかの構造はもろく，不安定なものもあった。

　創造力：多くの構造に共通する欠点は，部品と部品をつなぐ留め具やジョイント，ボルト，嵌め込み金具が，解体する時や組み立てる時に扱いにくいということだ。その他の構造は，あまりに細かく解体されすぎる。つまり，大きな構造を数多くの細かい部品に解体するのはナンセンスなのである。おそらく，できるだけ融通のきく構造にしようと考えてなされたのだろうが，こうした装備には普通，定められたサイズがあり，そのため，いくつかのものは，組み立てずにそのサイズのまま用いることができる。したがって，おそらく理想とされるのは，すぐに用いることができ，解体の必要がなく，扱いやすく，最小スペースにでも積み上げられるような，基本モデュールをもつ部品を企画設計することであろう。それから，できるだけネジやボルト，ジョイントを用いずに，組み立てられるようにすること。モデュール化された部品のサイズは，おそらく一枚のドアのサイズ，つまり 1 × 2m にする。その部品は，すでに構造を頑丈にする要素となり，3本で角柱を造れば，それだけで他の部品を支える支柱となり得る。この解体しないモデュール化された部品には，必要に応じて，パネルや台を取り付けることができる。

　素材と技術：このモデュール化された部品（1 × 2m）は，角管パイプ2本（1辺 15mm の正方形，高さ 2m）と，その角パイプに水平に溶接された4本のU型鉄（幅 1m）で構成される。

支え構造

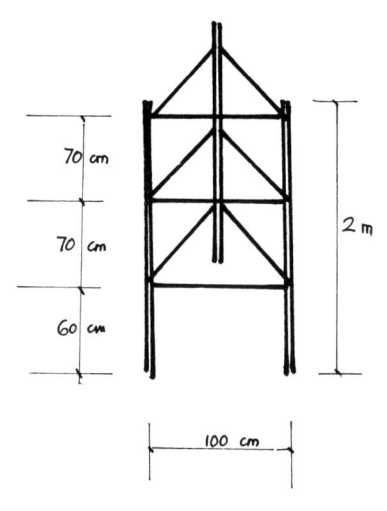

3つのモジュール化された部品が基本構造を形成する。

　できる限り軽量で耐久性の強いモデュールに到達し，実現できるよう何度か試作する。2本の支柱の間に水平に配置されるU字型鉄の代わりに，軽量の金属板をU字型に折り曲げて，支柱に溶接する。このU字型鉄（あるいは折り曲げられた金属板）同士は，上から下へ70cmの間隔で置かれる。こうして，70，70，60という寸法が得られる。

　この70cmという寸法ならば，U字型鉄の間（一方は上向きに，もう一方は反対に。引き戸式の窓口のレールのようにして）に70×100cm（規格サイズ）の厚紙を挟むことができる。したがって，無駄なくすぐに利用できる。

　地面から60cmの所にあるU字型鉄には，一辺1mの正方形あるいは三角形の支え台を固定することもできる。

　その台としては薄いチップボードがいいだろう。

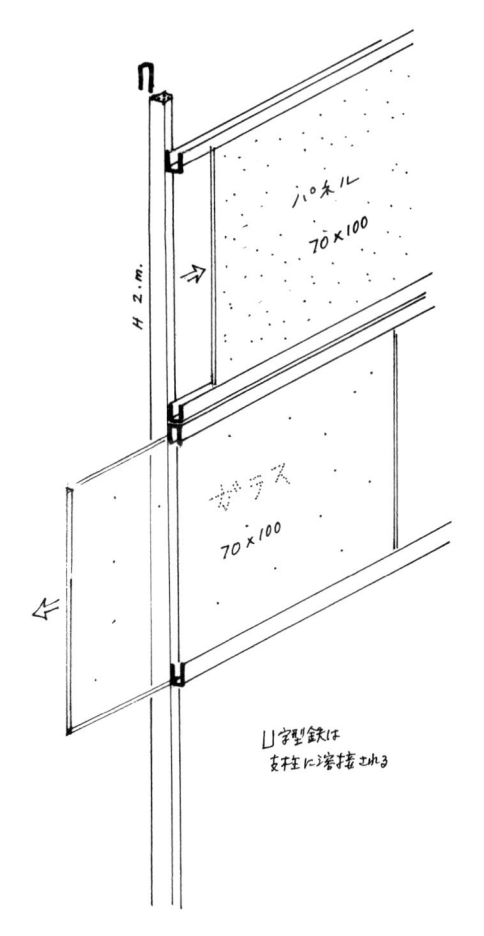

どんな素材も水平のレールに簡単に差し込むことができる。ただし，その厚さがレールの内寸に収まるものでなければならない。70 × 100cm（ボール紙の規格寸法）のボール紙，またはガラス板，板状のプラスチック素材，ペルスペックスクリーンに挟んだ拡大写真，ポスター，注意書き，宣伝素材などを差し込むことができる。支柱の上部には，クリップランプを用いて照明を設置することも可能。

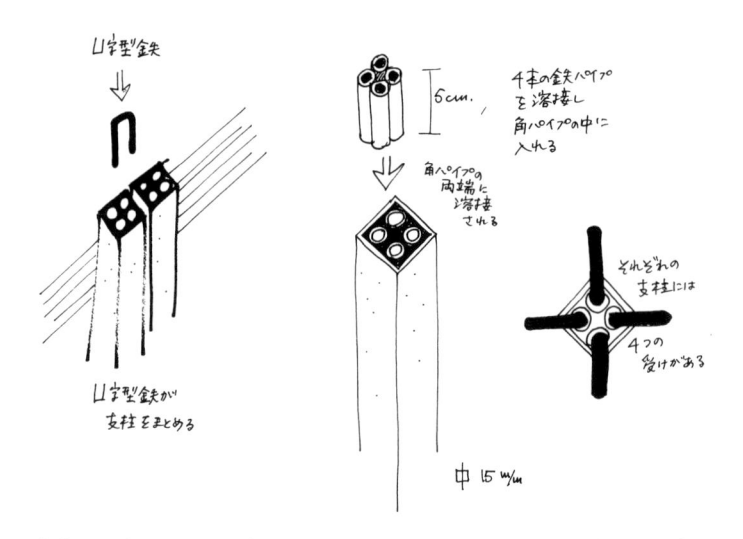

角管の両端には、4本の角パイプが入れ込まれ、モジュールを一体化する留め具の受け口になっている。留め具は簡単に差し込むことができる。上部に差し込まれた留め具はそのままであるが、下部のものは重さにより固定される。

　実寸モデルは、最終的に3つのモジュールと6本のレールから作られる。3つのモジュールを一体化すると、完璧に安定した角柱体となり、6本の水平レールには、厚紙や板状の素材、ガラス板などを差し込むことができる。もちろん、何も差し込まなくてもいい。さらに、商品の陳列台として三角形の板を取り付けることも可能。最低限の耐久力をもった実寸モデルを作るのと同時に、10分の1サイズでも部品を作り、複数の部品をどのように組み合わせられるか、また、棚台が三角形の場合と四角形の場合では、どのくらいのヴァリエーションができるかを実験する。

モデュール化された部品を一体化するには、太い留め具のようなもの（あるいはU型に曲げられた丸棒）を、角管のなかにある4本の角柱の一つに"落とし込む"。上部に一つ、下部に一つ（逆向きにして）の留め具が、2つのモデュールを一体化し、計6つの留め具でこの三角形の構造は一体化される。したがって、それぞれの支柱は、上下ともに、最大4本の留め具を受けることが可能。そのため利用空間に応じて、可動式モデュールをさまざまに合体させられる。棚台はU型のレールに嵌め込まれ、簡単に取り外すことができる。台の寸法は、モデュールの倍数。製造元はミラノのロボッツ社。

この構造体は、ビニルエステル樹脂で塗装されている。屋外にも設置可能。

3つのモデュール化された部品と三角形の棚台。5分で組み立てられる。

5mにわたり，真っすぐに配置した場合。ショーケースも設置されている。

支えの構造は，基礎を三角形にしても，四角形にしてもよい。
マネキンは，この構造体と人の対比を示している。

その他，可能な組み合わせ。

259

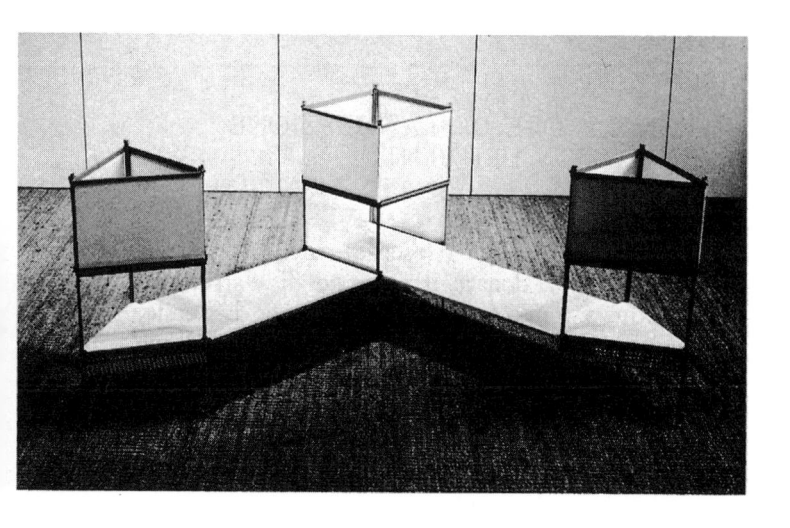

風向風速計

　レンデ市（コゼンツァ県）が数名の芸術家や設計家たちに，コンメンダ・ディ・レンデ町のとある学校のために，"教育的構造"を企画するように依頼した。この学校は，建築家のフェルナンド・ミリエッタ，工学士のアルド・アイエッロにより建てられた学校である。

　この企画の実現にあたり，かくいうわたしも芸術家のうちの一人だったので，レンデ市に風向風速計の企画案を送った。

　この計測器は2つのパーツから成り立っている。一つは屋上，あるいは階段のある円柱形の建物の頂上に設置できればなお良い。もう一

つは学校のロビーに設置する。

　その構造は，円錐形の土台に固定された回転する金属棒と，その金属棒に支えられたアルミの矢印から成る。矢印の反対側には平衡錘が付けられ，その上には，重さの異なる6枚のアルミ板がある。アルミには上から順に1から6までの数字が，よく見えるように大きく書かれている。

6枚のアルミ板は吊り下げられ，自由に風に揺れる。そのときどきの風速によって，一枚か数枚のアルミ板がはためき，風向きを示す。舵の役目をする矢印は，その風向きにしたがい動く。

　風見鶏の軸が回転することにより，電気接触が発生し，学校のエントランスにそのときの風の名がピカリと表示される。

　壁にかけられた掲示板には，風にはためく6枚の板の数字がどの程度の風速に一致するのかが書かれている。こうすれば子供たちは，何月何日，何時何分にリベッチョ（あるいは，トラモンターナなど）という風がやってきて，その風は，はためく板が示す風速で走り抜けていったと理解できる。

　このエントランスでは，大気の状態がイラストで描き出される大きな晴雨計を観察することもできる。

　このように，当企画は，その場所の環境条件と関わり合いながらつねに変化する機能に応えるものである。そのため子供たちは，ある場所の環境状況についても学習することができる。

　各学校に，より複雑な気象観測所を設置することも可能かもしれない。その場合，機能的なだけでなく，装飾的効果のある機材も一緒に設置するといい。

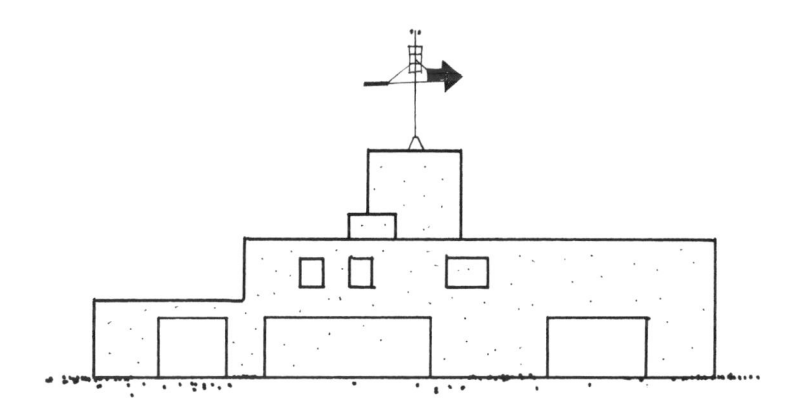

風速風向計の外観。

校舎

すべて鉄で、
黒で塗装する．

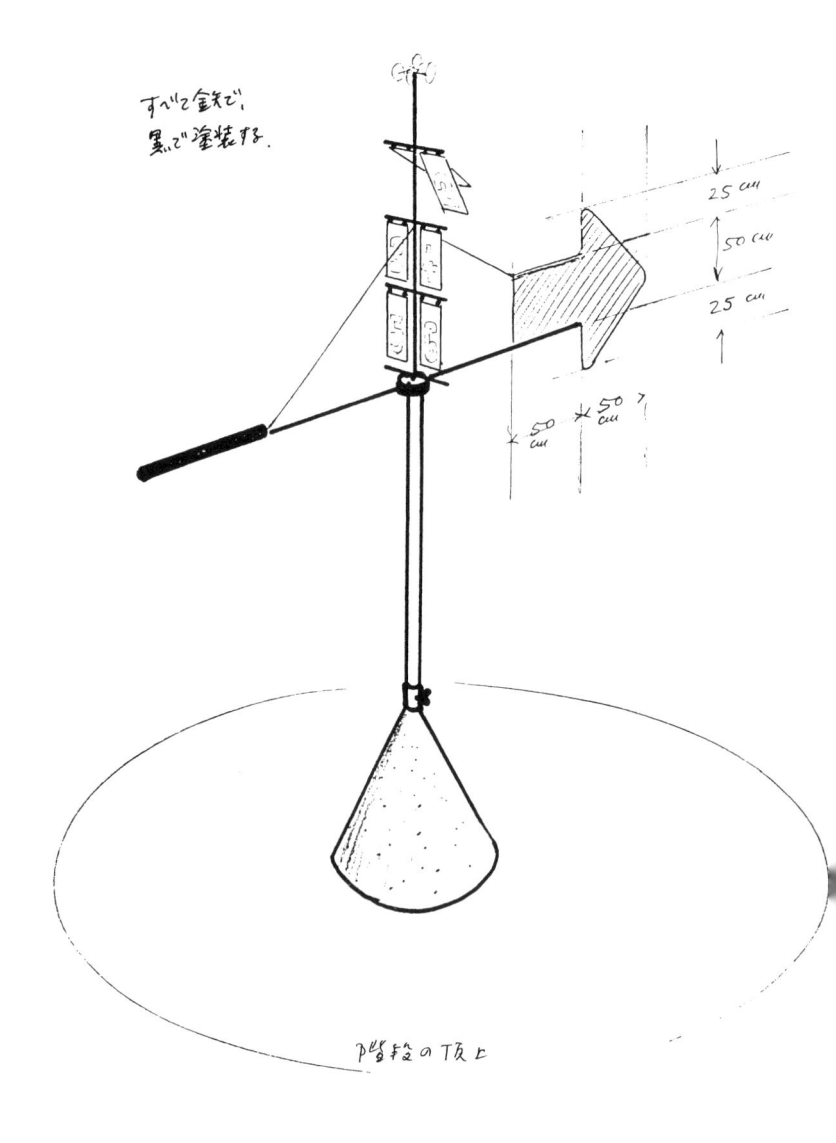

25 cm
50 cm
25 cm

50 cm　50 cm

階段の頂上

矢印（未加工のアルミニウム製）の寸法。

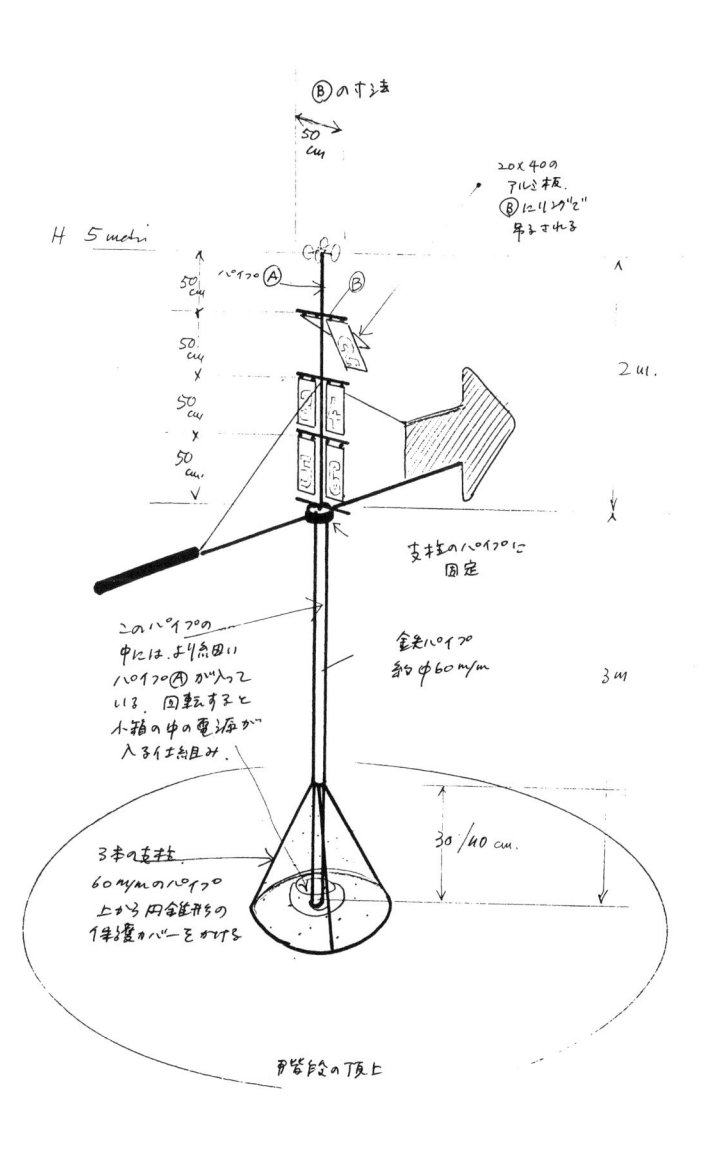

各部位の高さ。

風速計

未加工のアルミニウムを
6枚取り付ける
風速に比例するように
との重さを計算する
6段階で

塗装された
金具

未加工の
アルミ板から
作られる
矢印
→海くすること

真鍮の
平衡錘

この軸受けが
上部全体を支え
回転させる

固定されたパイプ。

電気系統を保護する
板金の円錐

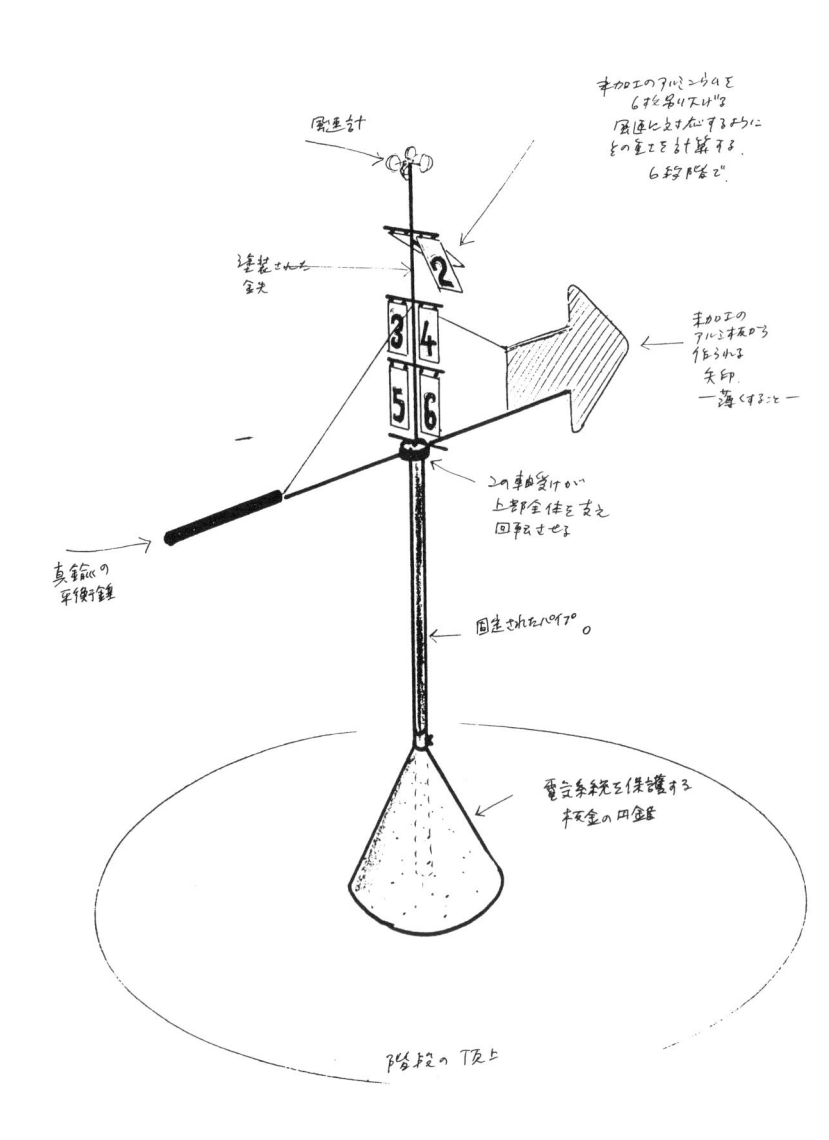

階段の頂上

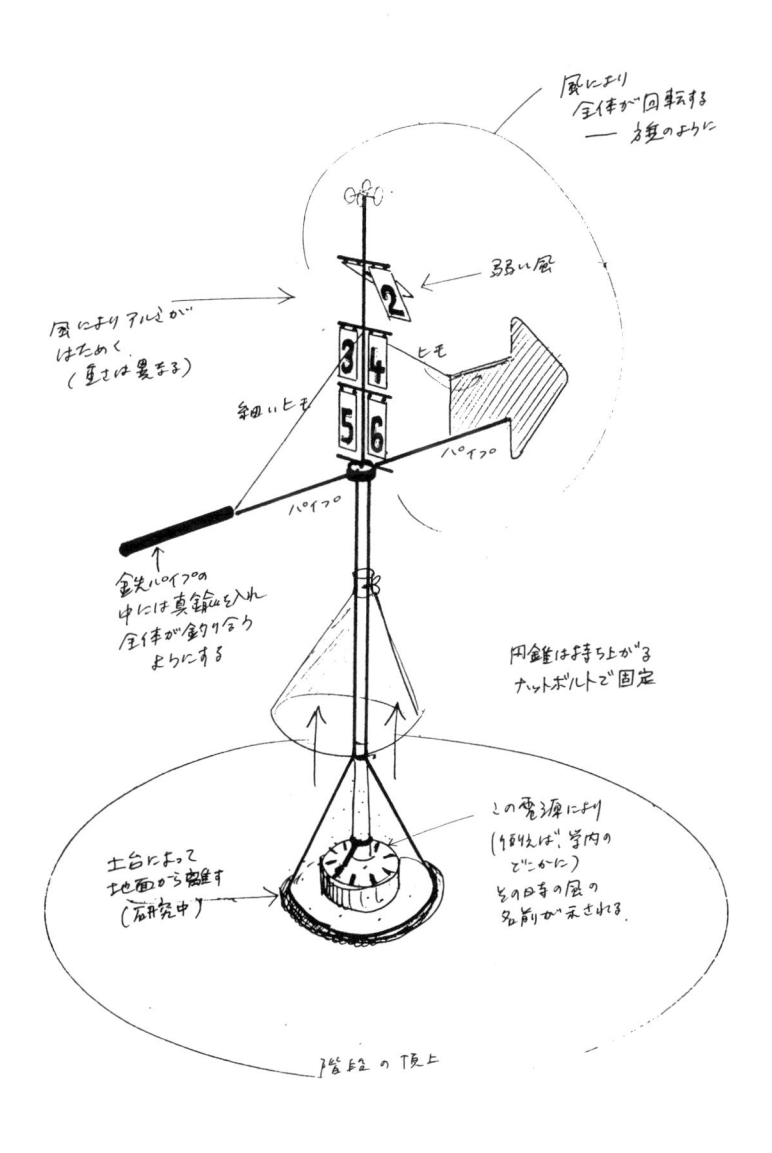

基礎部にある円錐の保護カバーは，電気系統を検査できるように，持ち上げられる。

スクーター

　スクーターを企画設計するというのは，何百からなるすべてのパーツを最初から設計するということではない。そうではなくて，大量生産される何百というパーツの中から，全体に一貫性をもたせるためにもっとも適したパーツの組み合わせ方を知るということである。したがって，デザイナーの仕事は，バイク全体を構成する各部位をよく知ることから始まる。例えば，車輪，タイヤ，チェーン，ショック・アブソーバ，ホーク，シート，モーター，電気系統，マフラー，フレーム，などなど。すでにあるパーツを知った上で，そのなかから，目の前にある問題にもっとも適したものを決定し，選択する。つまり，デザイナーの義務は，的確に選択し，一貫性をもたせて組み立てることにある。

　組み合わせるためのこれらすべてのパーツには，素材や機能によってすでに定められた精確なフォルムがある。タイヤの踏面にあるデコボコは，用途として必要なのだから，それをアーティスティックなスタイルで作ろうとしてはいけない。パーツのフォルムはどれも論理的フォルムであって，デザイナーはすべてのパーツが，経済的にも妥当で，調和をもった印象的な全体を作り出せるように設計しなければならない。

　とりわけ企画設計者の介入が許されるのは，フレームの形態論についてである。そのとき，安定性や，衝撃やゆがみに対する耐久性の問題を考慮しなければならない。それから，泥よけ，ガソリンタンク，シートのフォルムも然り。その際は，仕上げ，メッキ加工，心理的要素でもある色使いについて専念すること。

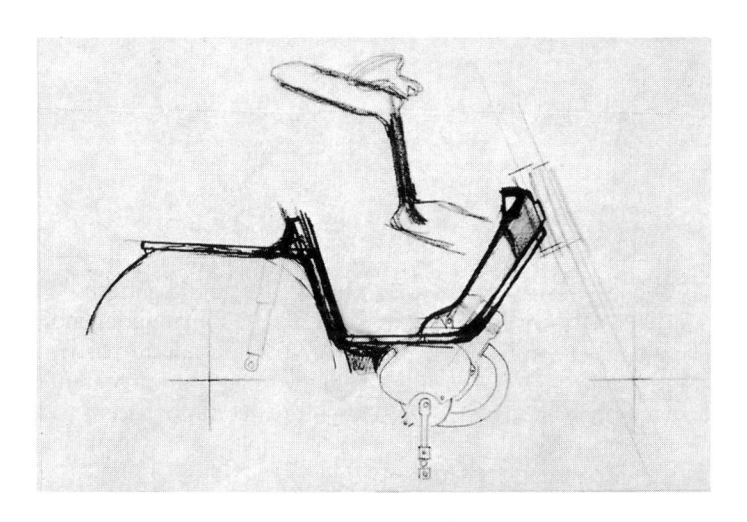

フレームのスケッチ。トレーシングペーパーに描かれている。その下には，オートバイの全体で，動かせないパーツの精確な位置が書き込まれた図面がある。

　車体で動かすことのできない箇所（経験則による）を考慮に入れて，設計を始める。この場合，車輪の中心からモーターまでの距離がそうである。これらの手がかりに基づき，スケッチを始める。その例は，上のリナルド・ドンゼッリによる設計に見られる通り。

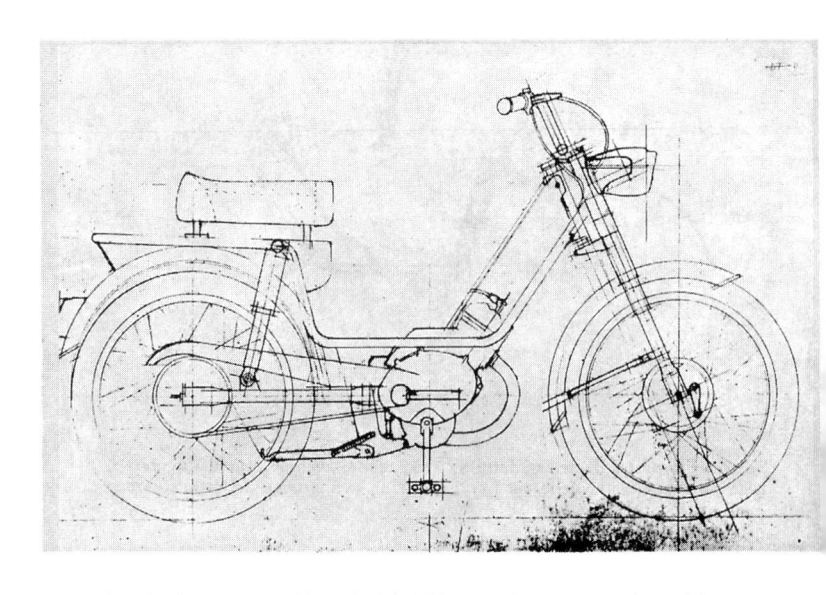

設計の途中段階の図面。新たな解決案を採用して描かれている（1965年）。

バイクを構成するすべてのパーツを示した図面。

このあと，製造工場の専門家により，技術面の製図が描かれる。

当バイクのシリーズ，Cross の写真。

コラージュで作られた平面模型。モデル Super Sport のさまざまなパーツやその配置を 1：5 の縮尺で制作。

プレファブリケーション

　ここで紹介するのは，数多くあるプレファブリケーションの一例である。さまざまな建物の，さまざまな要求に応じるために，前もって建造された要素というのがある。これは，単純なプレファブリケーションの一例で，市場に出回っているプレハブ部品，例えば金属形綱のような資材の使い方，また，プレハブ部品を利用したオフィスビルを建設する際の，パネリング，窓付け，屋根ふき，仕上げの方法について考察していく。

　問題：プラスチック素材を製造する（そのうちのいくつかは，産業建築において大変注目されている）あるグループ企業が，3体の本社ビルの設計を依頼する。これらのビルは，その企業が製造している素材を用いて建てられなければならない。また，部分的にであっても，プレハブ部品の使用例として有効でなければならない。

　問題の定義：3つのビルは，同形で，通路によってつなげられる。2つの階は，駐車場やアーカイヴとして使うために地下に埋められ，通常の鉄筋コンクリートで造られる。また，階段，エレベーター，衛生設備，プラント用スペースの本体にも鉄筋コンクリートが用いられる。内部空間に仕切りは設けず，場合に応じてプレハブの壁で区切られる。

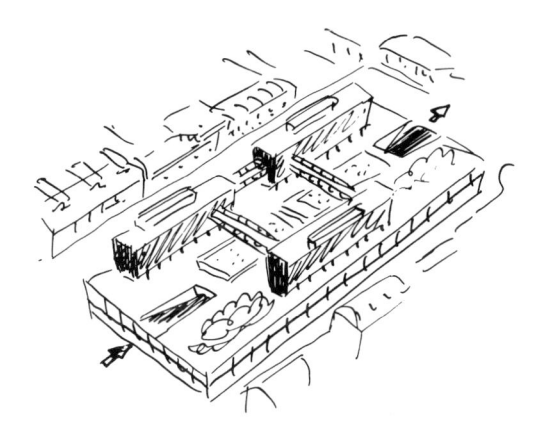

通路，スロープ，地下階，3つのビルの全体を定めるためのスケッチ。

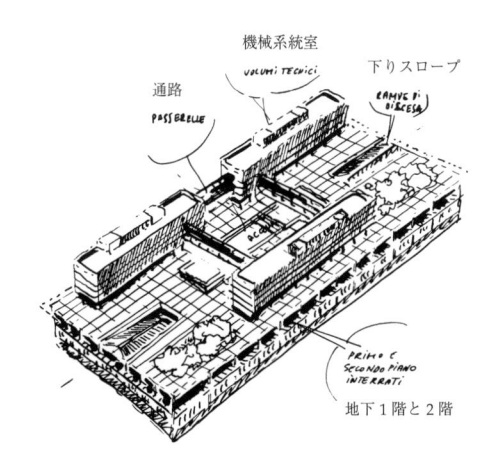

通路 PASSERELLE
機械系統室 VOLUMI TECNICI
下りスロープ RAMPE DI DISCESA

地下1階と2階 PRIMO E SECONDO PIANO INTERRATI

階段と衛生設備

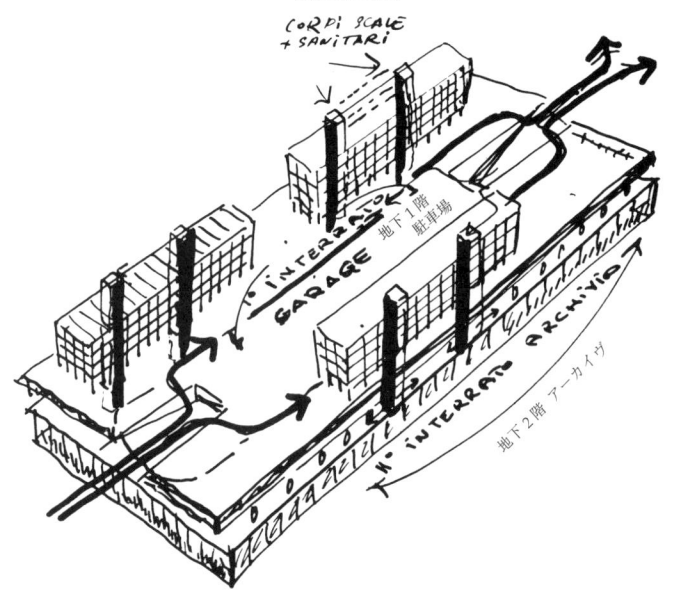

ビルと地下階へのアクセス方法。

　ビルはおそらく4階建てになる。

　プレハブ部品は，合成樹脂を基にした新素材を用いて造られる。この新素材は，依頼主の系列企業の製造法にしたがったものである。この設計企画は，G. P. A. 設計デザイナー・アソシエイツ・グループ（建築家のチェーザリ，デ・アミーチス，フォーガス・ダヴァンツァーティ，ランザーニ）に委託された。

全体のパース。手前にあるのが，地下階へつながるスロープ。階段，エレベーター，衛生設備のブロックがよく分かる。コンクリートで造られるこのブロックに，金属構造が固定される。この金属構造は外装材や窓を支える。

　問題の構成要素：ビルを構成するさまざまな要素の幾何学的調和と共存の可能性。
　耐力資材と既成資材。
　構成部品の組み立てと解体。
　屋根用の鎧装，断熱材，耐水建材。
　ジョイントの口止用の合成製品。
　外装材の大きさと素材。
　内扉と外扉。可動式の壁板。
　角の連結。
　室内の床張りと内装。外部の舗装。
　建材の老朽性。

データのリサーチ：建材と下位問題のあらゆる点について，体系的な調査を行う。

データの分析：建材に関して集められたデータのなかから，まだ実験段階のものや，他の手工業製品と互換性をもたないものは排除する。いくつかの場合で，非常に高い適用性をもつもの，耐久性，機能性，その形状から発せられる問題について，試験をして修正を加えれば適応するものを突き止める。

創造力：ビルが建設される場所の背景は無視する。なぜなら，地下を含めてまだ途中段階だから。この問題の適切な解決案については，次で取り組まれる。すべての構成要素は，臨機応変に利用できるように，"開放的な配置"をもって建設されなければならない。
組み立ての技術をリサーチする。部品の標準規格を利用して，人手を節約する。足場はしっかりと組む。
すべての利点は，見て分かるようにし，生成の類型学，つまりどんな要求にも応じて，変形し，更新され続ける環境で働く方法を示さねばならない。

素材と技術：もっとも適した素材と技術をリサーチするために実施された調査から，一種類の建材で，耐久資材にも既成資材にもなるものがあると分かる。その建材は，伸線機の技術を用いて発泡コンクリートとエポキシ樹脂，セメントから製造されている（1979年の時点では）。
窓枠，屋根の装飾材，細かな部品は，自動消火性ポリエステル樹脂を用いて，手工業で造られる。その素材は，グラスファイバーで強化され，発泡スチロールの空気層をもっている。

金属構造と階段，衛生設備のブロック。

　屋根用の鎧装，断熱材，耐水建材は，PVC（ポリ塩化ビニル）で造られる。
　ジョイントの口止は，シリコンをベースにした合成品でなされる。これらの耐久性については研究をし，またヒートブリッジについても検証すること。

構造用合板の運搬

第一構造の組み立てと構造用合板の組み立て

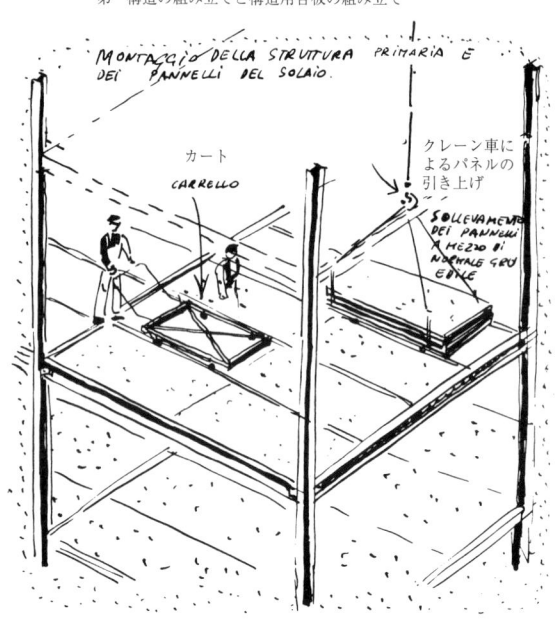

MONTAGGIO DELLA STRUTTURA PRIMARIA E
DEI PANNELLI DEL SOLAIO.

カート
CARRELLO

クレーン車によるパネルの引き上げ
SOLLEVAMENTO DEI PANNELLI A MEZZO DI NORMALE GRU EDILE

構造用合板の設置

VANO FINESTRA 窓枠

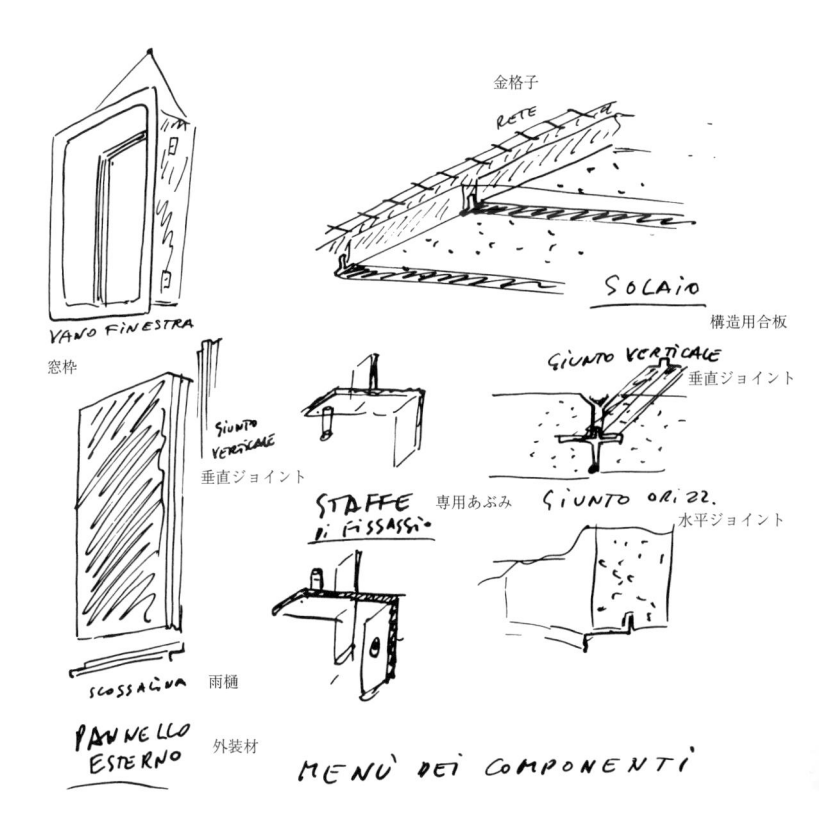

RETE 金格子

SOLAIO 構造用合板

GIUNTO VERTICALE 垂直ジョイント

GIUNTO VERTICALE 垂直ジョイント

STAFFE di FISSAGGIO 専用あぶみ

GIUNTO ORIZZ. 水平ジョイント

SCOSSALINA 雨樋

PANNELLO ESTERNO 外装材

MENÙ DEI COMPONENTI

構成要素の"メニュー"

　組み立ての技術：構造用合板は各階ごとにまとめて建造し，プレス加工の形鋼の上に配置する。外装の建材は，クレーンを用いて引き上げる。その設置には，専用あぶみを利用し，第二構造となる周囲の壁にボルトで固定する。内壁の資材は，高密度ポリウレタンで型抜きされ，壁による第二構造に組み立てられる。

実物モデル。ここで，ビルの構造となるすべての部品が試される。

　実験：フロアの一部分を実寸モデルで造り，それぞれのプレハブ資材の組み立て，解体の実験を行う。また，ジョイント，内装，天井，コンクリートと構造用合板（厚さ11cm）の接着具合，仕切り，技術系統のグリッドなどを検査する。

第二構造の組み立てと緩衝材の組み立て——金属あぶみによる外装材の連結

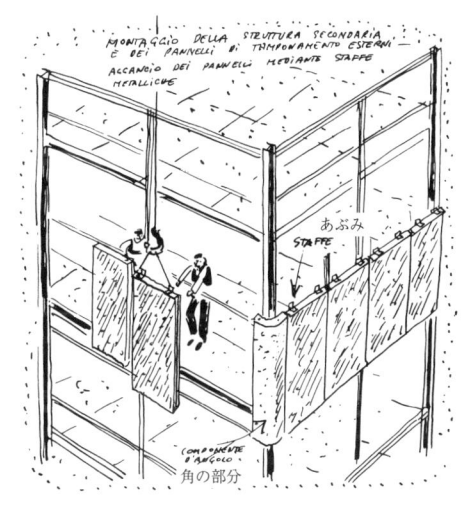

パネル資材を持ち上げ，金属ボルトで金属構造に組んでいるところ。

プレハブ部品のドアをモデルに設置する。ドア近くの壁にスケッチがある。おそらく，その他の設置方法について描かれたものだろう。

窓枠の組み立て作業の一部

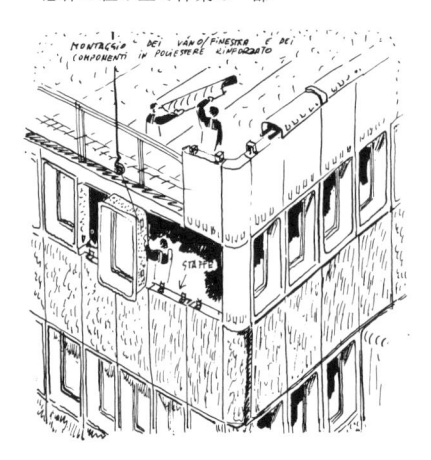

プレハブ部品の窓

　内扉，外扉ともに，PVC か高密度ポリウレタン，またはアルミで造られる。

　内壁はポリウレタンで，床張りや上張りは合成樹脂を用いて行われる。

　鉄筋コンクリートのブロックに固定された金属構造は，柱と連結タイプの鋼鉄梁になる。これらは請負い工場とは別の工場で製造され，施設内の配管を通すための孔の配置もあらかじめ計算されて造られる。

　ビル同士は，おそらく通路トンネルによって連結されるだろう。そのトンネルにはポリエステルを使用。

正面の組み立て。それぞれのパラペットと窓のパーツは，およそ12分で設置完了。

最上部の施工の様子。

角をもった資材。正面までつながっている。

バルコニーからみた，パネル資材の施工方法。

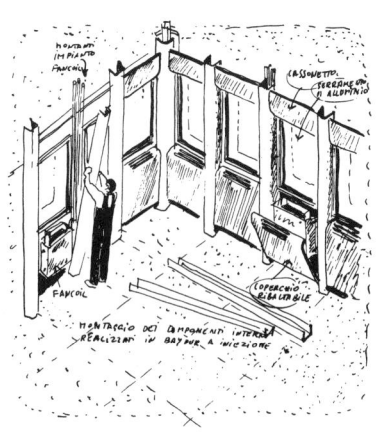

建物内部の壁用パネルとそのレール。

内装資材の組み立て。製造元は Baydur 社。
支柱を覆っている。

仮設オフィスの内部

空調のカバー

組み立てられたばかりの2つのビル

解決：ミラノ，グラツィオーニ通り33番地に，3つの同じビルを建設することに。ビル同士はトンネル通路でつなげられる。建設にかかる時間は，計画した通り短縮され，人権費も削減された。外装は，それぞれの窓とパラペットを組み立てるのに，およそ12分かかる。

全体の企画設計は，設計デザイン・アソシエイツ・グループ（G.P.A）に委ねられた。そのメンバーは，建築家のチェーザリ，デ・アミーチス，フォーガス・ダヴァンツァーティ，ランザーニ。建設の責任者は，工学士ピーノ・イントロッツィ。現場監督は，技師であるヴィディオ・ピエトロポリ，アントニオ・パルマ。構図や建設資材の設計は，建築家のロレンツォ・フォーガス・ダヴァンツァーティとカルロ・キアッパが担当した。

なぜ人はいつも週末になると街から逃げ出すのだろう？
そんな街をもっと居心地のいい街にするにはどうしたらいいのだろう？

木々の大通り

　問題は現状の分析から生まれる。ここでは街の緑の配置方法について分析を試みよう。こうしたこともデザインの問題になり得るのであり，現状をよく観察すれば，問題が明らかになってくる。例えば，大通りの街路樹は同種の木が植えられ，花壇の草花は，もっとも初歩的な方法で，できるだけ平凡に配置される傾向にある。なぜこうなるかというと，それはひとえに，都市環境を活気づけるために行われる美化活動の企画担当者が無関心だからである。加えて，何をするにも，マンネリ化した状況を変えよう，改善しようと考えもしない——というのも，改善するには議論をしなければならないし，時間を浪費するかもしれない。だからどんなことでも，例の"ことなかれ"で行われる——からである。

　そこで，街の緑が担う機能を，別の観点から考察する。市民が心理的に心地よいと感じられるようなサービスを，下手なやり方で行うよりもお金をかけずに提供する，ということについて考えてみるのである。

　この時点で行うのは，プレ企画，つまり，問題のピント合わせとでも言うような作業である。街の外観をより良くするため，植物についての知識をより豊かにするため，大通り（異なる木々の街路樹）の散歩をもっと楽しいものにするための提案を行う。もちろん，ここで話題となるのは都市環境についてであり，そこでの人は文化的に礼儀を心得ており，枝を折ったり，植物の陰で排泄したり，草むらにゴミを捨てたりはしない。したがって，仮に，未来の文明へ向けて企画することにしよう。その未来が今よりもずっといい世界になっていると祈りつつ。

コルクガシ　　　　　　　　　　　　　　ヤナギ

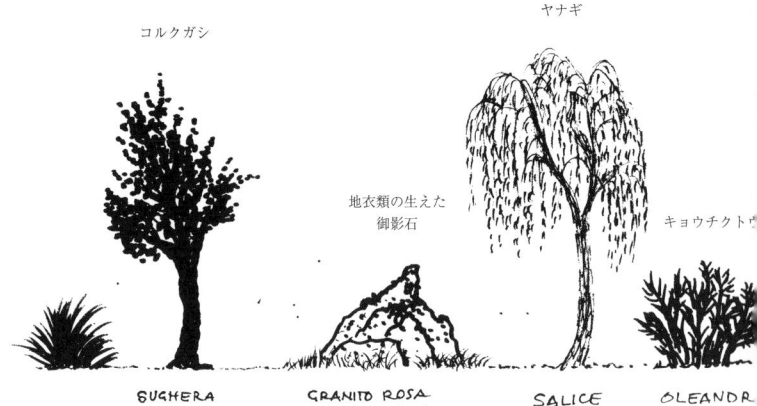

地衣類の生えた
御影石
　　　　　　　　　　　　　　　　　　　　　　　　　キョウチクトウ

SUGHERA　　GRANITO ROSA　　SALICE　　OLEANDR
　　　　　　CON LICHENI

　問題の定義：街の緑の現状を分析する。そして，市民がどのように その環境で暮らしているのか，アンケートを実施する。この作業から，実現できる提案にするための要素を抜き出す。

　問題の構成要素：その環境の気候。その気候のなかで元気でいられる植物。常緑樹，あるいは落葉樹。木の高さ（最大で），草花の有無。木と街灯。葉の落ちる時期と維持管理。剪定。利用できる広さ。

　データのリサーチ：この問題について，他の街ではどんなことがなされているか？　農業技術者への聞き取り調査。気候との関係。街灯と木の関係。

　データの分析：植樹可能な植物の一覧，落葉時期の一覧。当局とのやりとり。維持管理に手間のかかる植物の一覧。植物の葉の種類とその量の一覧（下水設備を詰まらせる可能性があるかどうか）。専門家

ポプラ　　　　　　　　　　　　　　アトラススギ

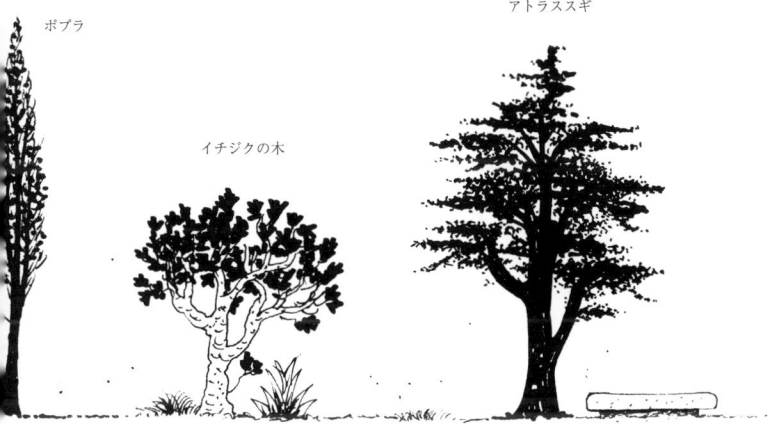

イチジクの木

OPPO　　　　　FICO　　　　　　　　CEDRUS ATLANTICA

の意見。

　創造力：なぜ人は規則的に整えられた街から逃げ出し，心の安らぎや休息を求めて田舎へ行くのだろう？（事実，"全員"が平和を求めて都会から田舎へ行くものだから，ほら，みんなが同じ日に，大混雑のなか，同じ場所で，しかも大人数を受け入れる施設もない場所で，出会ってしまう）同じ木が等間隔で植えられ，ある季節になると一斉に葉を落とし，その葉で下水を詰まらせる大通りを散歩する気分にならないのはなぜだろう。例えば，ミラノのラヴィッツァ通りを散歩するとしよう。十歩すすむごとに同じ木に，そう，カエデに出くわす。カエデ，カエデ，カエデ，カエデ……カエデに3000回。いやいや，カエデはカエデと言っても，ここにあるのはクスノハカエデ，ミツデカエデ，イロハモミジ，それから……。まさか！　ここのカエデはすべて同じ種類，すべて同じ間隔，すべて同じ剪定，そしてすべての木の葉が一斉に茂り，一斉に散る。これは古文書館員の考えで，庭師の

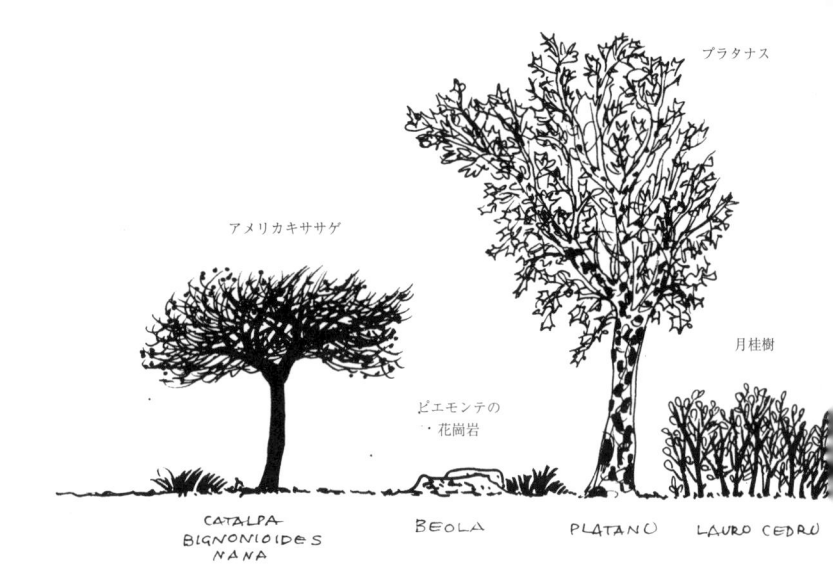

ものではない。理路整然と整列したビル街と合いまって，なんとも単調な大通りである。

　ところで，なぜ人は街から逃げ出すのだろう？　何を求めているのだろう？　それはおそらく，変化かもしれない。田舎に行けば，ポプラの木のとなりにサクランボの木がある。草原のとなりにアジサイが咲いている。それからシナノキが5本，クリの木，イチジクの木，別種のクリの木，ニセアカシアが11本，そしてオークの木が1本。おそらく，こんな植え方が，街路樹には適しているのではないだろうか。さまざまな種類の植物を線となるように並べてコンポジションを行う。すると，大通りを散歩しながら，さまざまな間隔で植えられた，さまざまな植物を見ることができる。花の咲く時期もいろいろ。大きな葉の常緑樹もあれば，落葉樹もあり，秋には葉が色づく，掌のようなカエデ（日本ではモミジと呼ぶ）があったり，その側には黄緑の葉のカエデがあったり。サルディニア島から持ってこられた赤い花崗岩のとなりには，数日で花開くエニシダがあったり……。

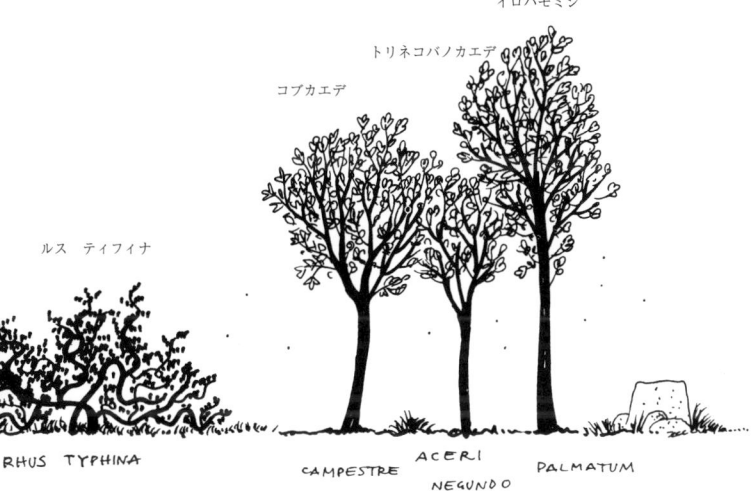

ルス ティフィナ　　　　　コブカエデ　　トリネコバノカエデ　　イロハモミジ

RHUS TYPHINA　　　　　CAMPESTRE　ACERI　　PALMATUM
　　　　　　　　　　　　　　　　　NEGUNDO

　このようなタイプの大通りなら，人々はもっと楽しんで，気分よく散歩ができるのではないだろうか。例えば，家に遊びに来ないか？マグノリア3本目に住んでるんだ，窓からは花の香りもしてね……。あるいは，家の前には樫の木があって，そこにはたくさんの鳥が留まっているんだよ……なんてこともあるかもしれない。

　すべての植物が同時に落葉の季節を迎えないこの街路樹なら，今よりも表情豊かな大通りになるだろう。葉を落とすどころか，マグノリアはつねにその葉を青々とさせているし，そのとなりには赤いモミジがあり，そのとなりには葉のないシダレヤナギがあり，そのとなりにはアシの灌木があり，そのとなりにはピエモンテ産の花崗岩がある。気持ちのいい季節には，岩に腰かけてもいい。

　したがって，大通りにさまざまな木をさまざまに植える（線のコンポジションのように）企画が可能かどうかを検討することにしよう。その際，夜間の街灯を遮らず，均一の大通りよりも維持管理の必要が

マグノリア

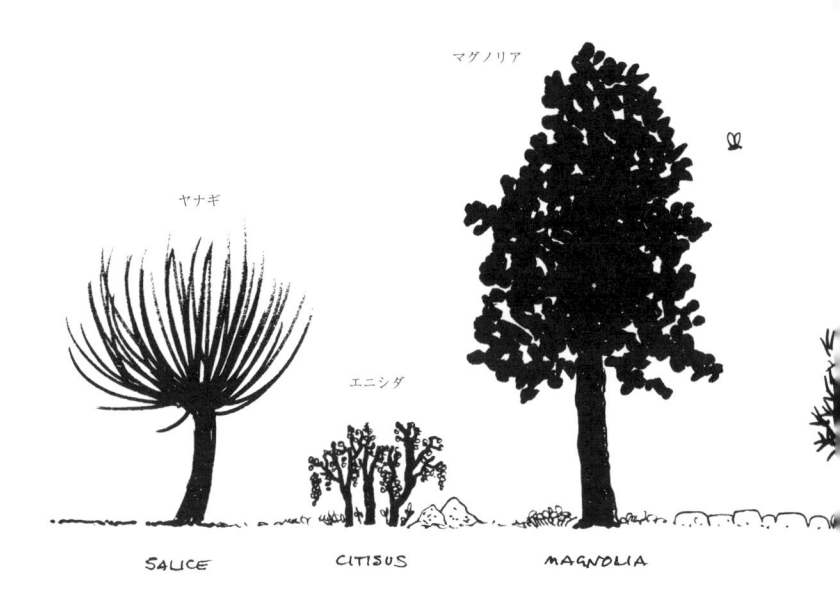

ヤナギ

エニシダ

SAUCE　　　　　　CITISUS　　　　　　MAGNOLIA

ないように工夫する。

　利用可能な素材と技術：どの植物がその街に適しているのか，専門家に調査を依頼する。その植物にはどのような土がいいのか。もし岩が見つかるなら，どこで？　どのように？　草花やコケ，地衣類も植えられるか。このような植え方に技術的な問題があるかどうか。

　この場合の実験は，市内の大通りで行う。そうすれば，大通りとしての実物モデルにもなる。

　検証は，風の流れ，土壌，光の具合，そしてなにより，市民の行動に対して植物が正しく植えられているかどうかについて行われなければならない。

　設計図は，その大通りに面した建物と街灯の種類を踏まえて描かれ

バンブー

BAMBÚ

る。車の行き来や交差点も考慮すること。

　問題の解決：植樹，維持管理にかかる費用は通常と同じか，削減される。植物が枯れたなら，すぐに別種の植物を植えることができる。落ち葉がたまっている場所も少なくなる。剪定は限られた植物だけですむ。木のかたちや大きさと周囲の建物が調和するように植樹する。また，近辺の植物にも気を払うこと。大通りの散歩がこれまでより楽しくなるように，また教育的であるようにする。さまざまな植物で構成すれば，大通りが特徴あるものになる。この街の計画には，かつての想い出として，均一の大通りを配置する可能性も排除しない。

グランツーリズモ・バス

　ここでの問題は，新型の大型観光（グランツーリズモ）バスを企画設計することであり，エミリア州の自動車工場，レンツォ・オルランディ社がイサオ・ホソエに依頼したもの。

　問題の定義：フィアット370のシャーシーに，ミニバー，トイレが設置された大型観光バス（50人乗り）を設計する。以下の人々の協力をあおぎ，作業チームを作る。そのメンバーは，建築家として，アントニオ・ロカテッリ，ピエトロ・サルモイラーギ，アンジェロ・トッリチェッリ，ヴィジュアル・デザイナーとしてアントニオ・バッレーゼ，コーディネーター兼責任者はイサオ・ホソエである。企画チームは，使いやすい設備となるように細部まで考え込まれた製品をめざして取り組む。

　問題の構成要素：シャーシーはフィアット370型，50人乗りで，運転席，ミニバー，トイレ，荷物入れ，可能な限り視界を広く取り，安全で快適，そして実用に適したバスであること。

　データのリサーチとその分析：市場の要求を明らかにし，客の求めることを明確化する。旅行者にとっての必要と機能を分析。車の内部と外部について，フォルムと機能面の関係を調査する。自動車設計士，事業主，運転士，旅行者，旅行会社，管理会社の意見や判断を集める。

横から見た，大型バス《スパツィオ》。下部は赤，上部は白。

使用する素材：溶接された鉄板，鉄管の骨組み，バンパー用の強化樹脂，車内設備のための不燃素材，安全ガラス。

　縮尺の車体モデルで，色の心理的影響についての実験を行う。その他，安全性と快適さを実現するために車の構成部品についても実験する。

　創造力：各方面からのさまざまな要求を満たせるような，ある不変の解決案にむかうことになった。さまざまな利用者から示される要求は実に多岐にわたっている。事業者にとっては，自動車とは経済投資であり，自分の思い描くイメージに価値を与えるための投資である。運転手と添乗員にとっては，自分の仕事場所。旅行会社にとっては，価格競争に勝ち残り，旅行者にこれ以上ない快適さを提供するためのサービスである。
　電車，飛行機，バスの室内を設計する際に考慮すべき心理的側面は，いまやよく知られる"トンネル現象"についてである。これは乗客に不快感と圧迫感を与える原因とされており，多くの乗客が同じような環境下でそう感じている。
　こうした不具合は，設計の段階で対処する。室内の天井を高くとり，光量を増やし，通常なら縦向きの荷物棚を横方向に設置する。すると限られた空間の総体にリズムが与えられ，トンネルに見られるような単調さを解消することができる。
　エンジン冷却装置，空調設備，照明といった技術系統はその容積を必要最小限にする。色については，室内は同系色，外装は2色（プラス車体の素材そのものの色）に限定して選ばれる。

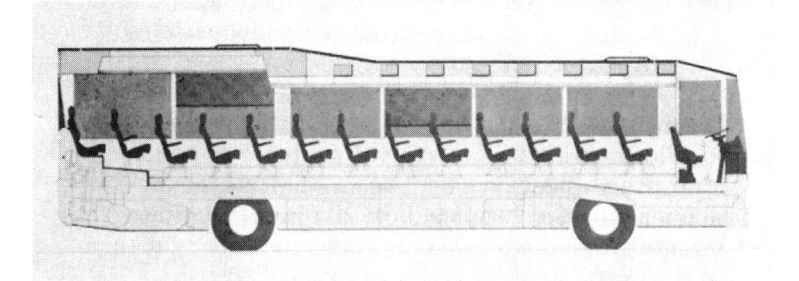

座席数を最大にした車体の断面図。

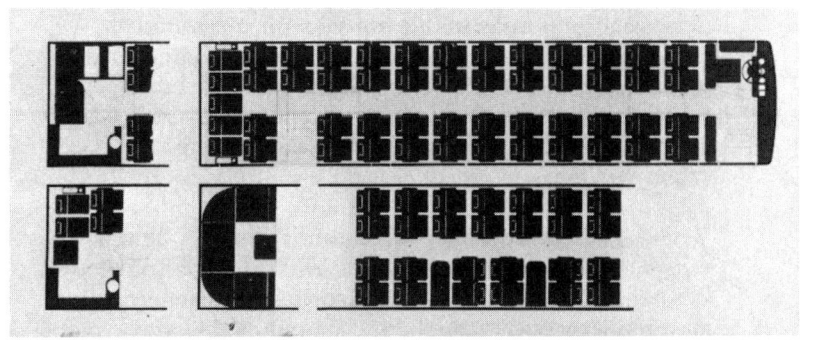

さまざまな改良点を加えた車体の設計図：左上から時計回りに，ミニバーとトイレ，トイレのみ，サロンスペース，特別客のための補助席。

モデルと検証:車体のヴォリューム,視界,快適さ,設備を検査するためにプロトタイプを製造する。その他の縮尺モデルは,外装の色を検討するのに役立つ。

解決案:大型バスの名称は《スパツィオ(空間)》とする。

外装の色は,安全性を明らかにするような色,つまり安全性を伝える部品を強調するような色にする。広い窓ガラスを取り付けることで,広々とした空間を見ることができる。

室内の天井部は凸型に(いつもは凹型。かつてのトラックを思い出させる),座っている席の反対側を見ても,できるだけパノラミックな視界が広がるようにする。

技術系統の容積を少なくすれば,室内の居住空間がぐっと快適になる。

ここまで,サービスとしての運搬というコンセプトについて,2つの方法で取り組まれてきた。第一の方法は,用途によって車内を変化させる方法。増やすことのできる座席数,時と場合に応じたキッチンの利用,サロンの設置などによって車を改良することができる。第二は,操縦席,ダッシュボードの付近にその他の機能(添乗員の座席,冷蔵庫付きミニバー,オーディオ機器など)を加えるための方法。これにより,添乗員に対しても快適さの必要条件を満たすことができる。

最終的にこの大型バス《スパツィオ》の"イメージ"は明らかになる。それは,車体の外装にアクセントをつけているロール・バーにより,すぐに安全性が読み取れるように強調されているということ。また,適切で最新の方法で塗装されたことで強調されるバスのフォルムそのものにも,その特徴が表われている。

バスの内部。その視界の広さにすぐに気づくだろう。
トンネル現象は，横にはしる荷物棚と，車体後方の凸型天井により解消される。

荷物入れとドアの開口

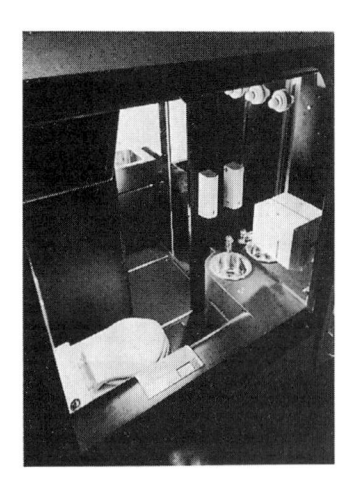

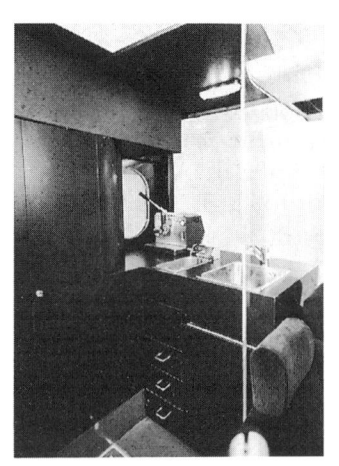

設備一式

展示会用の装備

　問題：ジュネーヴで開かれる展示会,《Telecom 70》の電気通信部門に，イタリアも参加することになった。

　問題の定義：イタリア国内の，公社，一般企業，通信サービス会社，通信機器会社，あわせて 33 の団体が集団展示を行う。おそらく，映写スペースと受付のスペースがあり，電気，コンピューター，電話回線の接続が必要となる。来訪者はある決まった順路を通ることになるだろう。

　問題の構成要素：それぞれの展示参加者のスペースを決める。モデュール化された構造体（連結可能で目立つもの）。使用空間をモデュール化する。不燃性の素材，あるいは自動消火性の素材。テーブルやイスを用いて空間を装飾する。展示場の入り口。来場者の流れ。

展示会用設備が設置される場所の，広さと写真映りを観測。観測しおわったら，すでにある梁と窓をふくめた模型を作る。

この場合，データの収集は必須ではない。というのは，展示会の特性はすでに分かっており，これまでにも同じ設計士たちによって，同様の展示会が企画されているからである。

この装備の設計は，建築家アキーレ・カスティリオーニがパオロ・フェッラーリと共同で行っている。グラフィックについてはマックス・フーバーが企画した。

創造力は，すでに存在するモデュール化された構造体を，いかに利用するかに向けられる。この構造体では，電気，コンピューター，電話回線を接続できるだけではなく，さまざまな空間を区切ったり，目印をつけたりもできる。仕切りとなる構成パーツは，主要構造に比例してモデュール化されおり，拡大写真やその他のイメージを取り付けることもできる。展示スペース全体は，視覚的，造形的な統一がはかられるべきであり，各展示者の特徴をふまえつつ，スペース全体にも特色がでるようにする。電気やコンピューターの接続は簡単に，すばやくできるようにする。

展示会の入場口は，来場者の目を引くものにする。

利用できる素材と技術：工業用パイプTicinoを使用。これは一般に，ケーブルを通すために使用されたり，工場施設でガス管や圧縮空気管として利用されている。あるいは照明，間仕切り，遮断，音響の装置としても使われている。

正面口はクロムメッキされたABSの格子を使用。

写真，デザイン，キャプションの台紙はアルミ素材で。

透ける間仕切りには，人工素材でできたネットを利用。ネットでできたこの幕には，展示者の名前が印刷される。

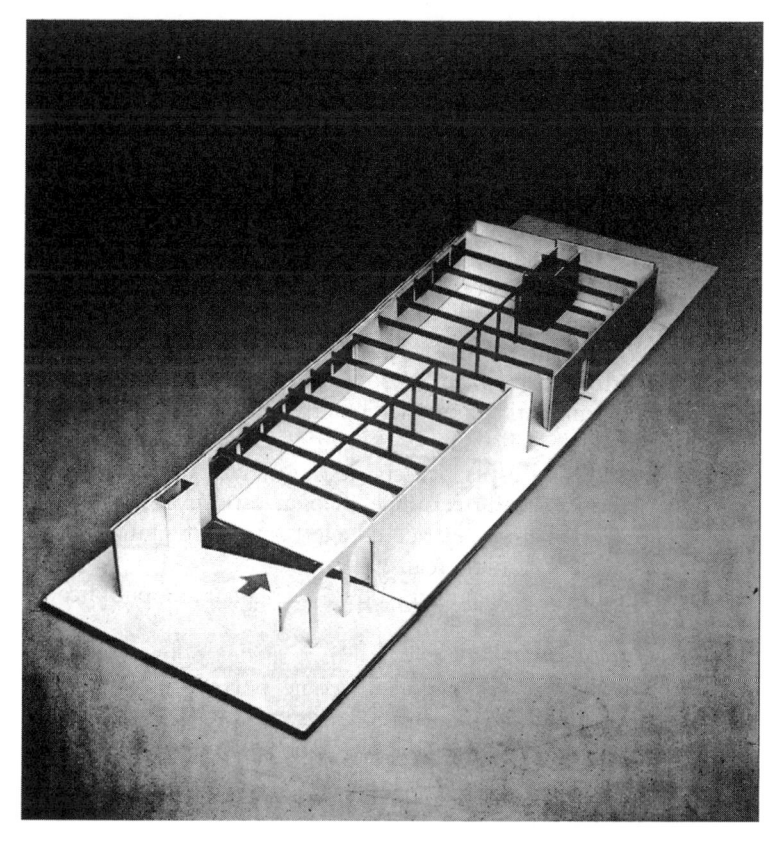

利用スペースの模型

　全体の空間はメラミン樹脂加工された白い布帛で区切られ，その寸法は透ける間仕切りと同じ。暗い色の垂れ幕で，もともとあったセメントの骨組みを隠し，窓を覆う。

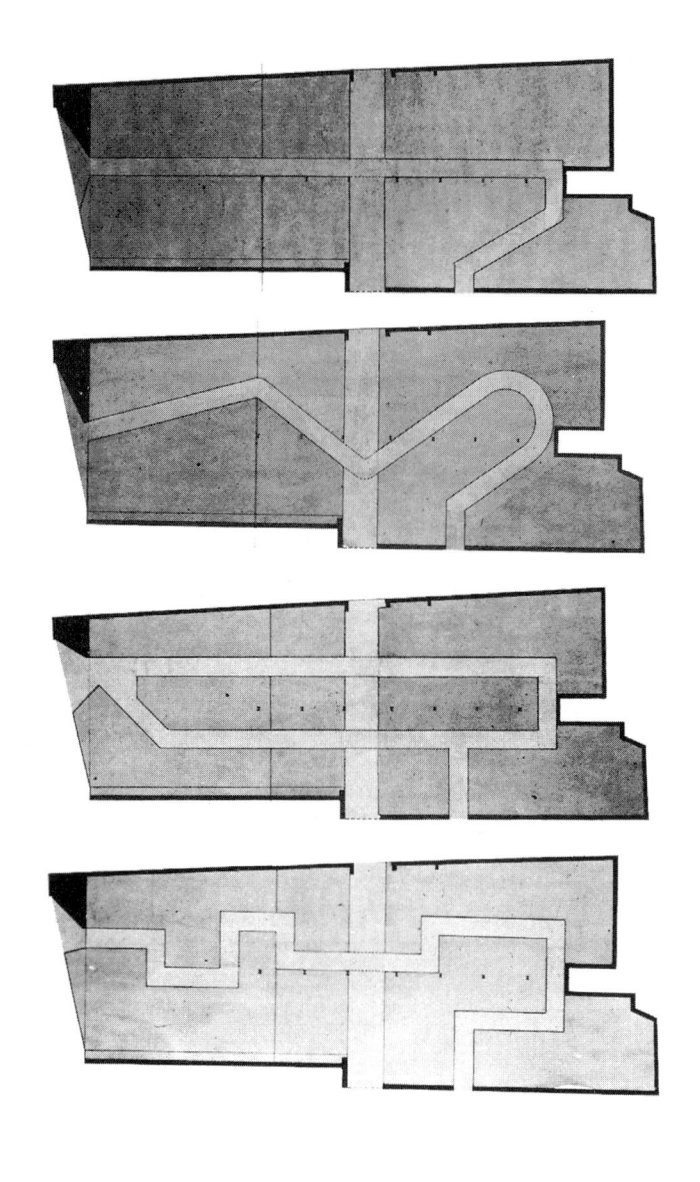

来場者の通路についての研究

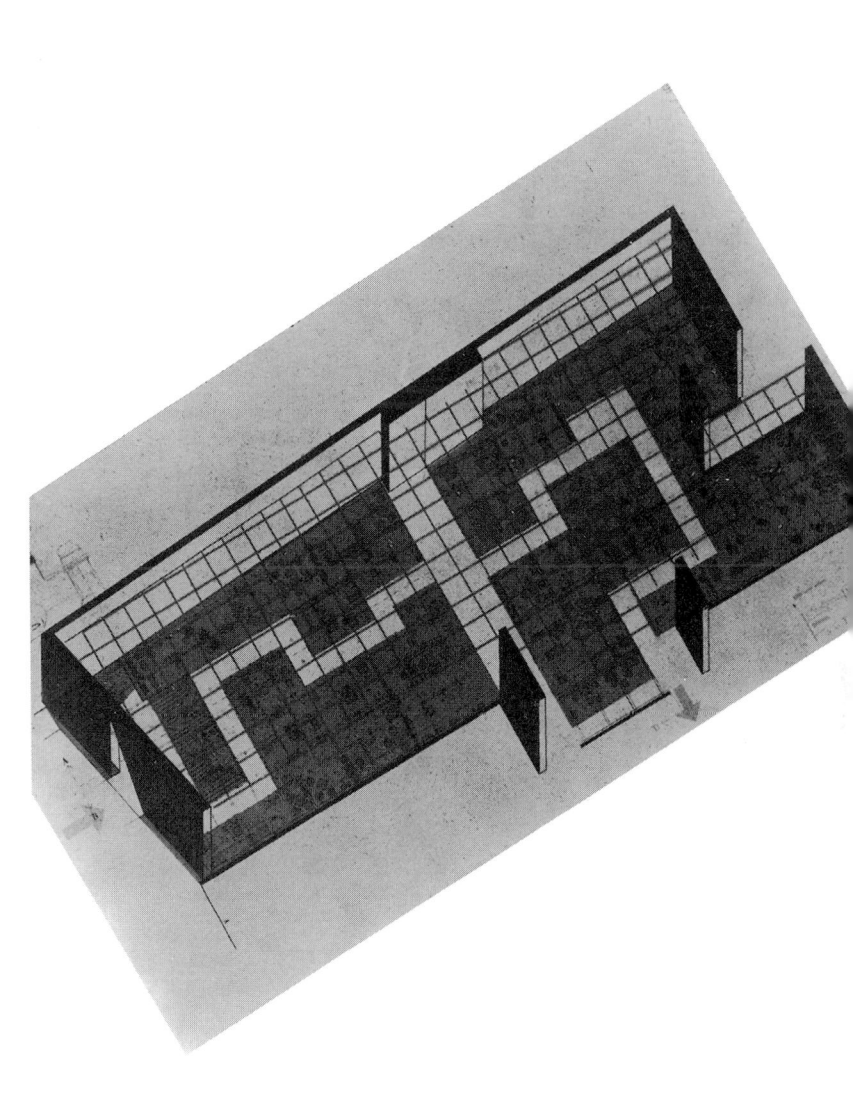

モデュール化された吊り下げ構造の見取り図。電話，電気施設，照明設備を含む。

実験：透ける布地に文字を印刷するための技術とその文字配置について。全体に比した各パーツの大きさについて。連結器具についての研究と実験。

　実際の高低にしたがって，使用スペースの模型を制作。
　来場者用の通路をふまえた模型。
　透ける垂れ幕の実物大モデル。
　装備の一部だけの実物大モデル。
　正面口の一部分だけのモデル。

　それぞれの寸法，連結方法，垂れ幕パネルの使用例。

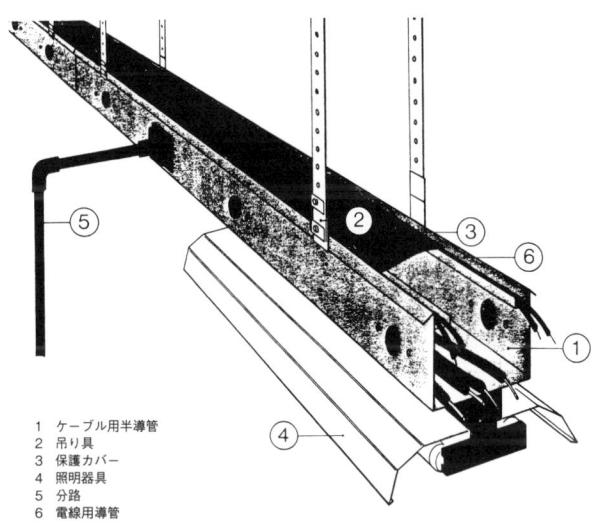

1 ケーブル用半導管
2 吊り具
3 保護カバー
4 照明器具
5 分路
6 電線用導管

モデュール化された構造をもつ Ticino の詳細図。展示会となる会場にすでに設置されているビームに吊るされた Ticino。必要なケーブルをすべて通すことができる。

吊るしパネルを取り付けられる構造のモデル。

展示場（部分）を実物大モデルで。

検証：部品の組み立てと解体について。運搬にかかる総量について。すぐに空間を様変わりさせられるかどうか。全体の見取り図と必要箇所の詳細な設計図について。

展示場の入り口に掲げられた，Italia という文字の細部。

会場内の来場者たち。

イルミネーションされた正面口の一部。クロムメッキされたABS樹脂の格子パネルが用いられている。

展示会場入り口の様子。縦のパネルには参加者の名称や，その他すべての必要事項が示されている。

MINISTERO
P.T.
AMMINISTRAZIONE
P.T.
CSELT
ITALCABLE
ITALCABLE

リサイクル

　著名な心理学者，エドワード・デ・ボノ氏は，フェルトリネッリ社から出版した著作『15日間で学ぶ思考法』のなかで次のように述べている。「重要なのは，物事をそうあるものとして捉えるだけではなく，こうあり得るかもしれないと考えることである。一般に，ある一つの事柄でも，多くの観点から検討することができ，ときには，分かりやすいとはいえない物の見方が，より有益なものを引き出す。そうあるものとされる事柄にぶつかったとき，他にはどうあり得るだろうかと掘り下げることは，どんな場合にも有効な手段である」。わたしは，これに次のように付け加えたい。「それが何になり得るだろうか，あるいは，それが他には何の役に立つだろうかと検討すること」。

　自動車やバイクのシートカバーは，船の緩衝材として用いられる。卵細工の張り子材は音波を遮断する上塗り材として用いられる。ピカソはかつて，自転車のハンドルとサドルで雄牛の頭部を作った。カバーはマントに，衣類を作るのに使われる伸縮する筒状の布地は，ライトの散光器に，そして化学ガラスは花瓶になり得る。

他の利用法を見つけたり，他のなにかに変化させることで，どれほど多くの捨てられたモノがリサイクルできるだろう。すべてのプラスチック容器，すべての非生分解性の素材から作られた品々を，粉々に砕いてセメントと混ぜれば，弱耐力性の壁を作ることができるかもしれない。そうすれば，環境を汚染するだけの素材も，非消滅性というその特性を生かした利用ができるのではないだろうか。

木材の切れ端の利用法：一つはネヴェルソンによる芸術的方法。棚に木片を組み合わせて入れ，一色で彩色する。もう一つは実用的方法。木片を粉々にし，多目的に利用できるチップボードを作る。

エルサレム博物館で行われたリサイクルについての展覧会の一角，イシカ・ガオン氏によりキュレーションされたデザイン部門。前方右の白っぽいモデルは，汚水の浄化槽。この研究は，ハイファにあるエルサレム大学の《Tecnion》により行われた。濁った水中にはバクテリアの藻が培養されている。このバクテリアが成長する際に，水を濁らせている有機物を食べ，それによって水が透明になっていくという仕組み。

モノには，そのままで使われるものもあれば，適宜に切り込みや折り目を入れ，変化させることのできるものもある。ミラノでは毎日，およそ36万個の牛乳パックが捨てられている。これらの空の牛乳パックが，クリエイティヴな人の手にかかると，作るにも，使うにも楽しいおもちゃに様変わりする。牛乳パックは不浸透性である（あたりまえだが）。ならば空のパックをボートに変えて，水に浮かべてもいいだろう。フォルムの特徴だけでなく，材質，色合い，感触といった，それぞれのモノの性質をよく観察すれば，他のなにかに変化させてみようと思いつくかもしれない。この発想は，子供たちにクリエイティヴになることを，また，エドワード・デ・ボノ氏の言う物の見方を教えるのにも有効である。そして何より，タダで，楽しく，おもちゃを作ることができる。

　モノを見て変化させることに慣れ親しんだ子供は，将来クリエイティヴになり，決して退屈しなくなるだろう。

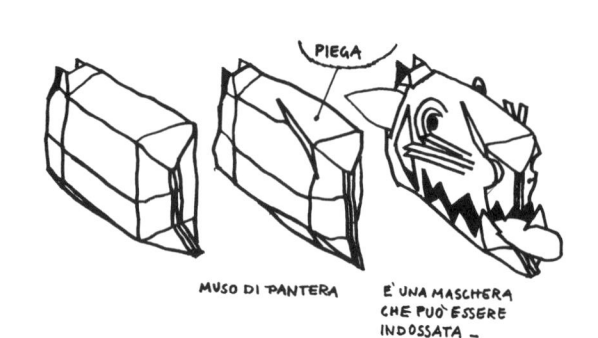

MUSO DI PANTERA　　E' UNA MASCHERA CHE PUÒ ESSERE INDOSSATA —

PIEGA

プーマの頭。平行六面体の牛乳パックに、何も足したり引いたりせずに作られている。これはトニノ・ミリーテの手によるもので、切って折った後、黒のスプレーをかけて仕上げられた。
子供用のお面にどうだろう。
3つのスケッチ（左頁）を見れば、どのようにトニノ・ミリーテがパックを変化させ、クリエイティヴにリサイクルしたのかがわかるだろう。

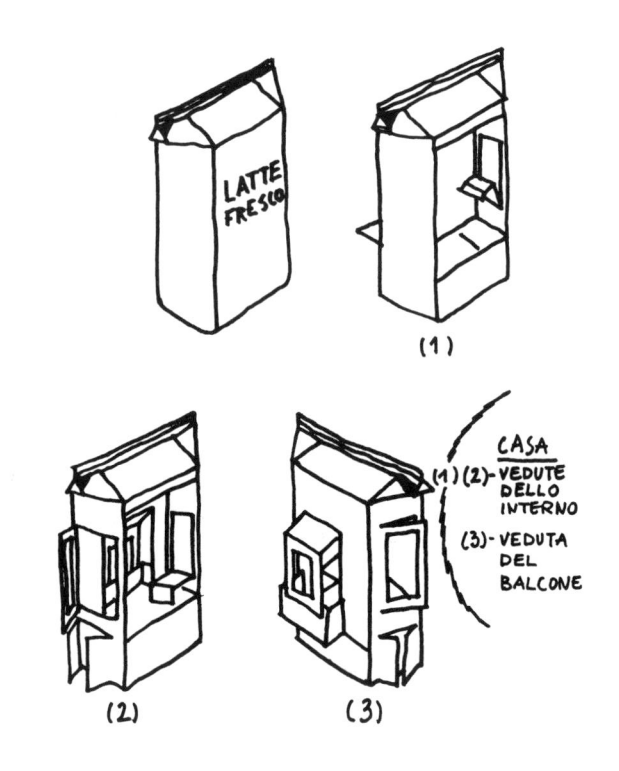

トニノ・ミリーテによる牛乳パックの七変化：バルコニー，ドア，窓のある小さな家。

牛乳パックの小型汽船。この種の作業は，モノのリデザインに近い。まず牛乳パックがあり，そのフォルムや素材を重視した再設計によって，オモチャが生まれる。つまりフォルムの変化だけではなく，機能の変化も起こるのである。

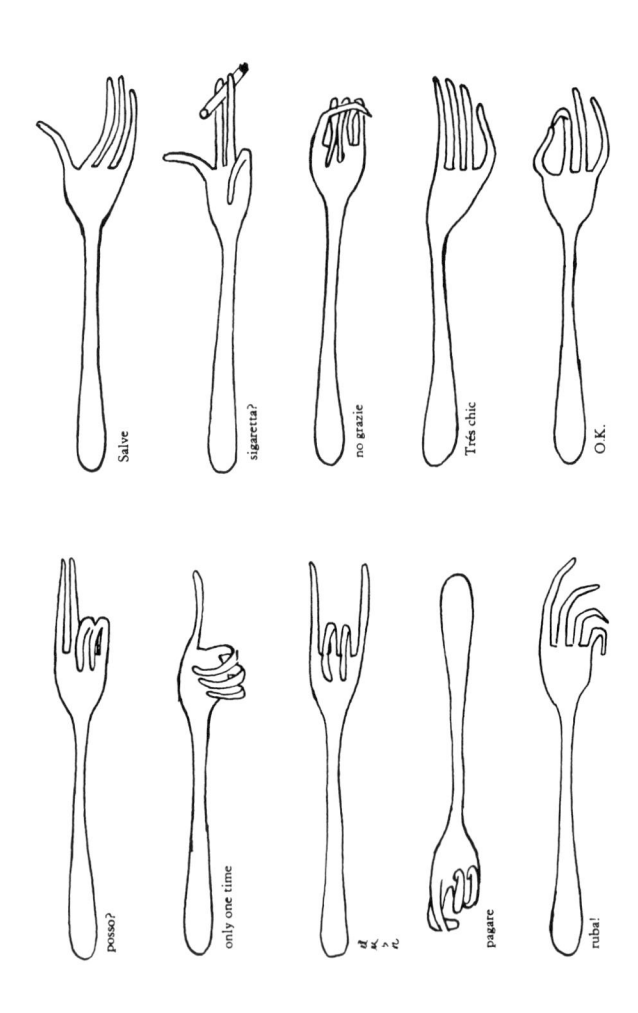

フォークの手。デザイン：ブルーノ・ムナーリ。

ダブル・イメージ

　16世紀，ジュゼッペ・アルチンボルドの時代から，ダブル・イメージはヴィジュアル・コミュニケーションの領域で利用されてきた。当時は，絵画，彫刻，素描，舞踊といった分野に限られ，一度に複数の情報を伝達するために用いられていた。

　現在では，この伝達方法は，ヴィジュアル・コミュニケーションやさまざまなレベルの芸術，白黒の宣伝広告，そして絵画，つまり，いまもまだ制作されている絵画やシュルレアリスムに起源をもつ絵画のなかで利用されている。
　知覚論という科学の領域では，この知覚現象は熱心に研究され，芸術の領域では新たな組み合わせが実験されている。
　この分野のマエストロは，アート界で国際的に著名な日本人デザイナー，福田繁雄である。彼は，近ごろ日本で他に類を見ない彫刻を制作した。ここにもその写真を掲載している。作品名はおそらく，ピアノとヴァイオリンのコンサート，だろうか。この彫刻は，ほぼ立方体の平行六面体のヴォリュームから着手され，完成されている。一辺15cmの木材の立方体を手に取ろう。やわらかく，木目のない材木，例えばハイマツの材木を用意する。

THE TOMB OF NAPOLEON.

1835年に刷られた版画。セント・ヘレナ島にあるナポレオンの墓石が描かれている。2本の木の間には，かなりはっきりとナポレオンの輪郭が見て取れる。

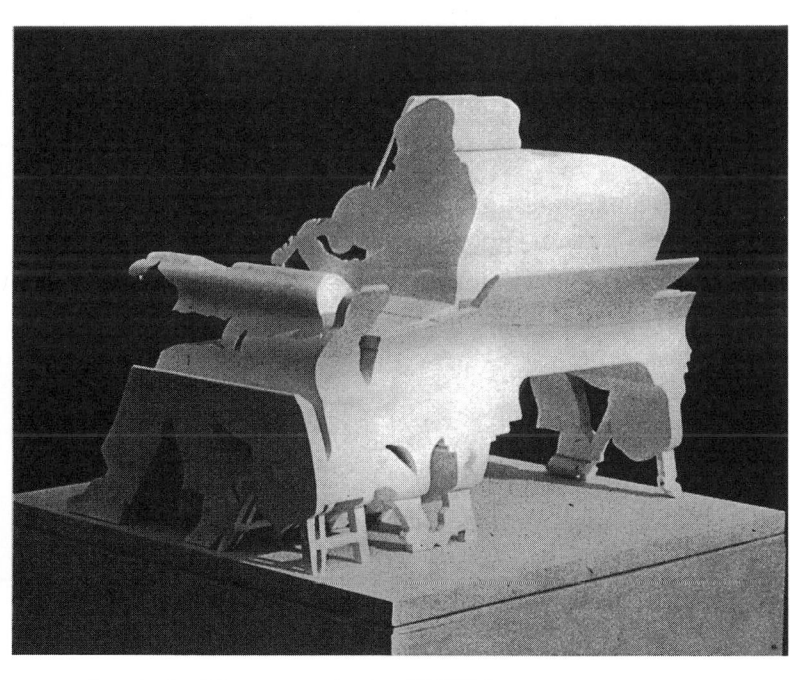

ピアノとヴァイオリンのコンサート。福田繁雄作。

ヴァイオリニストの側から見た彫刻。

　立方体の一つの面に，ピアノを奏でるピアニストの輪郭を描こう。次に側面に，座ってヴァイオリンを弾くヴァイオリニストの輪郭を描く。それからピアニストの線にしたがって，立方体全体を切り落とし，もう一つの面を，ヴァイオリニストの線に沿って切る。
　その結果は，ここに掲載した3枚の写真に見て取れる。

ピアニストの側から見た彫刻。

風景－人物画。イギリスの版画。作者不詳，1900 年。

このミニテーブルのフォルムは，人の横顔の輪郭にそって削り出されている。

　純粋に美的機能をもつモノの企画設計——デザインの分野では，大量生産品や芸術教育のための知育玩具の企画設計——では，このような法則は，ダブル・イメージの場合だけでなく，組み合わせによる多数のイメージを知覚する場合にも応用されている。

視知覚のヴァリエーション

　トリエステ大学心理学研究所のガエタノ・カニッツァ氏が行った視知覚についての例証の一つに，人間の目がどのようにフォルムの全体を知覚するのか，また，分散した部位を一つにまとめるために，どのようにイメージを連結させて全体を完成させているのか，ということをきわめて明瞭に示すものがある。

　ここで見るイメージは，四等分の円8つからできており，それぞれの直角を2つずつ合わせ，互いが左右対称になるように置かれている。この構図での直線と曲線は，観察者の目がいくつかの図をつなぐように，つまり，各部位をある一貫した全体として認識するようにうながす。次の異なる4つの例では，全体のヴォリュームまでも変化させる。

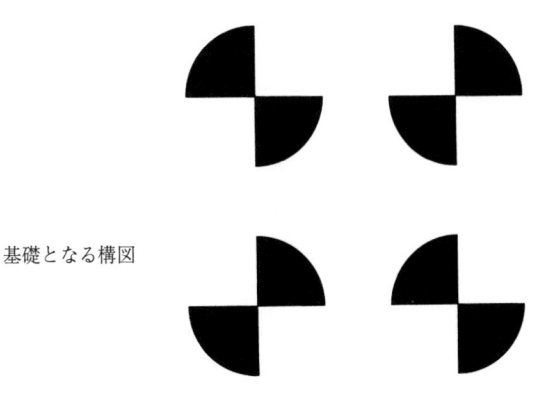

基礎となる構図

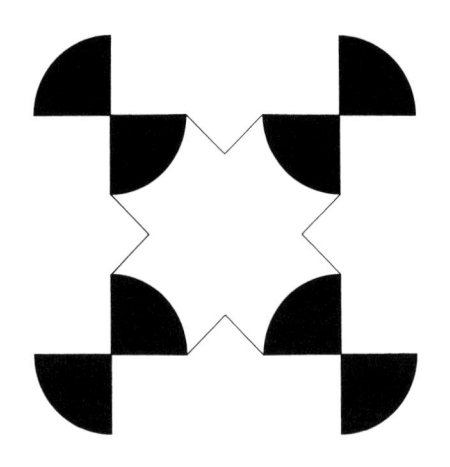

4種のシンメトリーを構成する同一フォルムは，観察者の個人的な知覚の特徴にしたがい，異なる方法で空間に配置される。

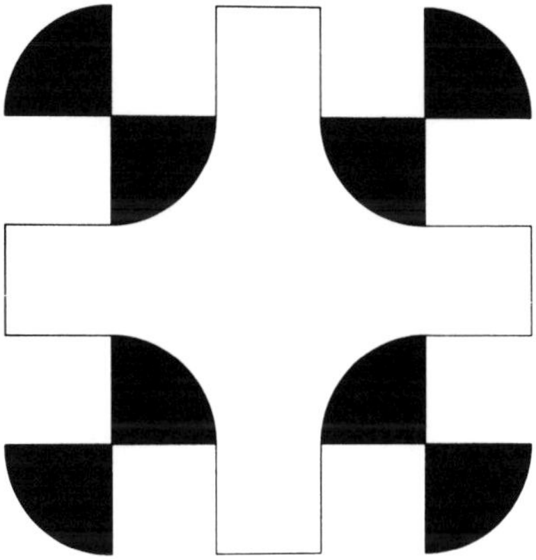

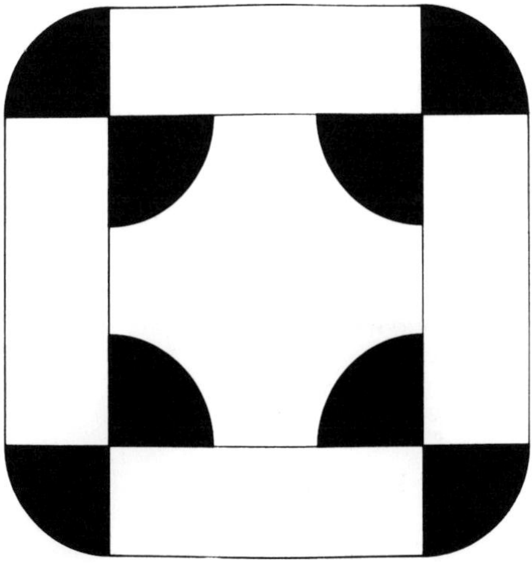

生体工学

　生体工学（バイオニクス）は，生物やそれに類似するものを研究し，テクノロジーに応用可能な，経過，技術，新たな原理を発見しようとするものである。この研究では，素材の交換，制御範囲の拡大，エネルギーや情報の転換によって，原理，特性，システムが検証されている。

　出発点として，自然界の事象を取り上げ，そこから設計の解決案を展開させる。

　例えば，竹のもつ自然構造，つまり竹の典型的な繊維構造から，プラスチック素材をガラス繊維で補強するという発想は生まれた。

　あるいは，いくつかの魚のフォルムを研究した結果，船に適したフォルムが生まれ，水中で泳ぐ魚の振動の動作から，ポンプの発想が生まれたのである。

　果実，昆虫，種子，花，枝の分岐，動物の動き，竹のしなやかさ，卵の殻の耐久性など，これらを分析することは，もちろん知識を得ることにつながり，また，創造力を刺激することでもある。

裏返したウニの棘皮。棘皮は石灰質。5本の歯のうち，2本が見える。この歯が，棘や顎を動かす筋肉構造を支えている。

この分野での興味深い研究の一つに、ジョルジョ・スカルパによって行われた研究がある。それは、《アリストテレスの提灯》と呼ばれるウニの口器の研究だ。この《提灯》は、顎の役割をしており、その構造は石灰質の関節部位から成る。

　いくつかの部位は簡単に分析できる。これらは硬く、傷つくことも、変質することもない。一方、これらをつなぐ柔らかい部位は、損傷しやすく、ウニの口を形成している。

　提灯は、筋肉にしっかりとつながっており、その筋力が提灯を動かす。筋肉構造は、非常に複雑で、口器全体の動きに関係する。

　殻の外からでは、その動きをほんのわずかしか見ることができない。したがって動きの核心をつかむにはウニの内部に入り込まねばならないだろう。

　海岸でスカルパはさまざまなウニを拾い集め、分類し、部位を分解し、よく洗ってガラスの小瓶に詰めて持ち帰った。

　提灯を洗っている最中に、全体からいくつかの部位がはがれることがある。それにより、さらに小さな部位で構成されていることが分かる。部位を数え、フォルムを分析する。提灯は、正対称の五角形だとすぐに分かり、全体のフォルムは五角形を底辺にした角錐に似ている。提灯は同じ5つの部位に分裂している。この五角形の対称軸にそって分裂した五角錐は、形も大きさも同じ5つの三角錐に分解できる。この三角錐が、提灯の5分の1の小房を構成するフォルムだと認められる。

動く5つの歯。口の周囲にある皮膜部の中心部で，部分的に重なっている。

40の関節からなる複合構造。関節は石灰質。五角錐の一種のようなこの構造は《アリストテレスの提灯》とも言われ，顎の役目を果たしている。
側面からの様子。

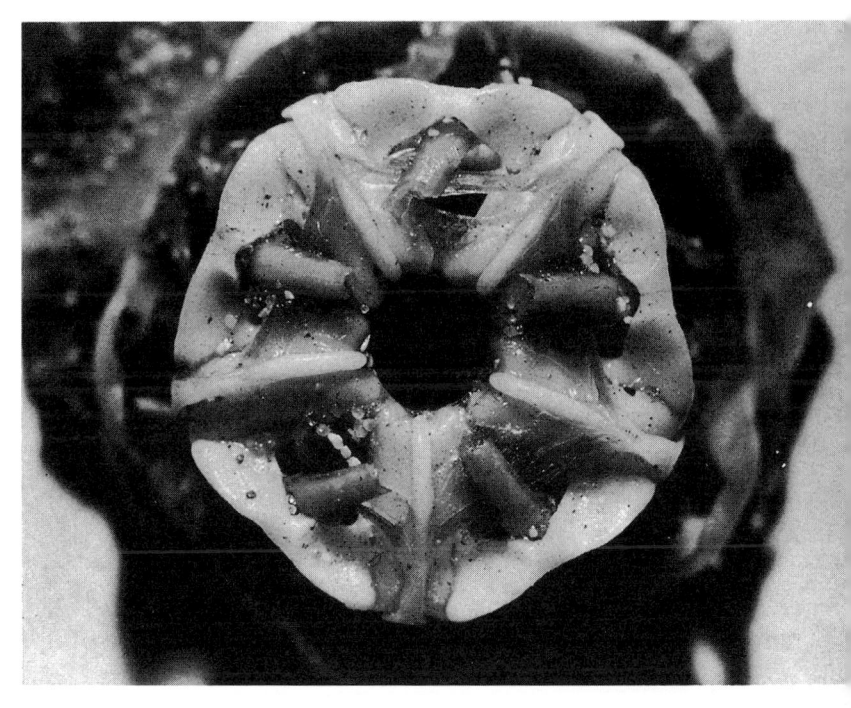

上部からの様子

　この三角錐の一つを構築することが，最初の具体的な試みとなる。小房の内側の2面は，同じ2つの直角三角形のようである。一方，外側の2面は，異なる2つの二等辺三角形のようである。

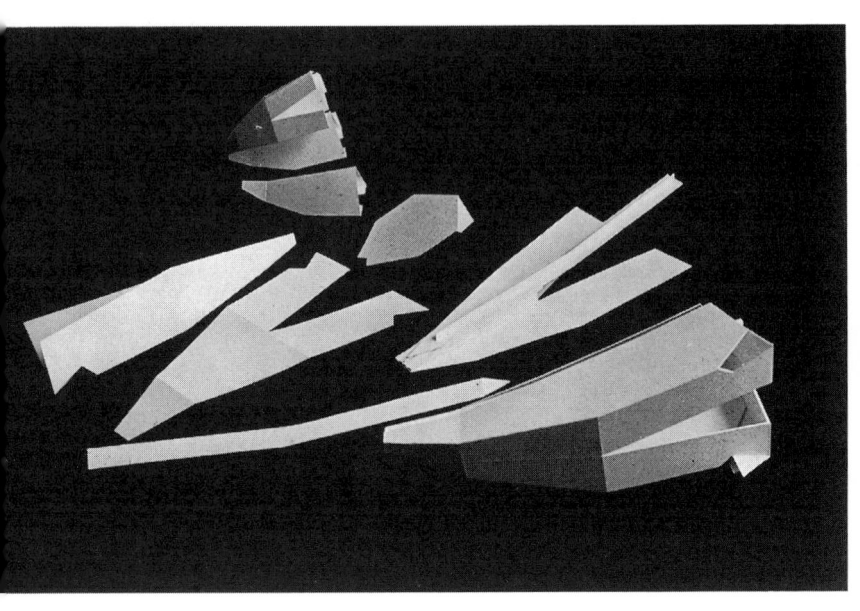

顎の内部の，歯の動きに関する最初のモデル。

　この器官の幾何学模型を作り始める。まるで本物の器官は"使い古された"幾何学模型のようだ。しかし，まだフォルムや構造において気づく点がある。さまざまな部位を，その比率や機能を精確にとどめながら図案化し，実物に照らし合わせながら研究は続行される。

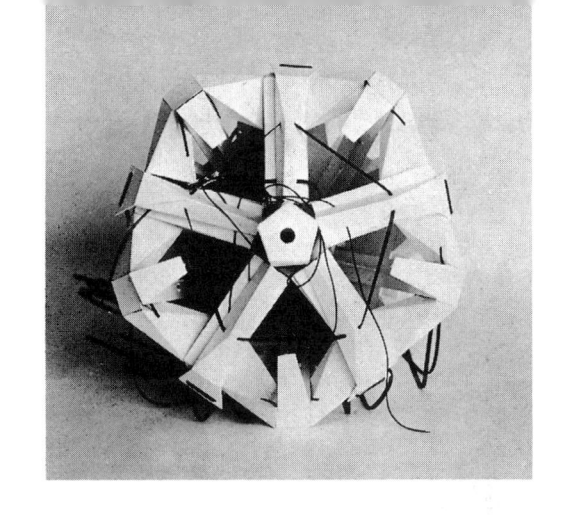

すべての関節部位をもった第一の模型。
ここで研究されるのは，部位の数とそれぞれの空間的な配置の関係。石灰質で，筋肉質な提灯の構造に似せて，これらの部位は組み立てられる。

最終模型。ここでは，縦の動きと頭状花の動きがよく見えるように，それぞれの部位がゴムでつなげられている。バランスの保たれた縦軸の傾斜は，このゴムの張力によって決まる。模型は，口の開閉の動きをシミュレーションする。

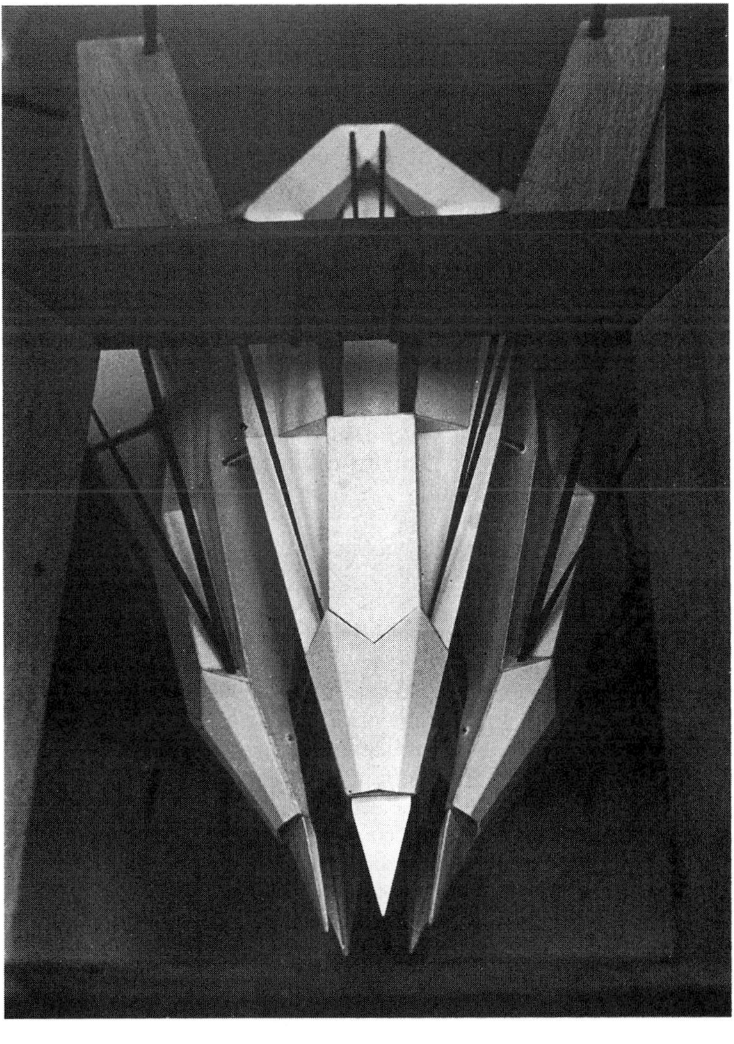

近接学

　近接学(プロセミクス)とは，人間の空間の用い方について観察し研究するものである。この学問は，人間とそれを取り巻く環境，人と人との接触，あるいは非接触の状況を研究し，《個体距離》を検証する。個体距離とは，公共交通機関の停留所で立ち止まっている集団や，郵便局で長蛇の列を作っている集団における距離を自動的に決定するものである。

　静穏な共同生活を可能にする視覚的距離，または，不快な状況や言い争いを引き起こす最小距離とはどの程度であるか？　ヴェネツィアのサン・マルコ広場は，その大きさや雰囲気からしても，多くの人々がその個性を失うことなく出会える理想的な場所だろう。オープン・カフェのイスやテーブルは，一対一の人間，あるいは集団にとっても，サービスを行う点においても，視覚的に自然な空間となるように配置されている。

　インテリアの分野なら，近接学はより正しく設備を配置するのに有効である。その原理を用い工夫すれば，ある種のキッチンはより機能的に，より居心地よくなるだろう。

空間を正しく使用している例は，日本の伝統的な家屋にある。日本の家屋では，どの空間も生活可能なスペースとなっていて，私たちの住居にあるような無駄な空間——例えば通路にある空間などがそう。ああした空間はなくても問題ないだろうに——がない。日本の住居には，家具や定められた空間がないので，好きな場所に身を置き，好きな窓を開け（700年以上前から，連続する窓や可動式の壁がある），空間の大きさを変化させることができる。つまり内と外が合一しているのである。とどのつまり，《空》の原理は，禅の原理である。彼らは次のように言う。空に住んでいるのであって，壁はこの空の境目（外に向かって開くことも，広げることもできる）でしかない。だから，住居とはさし出された空に等しいのである，と。西洋では，部屋を家具や絵やさまざまなモノでいっぱいにする。それに対し，東洋では，空であることに重きが置かれている。この一続きの内と外とのつながりは，閉所恐怖症を防ぎ，人は家のなかでも，"自然のなかに"居るように感じることができる。

人間工学

　人間工学（エルゴノミクス）とは，仕事場における労働者の状態を改善するために研究されている学問である。この研究は，人体解剖学の知識，生理学，産業医学から助力を得て行われる。

　多くの研究や実用的な応用がさまざまな分野でなされている。例えば，公共交通機関や，乗り物の運転席や操縦席では安全性を増し，事故を減らすために利用される。あるいはオフィスの作業場やデパートでも。都市工学の分野では，とりわけ障害者の住居，それから，ひどい騒音の場所，高温や低温の場所，特殊な光の下の作業場で活用される。

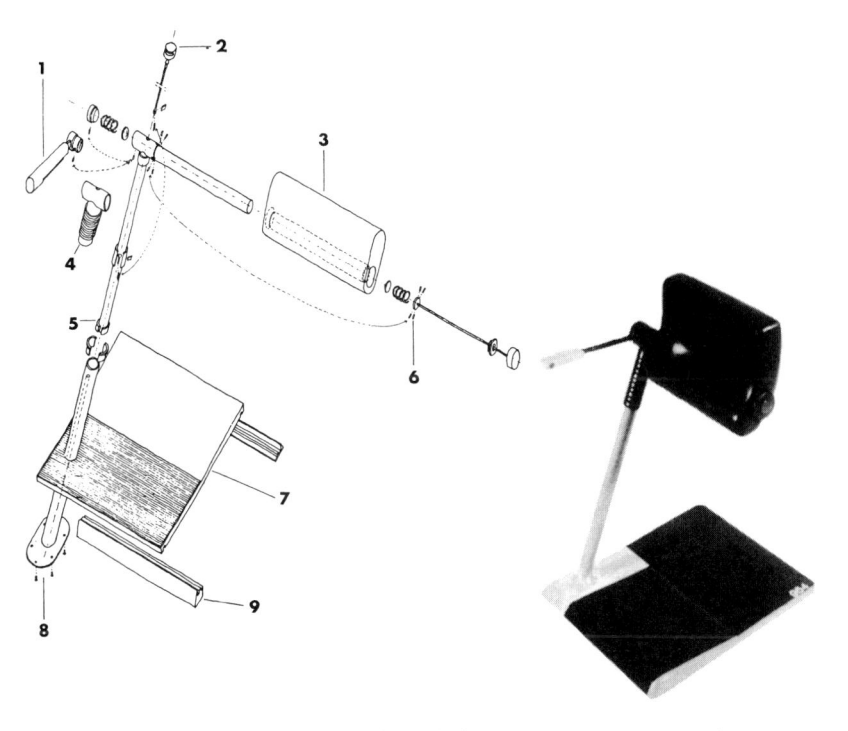

工場労働者のための腰掛け。設計者：建築家ラウラ・グリゾッティ，デザイナーイサオ・ホソエ，建築家ピエトロ・サルモイラーギ，応用人間工学研究所（建築家ルイジ・バンディーニ・ブーティ，生理学者ガブリエーレ・コルティーリ，物理学者エンリコ・モレッティ，産業医学者カジョ・プリニオ・オデスカルキ）。この腰掛けは1977年にファエンツァのCISA*のために設計された。

1. リモート・コントロール用グリップ　2. 高さ調節用安全グリップ　3. 座席：ポリウレタン　4. ジャバラ：柔軟ゴム　5. 脚：スチールパイプ　6. 座席用回転軸　7. 基部：軽合金　8. パイプ止め　9. 調節台

* 1926年創業の錠前メーカー

　労働条件が改良された例の一つに，ある機械の監視係のための腰掛けがある。これはイスとスツールのあいだのような腰掛けで，"立ったまま座る"のだが，作業中の疲労をいくぶん和らげることができる。座席部分は柔軟ポリウレタン，ジャバラは柔軟ゴム，脚は金属製である。

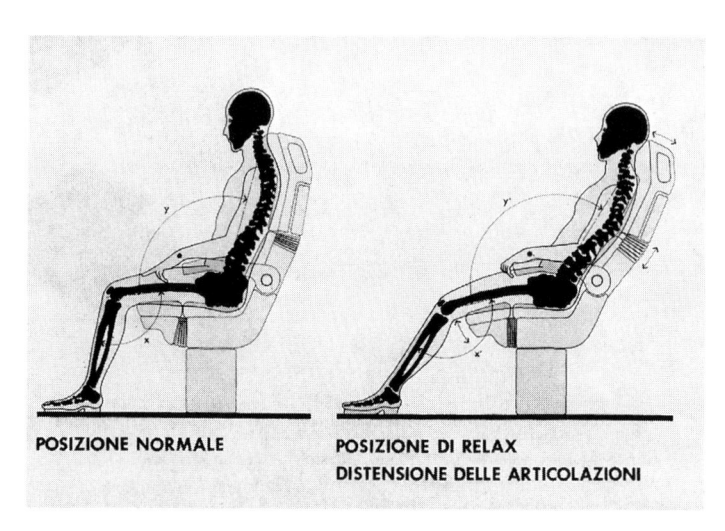

POSIZIONE NORMALE

POSIZIONE DI RELAX
DISTENSIONE DELLE ARTICOLAZIONI

アンコーナ県モンサーノのR. Lazzerini & C. 社のために設計された座席。デザイナー：ミラノのイサオ・ホソエ。本体はポリウレタン，クッションは布張りの発砲ポリウレタン。大きさは50×70×110cm。この設計では，乗客に最大の快適さを提供するために人間工学が用いられ，身体の関節を伸ばすことができる。座面より少し高い位置で背もたれを調節できるので，伸びた姿勢になっても腰を支えることができる。座席の前方は，足の筋肉を圧迫しないように下に曲げられる。

飛行機用座席の実物モデル。ミニテーブルを倒すことができる。また，嵌め込み式のアームレストにも注目しよう。こうすれば邪魔にならない。

照明技術

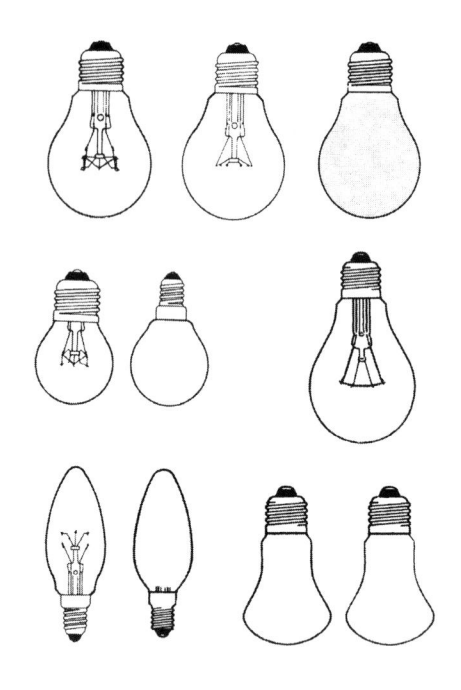

一般的な白熱電球とハロゲン電球。

　ある環境の照明を企画設計することになったら，企画者はまず資料にあたらねばならない。どんな種類の光源が使用できるのかを調査し，それぞれの効率や利用の際の特性を把握する。

　今日では次のような光源がある：白熱，蛍光，水銀，ナトリウム，ハロゲン，キセノン，混合ランプ。

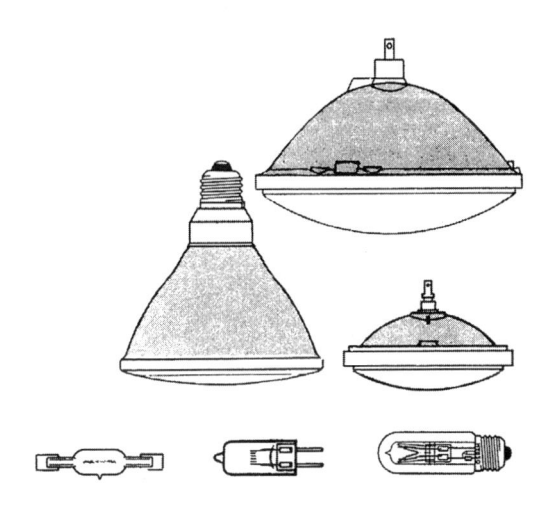

白熱電球は大きく2つの系統に分けられる。不活性ガスの電球とハロゲンランプである。白熱電球は，細いタングステンのフィラメントが，電流の流れによって白熱する。

　光色は，温かみのある白で，夕焼けの光に似ている。

　ハロゲンランプ（クォーツとも言う）は，フィラメントが白熱しても電球内が黒くならないので，明るさが損なわれることがない。さらに白熱電球より長持ちし，電球の大きさは一般の白熱電球より小型である。

蛍光ランプは，ガスが封入されたガラス管内で放電することにより光る。このガスの電子が，放電により"興奮"し，ガラス管内部に塗装された蛍光物質と衝突し，光を発する。光色は，用いる蛍光物質により変化する。発光効率は高く，消費電力は少ない。

　水銀ランプの光は，高圧水銀蒸気中の放電により発生する。
　この光色は，あまりよくない。より豊かな演色性，発光効率が得られるように，他の物質を使って改善されている。

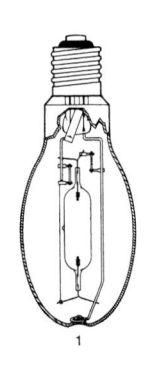

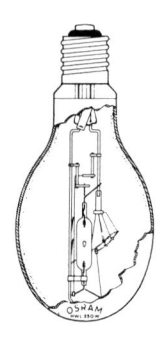

1

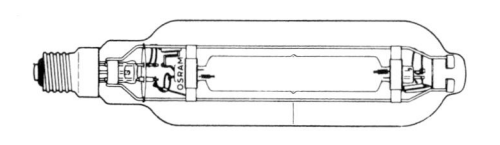

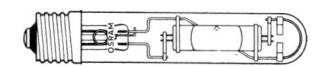

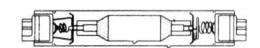

3種のハロゲンランプ，左頁中，左は水銀ランプ，右は混合ランプ。

ハロゲンランプ：特定の金属のハロゲン元素を水銀に加えると，高圧放電でのスペクトルを大幅に広げることができる。その結果，発光効率や演色性は格段に改善される。

この光のトーンは昼間の自然光に似ており，演色性も良い。

混合ランプは，白熱電球と水銀ランプを一つの電球の中で合わせることにより発光する。発光効率は白熱電球より高く，また長持ちする。

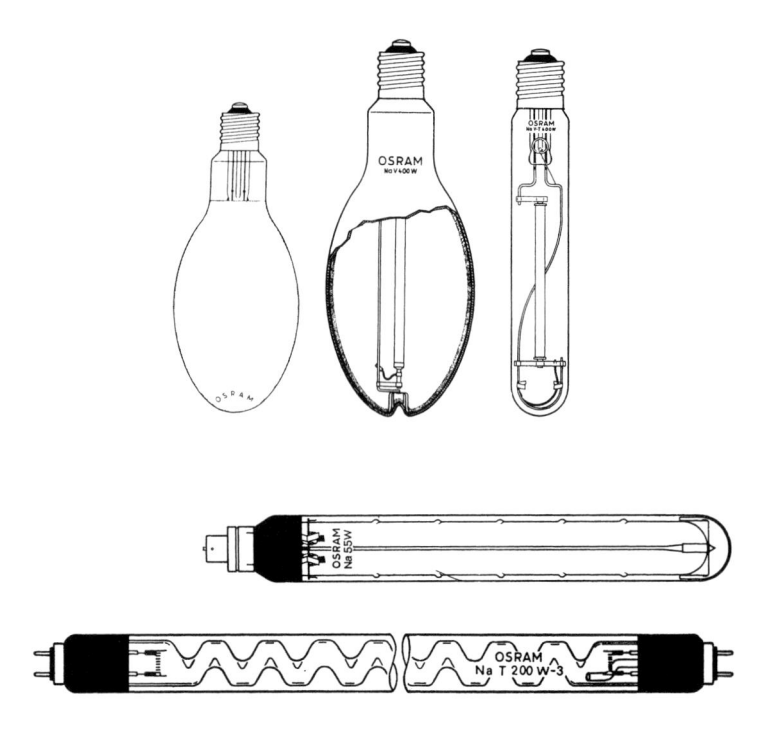

3種類の高圧ナトリウムランプ。下方は2種類の低圧ナトリウムランプ。

　低圧ナトリウムランプは黄色の単色光なので，この光に照らされるとどんなものでも黄色に見える。

　発光効率はきわめて高い。ランプは，水平方向（20°まで許容）で点灯させる。

　高圧ナトリウムランプは黄白色で，演色性もまずまず。

キセノンランプは自然光と同じ光色なので，その演色性はたいへん優れている。

照明技術では次のような測定単位がある。
光束
発光効率
光度
照度
輝度

光束とは，光源から放射された光の全量のことである。単位はルーメン。

発光効率とは，放射された光束（ルーメン）と，吸収される電力（ワット）の関係のことである。単位はルーメン毎ワット。

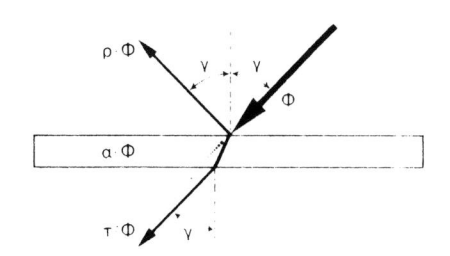

透明の平面に光が放射される：反射，吸収，透過となる。

光度：光束にはさまざまな強さがあり，単位はカンデラ。

照度とは，ある平面に照射された光束のことである。単位はルクス。

輝度とは，ある平面の光度のことである。単位はカンデラ毎平方メートル。

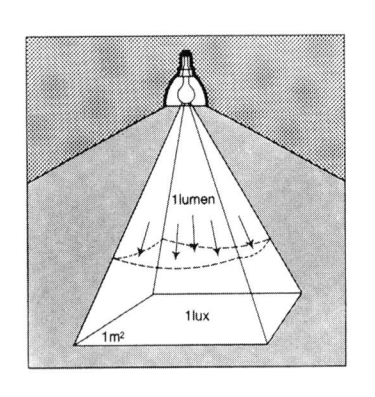

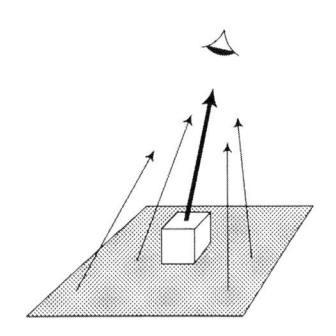

1ルクスの照度は，1平方メートルの平面に投射された1ルーメンにより得られる。

輝度は，ある表面が人の目に与える光の効果を表わす。単位はカンデラ毎平方メートル。

単位：ルーメン毎ワット（1m／w）

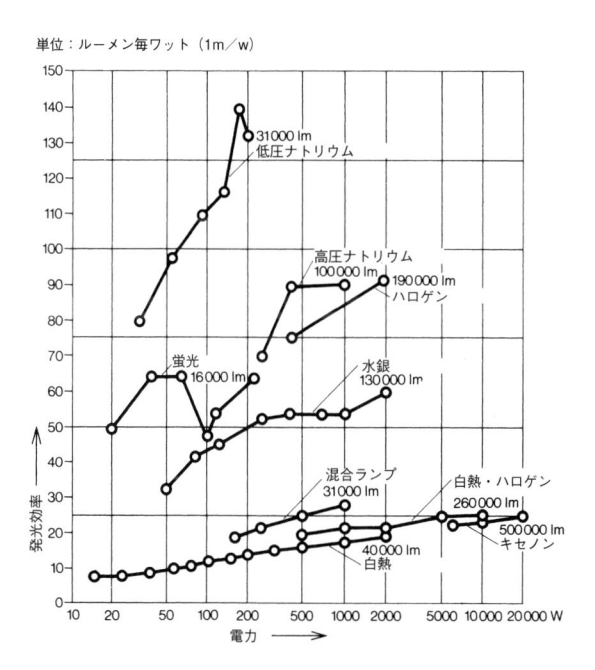

ある電球の発光効率とは，放射された光束（ルーメン）と，吸収される電力（ワット）の関係のことである。

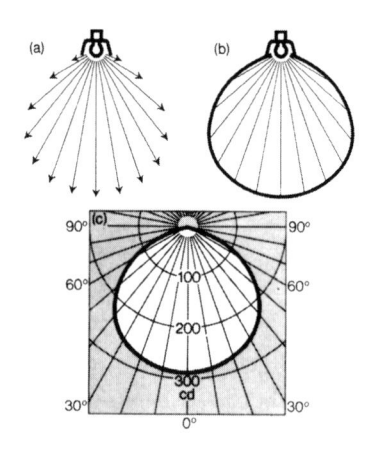

ある電球の光度をさまざまな角度から計測すると，光源の配光曲線が得られる。

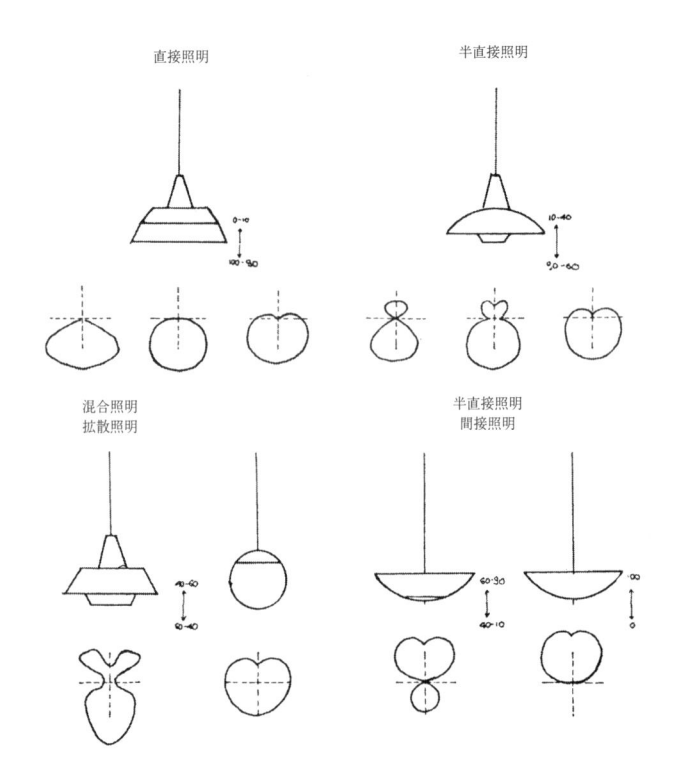

直接照明

半直接照明

混合照明
拡散照明

半直接照明
間接照明

型抜き

　浜辺の子供たちは，小さなバケツにしめった砂を入れ，地面に引っくり返し，そっとバケツを持ち上げる。地面にはしめった砂がぎゅっとつまった円錐台がのこる。小さなバケツは鋳型となり，これを使えば，同じかたちの砂の円錐台をいくつでも型抜きできる。

　鋳型とは，同じフォルムを複製する工具（あるいは原型）のことである。子供の使う鋳型には，手工業で用いられる鋳型や，同一部品を大量生産する工場で用いられる鋳型にみられる問題はない。

　つまり，収縮，深彫り，折目での引き延ばし，押し付け，という問題は検討されないのである。バケツで型を抜くのは簡単である。なぜならバケツの形が円錐台（植木鉢のような）だから。これがもし円柱だったら，型抜きは難しくなる。

　液体，半液体，粉末状，板状と，各素材を成形する鋳型を作る。開いた鋳型，二重の鋳型，複合的な鋳型というように，用いる材料や加工法に合わせて鋳型を作る。鋳型はその目的に応じて，石灰，土，木材，金属，さまざまな材料を合わせたものなどから作られるだろう。

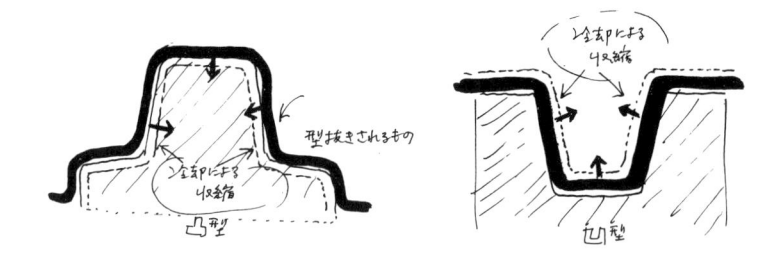

手による成形

　型抜きのもっとも職人的な技術は，ポリエステル樹脂を用いて，手で成形するものである。木材，鋼，あるいは強化ポリエステルで作られた鋳型の上に，分離剤と特殊樹脂の層を敷く。この層が，型抜きされる部品の見た目となる。続いて，補強材を重ねる。補強材は，グラスウールのフェルトである。このグラスウールには，触媒反応によって得られたポリエステル樹脂が含浸されている。

　成形された部品は凝固し，2つの面が現われる。精確な面（鋳型に触れていた面）と，グラスウールと樹脂が重ねられていた不規則な面である。スプレー式の樹脂やグラスウールを使う場合もある。

触媒入りの樹脂とグラスファイバーのスプレー。

ローラーを用いた手による成形，鋳型は木製。材料を均等にしている。

プリプレグ成形

　強化ポリエステル用の鋳型は銅製で，型抜きは加熱プレスで行われる。鋳型の上にポリエステル樹脂で収束されたグラスファイバーのマットを置く。この特殊なマットはロールで販売されており，使用期限は3，4ヵ月である。
　この技術は中位の大きさの製品を量産する場合に適しており，強い機械応力に耐える製品を作ることができる。
　型抜きは2，3分以内でなされる。

強化ポリエステル製のイスを型抜きするための銅製の鋳型。

セレーネチェア。デザイン：ヴィーコ・マジストレッティ，製造：アルテミデ。

圧縮成形

この種類の鋳型は，鋳型と逆のパーツとそのままのパーツ，2つのパーツから完成する製品を作ることができる。この鋳型には樹脂剤とグラスファイバーを用いる。重合に要する時間は，鋳型を温めるなどして短縮もできるが，その時と場合による。

この圧縮成形機では，樹脂剤とグラスファイバーを見ながら作業できる。

射出成形

　この製法は，冷却された鋳型に液状の成形材料を高圧で，瞬間的に流し込む。

　生産性が高く，仕上がりも良い。

射出成形で作られたポリプロピレンのイス。脚は分解可能なので，運搬や在庫にスペースを取らない。
デザイン：カルロ・バルトーリ，製造：カルテル。

押出成形

　これはパイプ，バー，シート，形材，フィルム，筒状のフィルムを成形する一連の製法である。よくある肉挽き機のように，大きなハンドルがあり，これで加熱シリンダー内のホッパーから，加熱シリンダー内で融解され，均質化された原料を流し出す。

　熱可塑性の原料は，でき上がりの形状をしたノズル（ダイ）から途切れることなく流れ出てくる。

　押し出された製品は，水冷却された選別機と接触することで冷却される。手作業で行う選別機での冷却速度が，押出の速度を限定し，決定する。

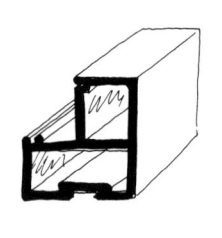

押出で製造されたレンガ。
押出成形の例としての肉挽き機。

PVCの押出成形。建築用の梁。
設計:建築家マリオ・シェシェンバウアー。

真空成形

　この製法の鋳型は，アルミニウム製，エポキシ樹脂製，木製など。この場合，原料は板状で，製品は相当な大きさになる。安価な鋳型を用いるので，利用しやすい製法である。

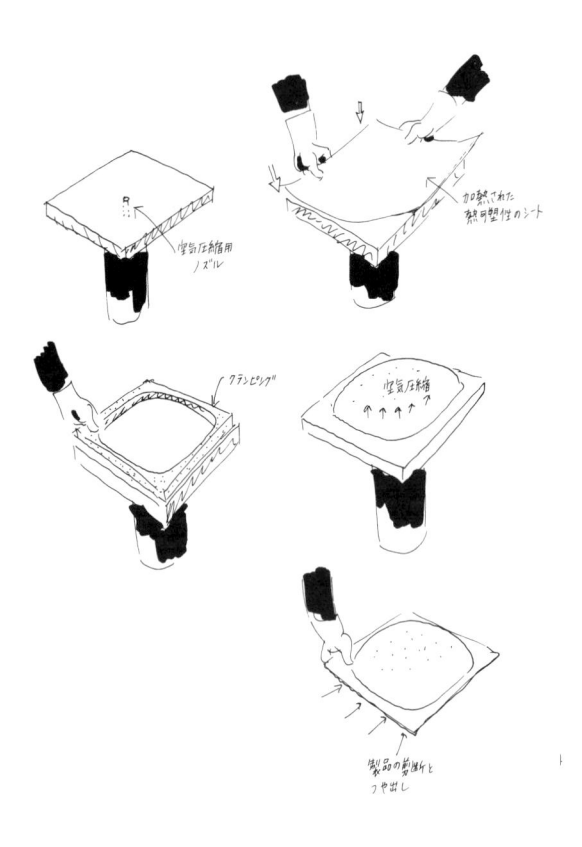

上の図では，真空成形で一枚の熱可塑性素材から小さなドームを作っている。

熱成形

　この製法は，特殊な形をした大型製品（例えば7×4mの外面）を成形する場合に用いる。原料はシート状。鋳型はアルミニウム，エポキシ樹脂，あるいはまれに，木材で造られる。
　ラミネート加工された熱可塑性素材を加熱し，加圧して成形する。
　使用可能な素材は，ポリスチロール，モプレン，メタクリレート，PVC（ポリ塩化ビニル）など，ある一定の温度で軟化するもの。

ABS樹脂を変形させたシトロエン，Mehariの車体。

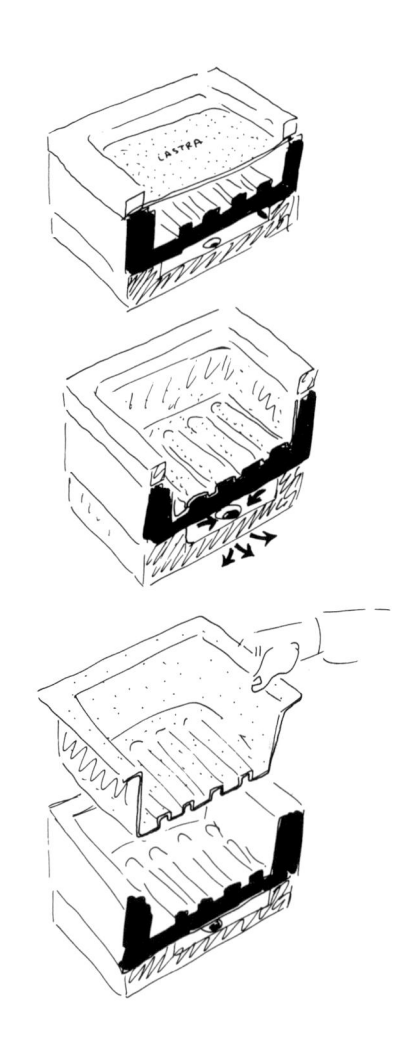

真空成形における3段階。
熱可塑性素材のシートを鋳型の上部に枠組みで固定する。軟化する温度に設定し，型に開けられた穴から空気を吸い，成形する。その後，製品は取り出され，仕上げられる。

バスタブを成形するためのアルミニウム製鋳型。真空成形の製法によりメタクリラートのシートがバスタブに成形される。

真空成形により作られる大きな部品。
これは太陽熱集積器のコンテナで，ネーラ・モントーロ学校の正面に設置される。
設計：建築家マリオ・シェシェンバウアー。

回転成形

　閉じられた鋳型の内部で製品を成形する製法。型に取り付けられ2つの軸が回転することにより，熱可塑性の粉末は加熱した型の壁面に付着する。

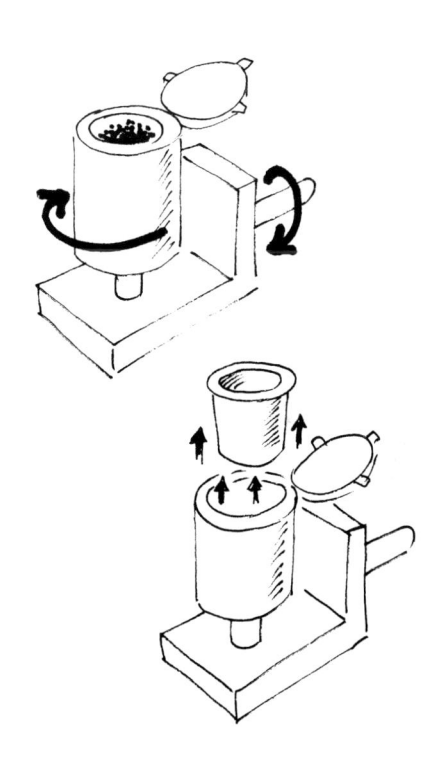

回転成形の図

反応成形

　イソシアネート基のさまざまな化合物は、ヴァリエーション豊かなポリウレタンの材料になる。なかでも、柔らかくも硬くもなる発泡ポリウレタン（ウレタンフォーム）は、非常に多くの製品に用いられている。例えば、この素材から、ソファの詰め物、可変性のボールやシート、シャッター、ドア、窓などを作ることができる。硬化したポリウレタンの外観はちょうど骨のようである。表面はつるりとしており、内部は多孔質となっている。

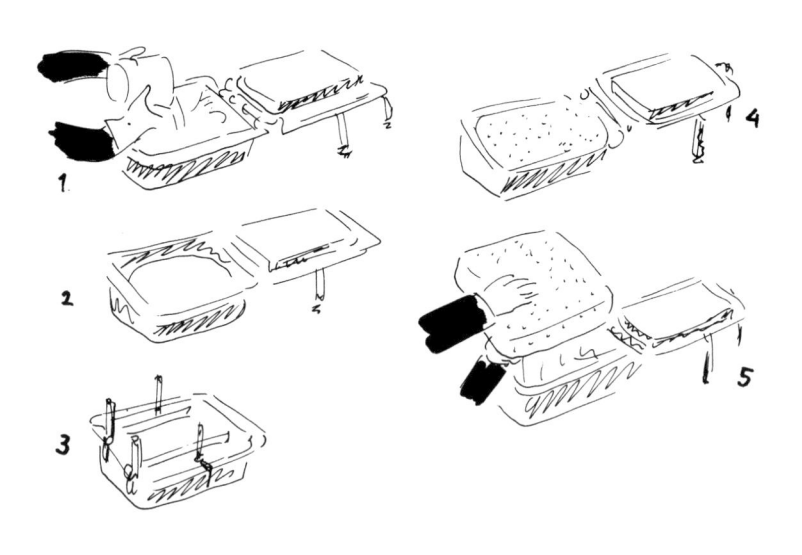

発泡ポリウレタンのクッションの成形段階。
1. 混合物を投入　2. 投入後、発泡工程の開始　3. 型を閉じ、加圧する　4. 発泡工程の終了、型を開ける　5. クッションを取り出す。

深絞り成形

　鋳型は，アンチモン，カドミウム，亜鉛の合金。銅板をゴム製のポンチで型に対して加圧し，目的の形を成形する。この同じ形を2つ，交差させて重ね合わせれば，閉じた容器になる。

　設計はリーノ・サバッティーニ。

鋳型と未仕上げのフォルム

銀メッキされた2つの同じフォルムは、それぞれ普通の器として使える。片方を引っくり返し、もう一方に重ねれば閉じた容器としても使える。

すべての感覚に働きかける企画設計を

　今日なお多くのデザイナーが，見た目の美しさばかりを追いかけている。彼らは，完成品の感触が悪かったり，重すぎたり，軽すぎたりしても気にしない。触った感触が冷たくないか，解剖学的に優れたフォルムだろうか，ということには関心がないのである。例えば，いくつかのソファでは，肘掛けにクロムメッキ加工のパイプが用いられている。これでは絶対に肘をのせられない。あるいは，いくつかのイスやソファに見られるように，通気性が悪い素材が臆せずに用いられている。そうしたイスやソファは，巷で"合皮"——ビニール肌とは呼ばずに——と呼ばれるプラスチックで覆われていて，見た目はたいへん良いが，座り心地はおそろしく悪い。

　さらに，こうした未熟なデザイナーの誰かがレストランを設計するとなると，音響効果は無視される。だからほとんどのレストランは，いつもうるさい。と，こんなふうに，否定的な例にはきりがない。

　わたしが日本から学んだことの一つに，まさしくこの設計に関することがある。それは，利用者の感覚，それもすべての感覚を考慮して設計するということである。なぜなら利用者は，ある製品を前にしたとき，あるいは試したとき，すべての感覚で製品を感じとるからだ。見た目で気に入っても，他の感覚で気に入らなければ，製品としては不合格。正しいフォルムで同じように見栄えのする他の製品が，感触もいい，持ちやすい，重さもちょうどよく，素材も適切……となれば，こちらの方がいいだろう。

　わたしは，多くの自動車事故，なかでも長時間の移動中に起こる自動車事故はとくに，皮膚呼吸できない素材で外装された座席に，長時間座ることで感じる不快感が原因となり引き起こされるのではないかと思っている。それどころか，この不快感があるからこそ，カー・ア

クセサリーの専門店では，革，布，藁のシートカバーなど，あらゆるものが販売されている。プラスチックのシートカバーの代わりに，ときには藁のシートカバーすらあるのだ。

　ある環境の室内装飾をする場合，ここでもまた，豪華さや奇抜さが重視される傾向にあり，匂いや音の流れについてはほとんど関心ももたれない。だから"豪華な"居間で，お便所の水の音が聞こえてきたり，寝室の洋服ダンスから漂ってくるナフタリンとミックスされたフライの匂いがプーンとしたりする。そして寝室のタンスの洋服には，フライの匂いが……。冬の初めになると，よくバスや電車のなかで，乗客の誰かからナフタリンとカビ臭いタンスの匂いがしてくる。いくつかの家では，家の臭いを隠そうと化学的な匂い（消臭剤として売られている）を振りまいている。そうした家は，空気の流れが悪い。それは室内の単純な循環路について研究がなされなかったからである。

　もし，機能が器官を発達させるならどうなるだろう？　つまり非-機能は器官を減退させることになるのだろうか。ならば，未来の人間には耳がない？　鼻もない？　背中やお尻は呼吸不足のために変形している？　これが未来の人間？　そうでないことを願う。

　要するに，何かを企画設計するときに心に留めてほしいことは，人間には，まだすべての感覚がある——たとえそれが，下等といわれる動物のそれに比べれば，衰退していても——ということだ。もし，触り心地のいい何かを設計したなら，人々はその感覚に気づき，忘れていた感覚の一つを再び活用し始めるだろう。他の感覚にも意識を向ければ，人々はその感覚に次第に馴染み，自分には周囲の世界を知るための感覚受容体がたくさんあるということを発見するだろう。

子供はそのことをよく知っている。彼らにとっての最初の世界とは，総合的な感覚を用いて認識されたものである。それゆえ，わたしは子供たちのために《本の前の本》を企画した。子供は読むことを知らなくとも，すべての感覚で世界を認識する。その感覚こそ，大人たちが使い方を忘れてしまったものなのである。

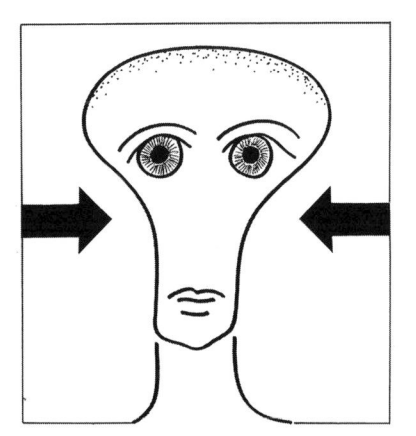

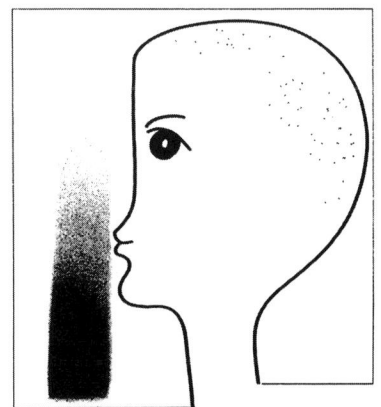

耳のない未来の人間。耳がないのは，もはや音に"注目"しないから。匂いに"注目"しないなら，鼻もなくなるかもしれない。

参考文献

Viktor Lowenfeld e W. Lambert Brittain, *Creatività e sviluppo mentale*, Editore Giunti-Barbera, 1967.（V. ローウェンフェルド，W. ランバート・ブリッテン『美術による人間形成——創造的発達と精神的成長』竹内清，堀内敏，武井勝雄共訳，黎明書房，1963/1995）

Morris Asimow, *Principi di progettazione*, Editore Marsilio, 1968.（モリス・アシモフ『設計の原理』）

Gregory, *Progettazione razionale*, Editore Marsilio, 1967.（グレゴリー『合理的設計』）

Bernhard E. Bürdek, *Teoria del design*, Editore Mursia, 1971.（ベルンハルト・ブルデック『デザインの理論』）

Jones-Thornley, *Un metodo di progettazione sistematica*, Editore Marsilio, 1967.（ジョーンズ゠トーンレイ『体系的企画の方法』）

L. B. Archer, *Metodo sistematico per progettisti*, Editore Marsilio, 1967.（L. B. アーチャー『デザイナーのための体系的方法論』）

Gui Bonsiepe, *Teoria e pratica del disegno industriale*, Editore Feltrinelli, 1975.（グイ・ボンジーペ『工業デザインの理論と実践』）

Cura di Ugo Volli, *La scienza e l'arte*, Editore Mazzotta, 1972.（ウーゴ・ヴォッリ監修『科学と芸術』）

Donald G. Fink, *Mente umana e cervelli elettronici*, Editore Zanichelli, 1967.（ドナルド・フィンク『人間的精神と電気的頭脳』）

Max Bense, *Estetica*, Editore Bompiani, 1974.（マックス・ベンゼ『美学』）

I. Schwarz-Winklhofer e H. Bierdermann, *Il libro dei segni e dei simboli*, Editore Bietti, 1974.（I. シュヴァルツ゠ヴィンクルホファー，H. ビエルダーマン『記号と象徴』）

Jurgen Ruesch, *Non verbal communication*, University of California Press, 1956.（ユルゲン・ロイシュ『非言語コミュニケーション』）

Donald M. Anderson, *The art of written forms*, Editore Holt, Rinehart and Wiston Inc. N. Y., 1969.（ドナルド・アンダーソン『字体の芸術』）

Gaetano Kanizsa, *Grammatica del vedere*, Editore Il Mulino, 1980.（ガエタノ・カニッツァ『カニッツァの視覚の文法——ゲシュタルト知覚論』）

D'Arcy W. Thompson, *Crescita e forma*, Editore Boringhieri, 1969.（ダーシー・トムソン『生物のかたち』柳田友道他訳，東京大学出版会，1973年）

Cura di Robert A. Hinde, *La comunicazione non verbale dell'uomo*, Universale Laterza, 1977.（ロバート・ヒンデ監修『人間の非言語コミュニケーション』）

Mario Scheichenbauer, *Lavorazione dei termoplastici - La termoformatura*, Editore Franco Angeli, 1979.（マリオ・シェシェンバウアー『熱可塑性素材の加工――変形の方法』）

E. Rinaldi, *Material plastiche e loro lavorazioni*, Editore Hoepli, 1967.（E. リナルディ『プラスティック素材とその加工法』）

Edward T. Hall, *La dimensione nacosta: la Prossemica*, Editore Bompiani, 1968.（エドワード・ホール『かくれた次元』日高敏隆，佐藤信行訳，みすず書房，1970年）

Gerardin Lucien, *La bionica*, Editore Il Saggiatofe, 1968.（ジェラルディン・ルシアン『生体工学』）

Antonio Grieco, *Ergonomia : esperienza in Italia*, Editore Franco Angeli, 1980.（アントニオ・グリエコ『人間工学――イタリアにおける場合』）

Lino Richard, *Elementi di illuminotecnica*, Edito dalla Ass. Ital. di Illuminotecnica, 1971.（リノ・リチャード『照明技術の基礎原理』）

Jan Slothouber e William Graatsma, *Cubic compendium*, Edito in occasione della Biennale di Venezia, 1970.（ジャン・スロートバウアー，ウィリアム・グラッツマ『立方概論』）

Donald e Atsuko N. Nii, *Forme giapponesi e Architettura giapponese*, Silvana editoriale d'arte, 1965.（ドナルド・ニー，アツコ・ニー『日本の形態と建築』）

Martin Gardner, *Enigmi e giochi matematici*（diversi volumi）, Edito da Sansoni, 1975.（マーティン・ガードナー『数学マジック』金沢養訳，白揚社，1959 / 1999年）

Alexander Dorner, *Il superamento dell'arte*, Editore Adelphi, 1964.（アレクサンダー・ドルナー『美術を超えて』嶋田厚他訳，勁草書房，1992年）

Hans Jenny, *Kimatik*, Basilius Presse, 1967.（ハンス・ジェニー『キュマティーク』）

David Scharf, *Magnifications*, Editore Schocken books N. Y., 1977.（ダヴィッド・スカルフ『Magnifications』）

その他,柔軟な精神を形成するのに役立つと思われる本をいくつか挙げておく:

Alan Watts, *Lo Zen*, Tascabili Bompia, 1980.(アラン・ワッツ『Zen(禅)』)

Edi Lanners, *Illusions*, Editions Hier & Demain, 1975.(エディ・ラナーズ『錯覚』)

Erich Fromm, *Avere o essere?*, Editore Mondadori, 1977.(エリッヒ・フロム『愛するということ』)

Robert Jung, *L'uomo del millennio*, Editore Einaudi, 1975.(ロベルト・ユング『千年王国の人間』)

Edward de Bono, *Imparare a pensare in 15 gioni*, Editore Feltrinelli, 1971.(エドワード・デ・ボノ『15 日間で学ぶ思考法』)

Kent C. Bloomer e Charles W. Moore, *Corpo, memoria, architettura*, Sansoni editore, 1981.(ケント・C・ブルーマー,チャールズ・W・ムーア『建築デザインの基本——人間のからだと建築』石井和紘,玉井一匡訳,鹿島出版界,1980 年)

訳者あとがき

　ブルーノ・ムナーリがその主だった著述活動のなかで最後に著したのが，本書『モノからモノが生まれる』(Bruno Munari, *Da cosa nasce cosa*, Laterza, 1981) である。

　エピグラフに老子の一節を，そして，序文にはデカルトの『方法序説』中の一節を引いて始まる本書は，タイトルそのものから，あるいは，原書副題で「企画の方法論のための覚え書」と示される通り，ひとまずはムナーリによるデザイン論と言えるかもしれない。しかしだからと言ってすぐさま「理論書」と呼ぶよりは，やはり「覚え書」とされるような性格をもっている。覚え書とは一般に，何らかの問題についての提案が書き留められた紙切れや，研究書や専門書から抜粋された一節，何かのスケッチ，またはより実際的な企画書や設計図，デッサン，図面などの2次元のものに限られる。しかし，ムナーリの場合は，自作のモノもあれば，無名のモノもあり，私たちの日常でよく目にするモノもあれば，今やデザインの名品とされるモノもあるというように，3次元のものも含まれる。それらが，いわば引き出しのなかに混在することなく，無駄なくコンパクトにまとまり，少しのあそびを持ちながら，何らかの連続性や関連性のなかで順序よく収まっている。本書で光があてられるのは，ムナーリがそんなふうにして，長年の間，収集し，分析し，分類して引き出しのなかにしまっておいた色とりどりのモノ（アイデア）たちなのである。

　ここで訳語についてひとこと触れておきたい。それは，本書の主軸をなす「企画・設計・計画」という語についてである。原文のイタリア語で，この語に対応するのは「progetto」(英語では「project, plan」)，または「progettazione」(「planning, design」) である。前者は本文の前後関係から訳者が判断し，内容に応じて「企画」，「設計」，「計画」とし，後者は「企画設計」とした。英語の「design」を外来語としてそのまま用いる場合，イタリア語では一般には「工業デザイン」という名詞にな

り、動詞は「progettare」となる。同様に「designer」は「工業デザイナー」を指すが、イタリア語に訳せば「progettista」となる。ムナーリは、本書では特に「designer」と「progettista」とを使い分けている。つまり、前者は厳密には工業デザインに関わる者だが、後者はより広範な意味での企画・設計の実現（工業製品でも、車でも、建築物でも、空間設計でもいい）に従事する者を指す。したがって、訳語としては、前者を「デザイナー」、後者を「企画設計者」とした。近年、日本では「デザイン／デザイナー」という語が広い意味合いをもって用いられるようになってきてはいるが、本書では敢えて訳し分けることにした。

イタリアの美術批評家C. L. ラッギアンティは、ゲーテが詩人について用いた言葉を借用し、ムナーリの創造行為を「精確なファンタジア」と評している。柔らかさと明確な理論をもつムナーリの根本的な態度を突いた、核心的な言葉だと思う。一見するとあい反するものを、自らのうちにうまくおさめるムナーリは、新しいモノを生むとは奇想天外な思いつきに頼るのではなく、既にあるモノを観察し、研究することだと、この本のなかでも言っている。

人にはそれぞれの年齢や仕事、趣味に応じた引き出しがあるだろう。少年の引き出し、女学生の引き出し、お母さんの、先生の、会計士の、おじいちゃんの引き出し……、なかに入っているものは、みんなそれぞれに違う。ムナーリの引き出しも、あくまでそうした引き出しの一つでしかない。しかし、どうやらその引き出しは、だれに対しても開かれているようで、そっと覗いて見てみれば、もしかしてその中にあるものの新しい使い方が視えてくるかもしれない。ムナーリのなかの引き出しはそんな引き出しのように、わたしには思われる。

おわりに、引き続きお世話になっているみすず書房の小川純子さんへ、変わらぬ感謝を申し上げる。

2007年晩夏　　萱野有美

著者略歴

(Bruno Munari, 1907-1998)

1907年ミラノに生まれる．プロダクト・デザイナー，グラフィック・デザイナー，絵本作家，造形作家，映像作家，彫刻家，詩人，美術教育家．後期未来派に参加し，絵画や彫刻を制作．1933年に代表作《役に立たない機械》を発表．1942年に絵本『ナンセンスの機械』（原題『ムナーリの機械』）を刊行，この頃より子どもの創造力を育てるための絵本づくりを手がけ始める．1948年創立メンバーの一人として具体芸術運動（Movimento Arte Concreta）に参加．同年，児童のための新しい様式の絵本7種を発表．1954, 55, 79年に優れたデザイナーに与えられるコンパッソ・ドーロ賞を受賞．1956年よりプロダクト・ブランド，ダネーゼとのコラボレーション開始．1967年ハーヴァード大学でヴィジュアル・デザインの講座を担当．1985年東京の〈こどもの城〉で「大ムナーリ展」開催．その他，パリ，ミラノ，エルサレムなど国内外を問わず個展を開催．1998年91歳で死去．著書に『芸術としてのデザイン』（ダヴィッド社）『ファンタジア』『デザインとヴィジュアル・コミュニケーション』『芸術家とデザイナー』（みすず書房），絵本『木をかこう』『太陽をかこう』（至光社国際版絵本）『闇の夜に』（河出書房新社）など多数．

訳者略歴

萱野有美〈かやの・ゆうみ〉 1975年千葉県生まれ．東京外国語大学外国語学部欧米第二課程（イタリア語）卒業．京都大学大学院人間・環境学研究科修士課程修了．訳書に，ムナーリ『ファンタジア』(2006) アンニョリ『知の広場』(2011) ギッリ『写真講義』(2014，以上みすず書房) などがある．

図版クレジット：p.67, 78 ©Mario Bellini. / p. 318 Louise Nevelson ©Estate of Louise Nevelson / ARS, New York / SPDA, Tokyo, 2007. p. 327, 328, 329 ©Shigeo Fukuda.

ブルーノ・ムナーリ
モノからモノが生まれる
萱野有美訳

2007年10月23日　第1刷発行
2024年10月31日　第12刷発行

発行所　株式会社 みすず書房
〒113-0033 東京都文京区本郷2丁目20-7
電話 03-3814-0131（営業）03-3815-9181（編集）
www.msz.co.jp

本文印刷所　シナノ印刷
扉・表紙・カバー印刷所　リヒトプランニング
製本所　松岳社

© 2007 in Japan by Misuzu Shobo
Printed in Japan
ISBN 978-4-622-07328-4
［モノからモノがうまれる］
落丁・乱丁本はお取替えいたします

書名	著者・訳者	価格
ファンタジア	B. ムナーリ 萱野有美訳	2400
デザインとヴィジュアル・コミュニケーション	B. ムナーリ 萱野有美訳	3600
美しい痕跡 手書きへの讃歌	F. ビアゼットン 萱野有美訳	3400
空想の補助線 幾何学、折り紙、ときどき宇宙	前川 淳	2700
色彩の表記	A. H. マンセル 日髙杏子訳	1800
もう一つの衣服、ホームウエア 家で着るアパレル史	武田尚子	2700
職人の近代 道具鍛冶千代鶴是秀の変容	土田 昇	3700
刃物たるべく 職人の昭和	土田 昇	4500

（価格は税別です）

みすず書房

書名	著者・訳者	価格
建築を考える	P.ツムトア 鈴木仁子訳	3200
空気感（アトモスフェア）	P.ツムトア 鈴木仁子訳	3400
動いている庭	G.クレマン 山内朋樹訳	4800
アイリーン・グレイ 新版 建築家・デザイナー	P.アダム 小池一子訳	5400
構築の人、ジャン・プルーヴェ	早間玲子編訳	5400
にもかかわらず 1900-1930	A.ロース 鈴木了二・中谷礼仁監修 加藤淳訳	4800
ポチョムキン都市	A.ロース 鈴木了二・中谷礼仁監修 加藤淳訳	5800
明るい部屋 写真についての覚書	R.バルト 花輪光訳	2800

（価格は税別です）

みすず書房

書名	著者・訳者	価格
拝啓 市長さま、こんな図書館をつくりましょう	A. アンニョリ 萱野 有美 訳	2800
サードプレイス コミュニティの核になる「とびきり居心地よい場所」	R. オルデンバーグ 忠平 美幸 訳	4200
かくれた次元	E. T. ホール 日高敏隆・佐藤信行 訳	2900
メディア論 人間の拡張の諸相	M. マクルーハン 栗原裕・河本仲聖 訳	5800
グーテンベルクの銀河系 活字人間の形成	M. マクルーハン 森 常治 訳	7500
ハイブリッド・ヒューマンたち 人と機械の接合の前線から	H. パーカー 川野 太郎 訳	3000
パクリ経済 コピーはイノベーションを刺激する	ラウスティアラ／スプリグマン 山形浩生・森本正史 訳	3600
発明 アイディアをいかに育てるか	N. ウィーナー 鎮目 恭夫 訳	3000

(価格は税別です)

みすず書房

書名	編著訳者	価格
バウハウスの人々 回想と告白	E. ノイマン編 向井周太郎・相沢千加子・山下仁訳	8200
クレーの日記	W. ケルステン編 高橋 文子訳	7200
カフカ素描集	A. キルヒャー編 高橋文子・清水知子訳	13000
ネオレアリズモ イタリアの戦後と映画	岡田温司	4500
映像が動き出すとき 写真・映画・アニメーションのアルケオロジー	T. ガニング 長谷正人編訳	7200
庭とエスキース	奥山淳志	3200
動物たちの家	奥山淳志	2800
青森 1950-1962 工藤正市写真集		3600

（価格は税別です）

みすず書房